AF275071

COLEX

Disfrute gratuitamente **DURANTE UN AÑO** del eBook de esta obra

Construcción jurisprudencial y evolución de la cadena de custodia: análisis sistemático

⊘ Acceda a la página web de la editorial **www.colex.es**

⊘ Identifíquese con su usuario y contraseña. En caso de no disponer de una cuenta regístrese.

⊘ Acceda en el menú de usuario a la pestaña «Mis códigos» e introduzca el que aparece a continuación:

RASCAR PARA VISUALIZAR EL CÓDIGO

⊘ Una vez se valide el código, aparecerá una ventana de confirmación y su eBook estará disponible **durante 1 año desde su activación** en la pestaña «Mis libros» en el menú de usuario.

No se admitirá la devolución si el código promocional ha sido manipulado y/o utilizado.

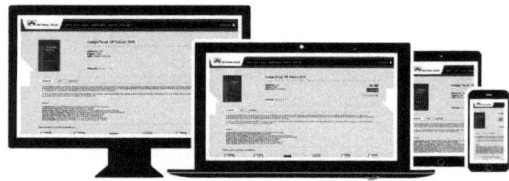

¡Gracias por confiar en Colex!

La obra que acaba de adquirir incluye de forma gratuita la versión electrónica.
Acceda a nuestra página web para aprovechar todas las funcionalidades de las que dispone en nuestro lector.

Funcionalidades eBook

**Acceso desde
cualquier dispositivo**

**Idéntica visualización
a la edición de papel**

Navegación intuitiva

Tamaño del texto adaptable

Síguenos en:

CONSTRUCCIÓN JURISPRUDENCIAL Y EVOLUCIÓN DE LA CADENA DE CUSTODIA: ANÁLISIS SISTEMÁTICO

CONSTRUCCIÓN JURISPRUDENCIAL Y EVOLUCIÓN DE LA CADENA DE CUSTODIA: ANÁLISIS SISTEMÁTICO

Andrea JAMARDO LORENZO

COLEX 2024

© Andrea JAMARDO LORENZO

© Editorial Colex, S.L.
Calle Costa Rica, número 5, 3.º B (local comercial)
A Coruña, C.P. 15004
info@colex.es
www.colex.es

I.S.B.N.: 978-84-1194-546-2
Depósito legal: C 1038-2024

A mi abuela Pilar y
a mis padres Pili y Juan,
incondicionalmente

*Con mi gratitud hacia la
Fundación Privada Manuel Serra Domínguez,
por su generosidad*

Sumario

ABREVIATURAS

ALECrim	Anteproyecto de Ley de Enjuiciamiento Criminal
AP/AAPP	Audiencia/s Provincial/es
Art./s	Artículo/s
ATS	Auto del Tribunal Supremo
Aut./s	Autor/es
CADH	Convención Americana sobre Derechos Humanos
CE	Constitución Española de 1978
CFPP	Código Federal de Procedimientos Penales de 1934 (México)
Corte IDH	Corte Interamericana de Derechos Humanos
Coord./s	Coordinador/es
CNPP	Código Nacional de Procedimentos Penales (México)
CP	Código Penal
CPP	Código de Procedimiento Penal (Colombia)
CPPB	Código de Processo Penal de Brasil
DDFF	Derechos Fundamentales
Dir./s	Director/es
EEUU	Estados Unidos de América
FD	Fundamento de Derecho
FGE	Fiscalía General del Estado
FJ	Fundamento Jurídico
FRE	Federal Rules of Evidence (EEUU)
LAJ	Letrado de la Administración de Justicia
LEC	Ley de Enjuiciamiento Civil

LECrim	Ley de Enjuiciamiento Criminal
LO	Ley Orgánica
LOPJ	Ley Orgánica del Poder Judicial
MF	Ministerio Fiscal
Núm./n.º	Número
OEI	Orden Europea de Investigación
op. cit.	Obra citada
op. col.	Obra colectiva
p./pp.	Página/s
SAN/ SSAN	Sentencia/s de la Audiencia Nacional
SAP/ SSAP	Sentencia/s de la Audiencia Provincial
SJP/SSJP	Sentencia/s del Juzgado de lo Penal
STC/SSTC	Sentencia/s del Tribunal Constitucional
STEDH/ SSTEDH	Sentencia/s del Tribunal Europeo de Derechos Humanos
STJUE/ SSTJUE	Sentencia/s del Tribunal de Justicia de la Unión Europea
STS/SSTS	Sentencia/s del Tribunal Supremo
STSJ/ SSTSJ	Sentencia/s del Tribunal Superior de Justicia
TC	Tribunal Constitucional
TEDH	Tribunal Europeo de Derechos Humanos
TJUE	Tribunal de Justicia de la Unión Europea
TS	Tribunal Supremo
TSJ	Tribunal Superior de Justicia
UE	Unión Europea
Vid.	Véase
Vol.	Volumen

INTRODUCCIÓN

La tarea de afrontar un estudio sobre la figura de la cadena de custodia se percibe muy oportuna en la actualidad y ello considerando especialmente la situación de orfandad legal o, si se prefiere, la ausencia de una regulación procesal expresa y unitaria. Dicho de otro modo, la pertinencia de su estudio surge en atención al carácter fragmentario y heterogéneo de su marco normativo.

Si bien no puede afirmarse una absoluta orfandad legal, por cuanto en nuestra Ley de Enjuiciamiento Criminal (en adelante LECrim) es posible localizar una regulación indirecta de la cadena de custodia. En tal sentido se predica su carácter fragmentario, el cual deriva directamente de esta ausencia de regulación expresa y se manifiesta por medio de diferentes referencias indirectas y sectoriales que contiene nuestra LECrim. A su vez, la heterogeneidad emana de la pluralidad de textos normativos que regulan algún aspecto de la cadena de custodia. En atención a esto último, es preciso hacer hincapié en que ello se produce no sólo desde el plano legal —donde las referencias son, en efecto, escasas— sino y fundamentalmente desde la perspectiva reglamentaria e institucional.

Esta situación normativa impulsó directamente la actividad jurisprudencial de cara a la construcción jurídica de esta figura desde una etapa muy temprana. Sin embargo, la intensificación de los esfuerzos doctrinales en la materia no se ha producido hasta años recientes y justamente en respuesta a la labor configuradora asumida por nuestros tribunales en conjunción con su situación normativa.

Iniciábamos estas páginas sosteniendo la pertinencia de elaborar un estudio científico sobre la cadena de custodia en la actualidad. Interés que surge a raíz de su innegable vínculo con la actividad probatoria, pieza fundamental en todo proceso y cuya importancia —la de su estudio— ha sido advertida por la doctrina científica en incontables ocasiones[1]. Sobre la base de lo expuesto en las líneas precedentes, la conveniencia de éste se concreta suficientemente de conformidad con tres aspectos cruciales —a los que ya hemos aludido— en el estado actual de la cuestión y determinantes en su estudio: primero, la ausencia de regulación expresa en la materia; segundo, la respuesta que han ido ofreciendo nuestros juzgados y tribunales a lo largo de los años; y tercero, la inquietud sobre la materia generada también en la doctrina científica.

Asentadas estas premisas iniciales, ha de realizarse una aclaración previa respecto de la estructura de este trabajo. La exposición del mismo se articula en torno a una serie de etapas que canalizan la evolución jurisprudencial y la construcción jurídica de la cadena de custodia. Oportuno es señalar que el enunciado de estas etapas responde a la elaboración de un esquema propio que se ha definido como resultado de un exhaustivo análisis jurisprudencial, imprescindible éste por razón del origen jurisprudencial de la construcción jurídica de la cadena de custodia. Importante es subrayar que el trabajo efectuado constituye una minuciosa tarea de análisis de la construcción jurisprudencial y no de mera recopilación. En tal sentido, la elaboración de este trabajo parte de un estudio sistemático de la materia, analizando y exponiendo el estado actual de la cuestión a lo largo de cada una de las etapas a fin de averiguar hacia dónde se dirige y/o debe dirigirse.

---

1   SERRA DOMÍNGUEZ identificó el estudio de la prueba como uno de los «más interesantes y fructíferos del Derecho Procesal» y ello debido a que «no sólo constituye la esencia del proceso [...], sino que además abarca con mayor o menos influencia todo el ámbito del proceso». *Vid.* SERRA DOMÍNGUEZ, M.: *Estudios de Derecho Procesal,* Ediciones Ariel, Barcelona, 1969, pp. 355 y ss. Justamente éste es el caso de la figura que aquí nos ocupa, que —sin ser actividad probatoria en sí misma— constituye un aspecto integrante del Derecho probatorio.

La organización en las distintas etapas se articula en base a los criterios jurisprudenciales empleados en cada una de ellas en relación con el grado de desarrollo de la cadena de custodia. En este *iter* evolutivo la jurisprudencia ha sido la encargada de perfilar no solo la conceptualización de la cadena de custodia, sino también su desarrollo procedimental y las consecuencias jurídicas derivadas de su incumplimiento. En suma, la construcción jurídica de la figura de la cadena de custodia, en nuestro país, va desarrollándose a lo largo de tres etapas diferenciadas y fundamentales.

Dentro de la primera etapa —desde los inicios hasta aproximadamente el año 2002— se comprenden, asimismo, dos fases independientes entre sí: por un lado, los antecedentes jurisprudenciales sin expresa mención del término *cadena de custodia*; y por otro, las primeras referencias jurisprudenciales expresas al término *cadena de custodia*. La inclusión de estas dos fases tan dispares en una misma etapa requiere de aclaración. La decisión —meditada— de incorporar los antecedentes como parte de la primera etapa se adopta siguiendo idéntica justificación que la que inspira a la completa organización de la evolución jurisprudencial: se fija en base al tratamiento jurisprudencial ofrecido en estas resoluciones. En tal sentido, se ha observado un tratamiento similar en unas y otras resoluciones, de modo que la única desavenencia sustancial que se desprende del contenido de éstas es, justamente, la ausencia o la inclusión del término *cadena de custodia*. Por tanto, la inclusión de estas dos categorías dentro de la primera etapa responde a lo naturalmente inferido del estudio del material jurisprudencial localizado, en atención al concreto grado de desarrollo jurisprudencial de la cadena de custodia. Dicho lo anterior, corresponde afirmar que lo sustancial a esta primera etapa es el escaso desarrollo de esta figura, lo que se traduce en la ausencia de definiciones y la inexistencia de posiciones jurisprudenciales en cuanto a los efectos jurídicos de su quiebra.

La segunda etapa del desarrollo jurisprudencial de la cadena de custodia —cuya delimitación temporal comprende, aproximadamente, los años 2003 a 2009—, se corresponde con el periodo en el que nuestros juzgados y tribunales otorgan cierta relevancia a la cadena de custodia como figura jurídica, circunstancia que se manifiesta en un aumento en el uso del término *cadena de custodia,* en la aparición de las primeras conceptualizaciones y en una superficial delimitación de las consecuencias jurídicas derivadas de su quiebra.

Por último, la tercera etapa —desde el año 2010 hasta la actualidad— se corresponde con aquella en la que la cadena de custodia ultima su consideración como figura jurídica autónoma e independiente y, de esta forma, nuestros juzgados y tribunales comienzan no solo a ofrecer una definición más elaborada de la misma, sino a construir con mayor acierto las consecuencias vinculadas a la ruptura de la cadena de custodia. El hito jurisprudencial que da inicio a esta etapa es —como se dirá en su momento— la producción del término *mismidad.*

El papel de la jurisprudencia fue, por tanto, decisivo en la construcción jurídica de esta figura. Muestra de ello es que no sólo el origen de esta figura se sitúa en la jurisprudencia, sino que también la consolidación de sus elementos esenciales se produce a causa de diferentes hitos de carácter jurisprudencial. Y es natural que haya adoptado un papel excesivamente activo a causa de la situación normativa, aunque ciertamente la tarea de remediar la problemática derivada de la ausencia de regulación corresponde, desde luego, al legislador.

Del mismo modo, también la ciencia procesalista ostenta un papel fundamental en la construcción jurídica de la cadena de custodia, al menos a fin de subrayar las preocupaciones e inconvenientes que surgen ante un escenario como el actual y que muy convenientemente han de ser resueltos con prontitud. Sin embargo, la profundización doctrinal en la temática es relativamente reciente, lo que sin duda la sitúa de algún modo ante una llegada tardía.

Verdad a medias es la observación acerca de la llegada tardía de los estudios doctrinales en la materia. Si bien es cierto que la doctrina científica se ha mantenido generalmente al margen hasta fechas recientes, tampoco podemos negar los esfuerzos realizados, aunque superficiales, por diversos autores con anterioridad al despunte actual[2]. Sin embargo, el tratamiento ofrecido entonces comúnmente se localizaba en apartados de obras cuyo fin principal era otro, aunque no por ello hemos de obviar su importancia. Si bien la complejidad de la temática demanda ahora un tratamiento sólido y profundo de la materia.

En definitiva, mientras nos mantenemos a la espera de la iniciativa legislativa, tanto la doctrina como la jurisprudencia se encargan de la construcción jurídica de la cadena de custodia. Razón por la cual, a lo largo de los apartados siguientes, se irá exponiendo de forma conjunta el estado de la cuestión en los planos jurisprudencial y doctrinal a lo largo de las diferentes etapas.

Volviendo sobre el marco normativo, ha sido dicho anteriormente que la cadena de custodia no dispone hasta el momento de una regulación procesal expresa. A pesar de lo anterior, lo cierto es que sí existe cierta voluntad legislativa y quizá una regulación al efecto se haga realidad próximamente. Ciertos hechos sucedidos a lo largo de los últimos años en el plano legislativo respaldan esta afirmación. Me estoy refiriendo, en concreto, a los dos intentos —ahora frustrados— de incorporar en la LECrim la tan esperada regulación procesal expresa y unitaria. Sucedía esto con los Anteproyectos de LECrim (en adelante ALECrim) de 2011 y 2020. Aunque no han aportado todavía el éxito legislativo que merece esta figura jurídica, estos dos hitos reflejan una realidad innegable: la cadena de custodia está presente en los intereses legislativos contemporáneos.

Sin perjuicio de lo anterior, su configuración actual en la LECrim no va más allá de una regulación muy indirecta. Sin ir más lejos, en nuestra ley procesal penal solamente hay una referencia expresa a la cadena de custodia. Referencia, por

---

2   MORENO CATENA, V. y CORTÉS DOMÍNGUEZ, V.: *Derecho Procesal Penal*, Tirant lo Blanch, Valencia, 2004, pp. 376-377; GUZMÁN FLUJA, V. C.: *Anticipación y preconstitución de la prueba en el proceso penal*, Tirant lo Blanch, Valencia, 2006, pp. 309 y ss. En ambos trabajos, los autores vinculan la cadena de custodia con la prueba preconstituida y dedican una breve reflexión a la figura de la cadena de custodia.

otro lado, que no arroja claridad alguna sobre la figura analizada[3]. Es por ello que examinar la regulación de la cadena de custodia en la LECrim debe efectuarse sobre la base de ciertos preceptos que, de forma indirecta, guardan relación, pero que distan mucho de solucionar esta situación de orfandad legal.

Toda vez que se trata de una figura indudablemente ligada a la fase de investigación criminal —fase del proceso en la que se despliega gran parte de la actividad que la compone— y que, en concreto, guarda estrecha relación con las diligencias de investigación y las fuentes de prueba, no resulta complicado localizar aquellos preceptos que aluden a cuestiones relacionadas y que, por tanto, ofrecen una suerte de regulación indirecta de la cadena de custodia. Muy sucintamente, estas previsiones generalmente aluden, por un lado, al deber de documentar el modo en que se producen los hallazgos de las fuentes de prueba y el modo en que se practican las diferentes diligencias de investigación; y, por otro lado, al deber de ofrecer a las fuentes de prueba un tratamiento que garantice

---

3   En el año 2010 se introduce el término cadena de custodia en la LECrim a través de la reforma operada por la LO 5/2010, de 22 de junio, por la que se modifica la Ley Orgánica 10/1995, de 23 de noviembre, del Código Penal. Curiosamente esta introducción proviene de una reforma operada en el CP (aunque con incidencia, claro está, en la LECrim). La introducción del término cadena de custodia en la LECrim (en su art. 796.1.7.º) se efectúa vinculándola al ámbito de la seguridad vial y, en concreto, a las pruebas de alcoholemia y detección de sustancias estupefacientes o psicotrópicas en los conductores de vehículos a motor. Se limita a la introducción del término sin mayores especificaciones, estableciendo únicamente, y en relación con las citadas pruebas de detección de drogas tóxicas y sustancias estupefacientes, lo siguiente: «que será analizada en laboratorios homologados, garantizándose la cadena de custodia».
    También en la esfera legal, aunque no estrictamente procesal, se produce recientemente una alusión a la cadena de custodia en la LO 10/2022, de 6 de septiembre, de garantía integral de la libertad sexual, en relación con la práctica forense disponible, accesible y especializada, donde se establece lo siguiente: «Las muestras biológicas y evidencias que se recojan por el centro sanitario se conservarán debidamente para su remisión, garantizando la cadena de custodia y del modo más inmediato posible, al Instituto de Medicina Legal. El plazo y demás condiciones de conservación se determinará mediante protocolos científicos por los organismos competentes». No obstante, la claridad que esta disposición arroja sobre la figura vuelve a ser irrelevante en el contexto de su construcción jurídica, más allá de advertir que el legislador mantiene presente la cadena de custodia.

su integridad o conservación. Estas disposiciones se plasman en la LECrim en modos muy diversos y empleando terminología variada, incorporándose principalmente en artículos relativos al cuerpo del delito, a las diligencias de investigación o a propósito de las actuaciones de la policía judicial, entre otros.

Al margen de la esfera legal reviste gran importancia la perspectiva reglamentaria e institucional de la cadena de custodia. Desde este enfoque se examina normativa de muy diversa naturaleza que, en materia de cadena de custodia, ofrece algunas reglas de actuación a propósito del tratamiento ofrecido a las fuentes de prueba localizadas durante las investigaciones criminales[4]. Son una serie de normas de naturaleza reglamentaria, protocolos de actuación y demás normativa de carácter institucional donde la cadena de custodia ha alcanzado mayor desarrollo en algunos casos.

En este contexto es fundamental hacer referencia al papel de las directrices que, a propósito de las facultades y competencias investigadoras del Ministerio Fiscal (en adelante MF) —y en conexión con la cadena de custodia—, haya emitido la Fiscalía General del Estado (en adelante FGE) en forma de circulares e instrucciones de obligado cumplimiento. La función de éstas responde a la propia esencia constitucional del MF (art. 124 CE) y, en concreto, a su condición de órgano único para todo el Estado que ejerce sus funciones bajo el principio de unidad de actuación (tanto en un sentido orgánico como funcional), lo que se traduce en la necesidad de coordinar la actuación homogénea de todos sus miembros. Conocer la postura del MF en torno a la cadena de custodia requiere de un examen y una valoración desde la óptica de estas instrucciones y circulares, lo que nos permitirá obtener una visión global de la línea de actuación del MF en la materia. Esto es, juegan un papel importante pero limitado a la unificación de criterios en materia de cadena custodia a propósito de la actuación del MF. Sin embargo, no podemos perder de vista el valor que adquirirían de materializarse

---

4   Para más información sobre este tipo de normativa, *vid.* GUTIÉRREZ SANZ, M. R.: *La cadena de custodia en el proceso penal español*, Civitas, Navarra, 2016, pp. 50 y ss.

el escenario proyectado en diversos textos prelegislativos según el cual se otorga la dirección de la investigación al MF.

En el escenario actual, no obstante, ya son diversas las pautas emitidas —aunque en contextos muy concretos— por la FGE[5]. Desde un enfoque tecnológico es especialmente destacable la Circular 5/2019, de 6 de marzo, sobre registro de dispositivos y equipos informáticos, donde además se examina la cadena de custodia en un apartado dedicado al efecto. De conformidad con la circular, son dos las condiciones que deben reunir los dispositivos informáticos desde la óptica de la cadena de custodia: las garantías de identidad e integridad —entendiendo identidad como la equivalencia entre el dispositivo incautado y el que posteriormente configura la prueba y, por otro lado, integridad como la ausencia de alteraciones en los datos que conforman el contenido dispositivo—. A propósito de lo anterior, la circular ofrece algunas soluciones para acreditar las garantías de identidad e integridad de las fuentes de prueba.

Son otros muchos los instrumentos que integran el marco normativo de la cadena de custodia bajo el prisma reglamentario y muy difícilmente pueden ser reseñados en su totalidad en unas pocas líneas. Esta pluralidad de protocolos, manuales o guías de actuación constituyen la normativización de la cadena de custodia en su vertiente material, esto es, son normas de carácter procedimental que componen —a fin de cuentas— un procedimiento de manipulación de las evidencias afectante a su condición práctica y técnica. Al hilo de lo anterior, sostiene GUTIÉRREZ SANZ que justamente son las ciencias forenses las que mayor influencia tienen sobre «el desarrollo sectorial de las técnicas de recogida, custodia y análisis»[6], lo que —añado— implica el enfoque material de esta institución procesal.

---

5 Respecto de aquellas instrucciones y circulares que establezcan algunos criterios de actuación dirigidos al Ministerio Fiscal en materia de cadena de custodia, podemos enumeras las siguientes: Instrucción 7/2004, de 26 de noviembre; Instrucción 5/2012, de 26 de noviembre; Circular 2/2012, de 20 diciembre; Circular 1/2013, de 11 de enero; Circular 1/2019, de 6 de marzo; Circular 5/2019, de 6 de marzo o la Circular 2/2022, de 20 de diciembre.

6 GUTIÉRREZ SANZ, M. R.: *La cadena de custodia en el proceso penal, op. cit.,* pp. 43 y ss.

Quizá una de las normas reglamentarias más completas, a pesar de su ámbito de aplicación ciertamente limitado, sea la Orden JUS/1291/2010, de 13 mayo, por la que se aprueban las normas para la preparación y remisión de muestras objeto de análisis por el Instituto Nacional de Toxicología y Ciencias Forenses[7]. Lo completo de esta orden deriva de la exhaustividad y detalle con que se recogen las exigencias procedimentales para todas aquellas personas que intervienen en la cadena de custodia en su concreto ámbito de actuación. Además, en palabras de CABEZUDO BAJO, esta norma recoge gran parte de los aspectos de carácter científico-tecnológico que inciden en la obtención de las muestras de ADN[8]. Otra norma dictada a propósito de las muestras de ADN es la norma ISO/IEC 17025:2017, que recoge ciertas previsiones para el contexto de los laboratorios de análisis de ADN.

No podemos dejar de mencionar el Manual de Criminalística para la Policía Judicial, editado por la Secretaría General Técnica del Ministerio del Interior en el año 2017, en el que se incorpora una sección dedicada a la cadena de custodia de las muestras o evidencias. Este manual está específicamente dirigido a la policía judicial y a los peritos especializados en criminalística. En síntesis, establecen unos puntos mínimos que han de cubrir para garantizar el respeto a la cadena de custodia y unas recomendaciones en el modo de actuar, pre-

---

7   Esta orden del Ministerio de Justicia nace con la vocación de actualizar a su predecesora del año 1996 (la Orden del Ministerio de Justicia de 8 de noviembre de 1996 por la que se aprueban las normas para la preparación y remisión de muestras objeto de análisis por el Instituto de Toxicología), ahora derogada. En esta orden ministerial ya se aludía a la cadena de custodia, incluso a pesar del contexto temporal, en los siguientes términos: «Debe existir un documento anejo al envío de muestras, que acredite la observación en todo momento de la 'cadena de custodia', desde la toma de muestras hasta su recepción en el INT. Se propone como modelo el que figura incluido como anexo (...) pudiendo ser válido cualquier otro documento, siempre que quede constancia firmada de todas las personas bajo cuya responsabilidad hayan estado las muestras», todo ello en relación con la documentación preceptiva para la remisión de las muestras objeto de análisis por parte del Instituto Nacional de Toxicología.

8   CABEZUDO BAJO, M. J.: *Propuestas para una regulación armonizada de la obtención de la prueba de ADN como prueba científica-tecnológica de probabilidad en el proceso penal,* Aranzadi, Navarra, 2017, pp. 95 y ss.

visiones relativas al correcto empaquetado de las evidencias o a la identificación de todas y cada una de las muestras.

Muy oportuno se revela el estudio de algunos sistemas de Derecho comparado, también a consecuencia del escenario de orfandad legal en el que se sitúa la cadena de custodia en el ordenamiento jurídico español. El análisis de otras experiencias jurídicas resulta fascinante y provechoso, pero, además, contribuye a una comprensión más exhaustiva e integral de la institución procesal de la cadena de custodia, lo que sin duda favorece el alcance de soluciones coherentes para nuestro sistema procesal.

Y es que la construcción jurídica de la cadena de custodia en nuestro país se produce con años de retraso con respecto a otros ordenamientos jurídicos ajenos. Esto ocurre principalmente con respecto al sistema jurídico de Estados Unidos[9] (en adelante EEUU) —productor de la figura de la cadena de custodia—, pero también en atención a diversos ordenamientos iberoamericanos. Con carácter general, son estos últimos los que se sitúan a la vanguardia legislativa en materia de cadena de custodia[10]. No sólo porque ya son

---

9   Con carácter general, la cadena de custodia en EEUU está regulada en la regla 901 de las *Federal Rules of Evidence*. En su texto original, la regla 901(a) establece lo siguiente: «*In General. To satisfy the requirement of authenticating or identifying an item of evidence, the proponent must produce evidence sufficient to support a finding that the item is what the proponent claims it is*». *Vid.* ROTHSTEIN, P. F.: *Federal Rules of Evidence*, 3.ª ed., Thomson Reuters, Eagan, 2021, pp. 1014 y ss., ofrece una visión detallada de los ejemplos contenidos en la Regla 901(b), completando cada uno de ellos con diversas referencias a la jurisprudencia de los tribunales estadounidenses. Especialmente revelador resulta que el autor hace referencia a la cadena de custodia en los siguientes términos: «*Insuring that the real item of physical evidence is the same as that offered at Trial or for testing*», lo que naturalmente evoca a una de las características fundamentales de la cadena de custodia en España: la mismidad de la prueba.

10   Ilustra esta afirmación muy especialmente el ordenamiento jurídico colombiano, con regulación expresa de la cadena de custodia desde el año 2000, con la aprobación del Código de Procedimiento Penal del año 2000 —expedido mediante la Ley 600 de 2000—, convirtiéndose en uno de los grandes referentes en la materia, regulación expresa que mantiene su actual Código de Procedimiento Penal del año 2004 (arts. 254 a 266), en el que se contiene un capítulo dedicado enteramente a

numerosos los ordenamientos jurídicos en Iberoamérica que cuentan con regulaciones expresas de la cadena de custodia en sus legislaciones procesales, sino también por la posición que en los últimos años ha adoptado la Corte Interamericana de Derechos Humanos (en adelante Corte IDH). Así, la postura de la Corte IDH está abierta al reconocimiento de una correlación entre las garantías judiciales reconocidas en el art. 8 de la Convención Americana de Derechos Humanos (en adelante CADH) y la figura de la cadena de custodia[11].

la cadena de custodia (incorporado en el Título I —la indagación y la investigación—; a su vez, en el Libro II —técnicas de investigación de la prueba y sistema probatorio—). *Vid. Vid.* LEMUS SOLER, D. J.: «Cadena de custodia en el ordenamiento jurídico colombiano a la luz de la Ley 906, ¿ficción o realidad?», *Revista Iter ad Veritatem,* núm. 12, 2014, p. 125.

11 En particular, en el asunto *Digna Ochoa y familiares v. México,* de 25 de noviembre de 2021, la Corte IDH expone la problemática derivada de la cadena de custodia en los siguientes términos: «(...) la incorrecta aplicación de los registros de la cadena de custodia, la falta de consignación o de aseguramiento de objetos hallados en el lugar de los hechos, o la destrucción de la prueba en custodia son faltas estatales al deber de diligencia», añadiendo que «El Tribunal también advierte numerosas falencias en la cadena de custodia, lo cual tuvo un impacto en los resultados de la investigación». Finalmente, la Corte IDH aprecia la vulneración de las garantías judiciales reconocidas en el art. 8 CADH como resultado de los numerosos defectos habidos en la investigación, entre los cuales se halla la vulneración de los procedimientos de cadena de custodia. Pero además esta postura es mantenida previamente por la Corte IDH en los siguientes casos: asunto *Fernández Ortega y otros v. México,* de 15 de mayo de 2010; asunto *López Soto y otros v. Venezuela,* de 26 de septiembre de 2010; asunto *Veliz Franco y otros v. Guatemala,* de 19 de mayo de 2014; entre otros. A diferencia de lo que ocurría con la Corte IDH, el TEDH todavía no ha tenido oportunidad de exponer con profundidad su postura en la materia. Es reflejo del diferente estado en el que se encuentra la figura de la cadena de custodia en los respectivos ámbitos de competencia de estos tribunales. En su condición de tribunal encargado de interpretar y garantizar el Convenio Europeo de Derechos Humanos, la postura del TEDH será crucial de cara a conocer cómo se integrará en el ámbito europeo la relación entre cadena de custodia y los derechos procesales. Sin embargo, hasta la fecha la jurisprudencia del TEDH en la materia es más bien escasa. A pesar de ello, podemos aludir a la Sentencia del TEDH (STEDH) de 6 de julio de 2021, derivada del caso *Abdulkhanov v. Rusia.* Esta STEDH muestra las similitudes en la concepción propia de cadena de custodia (tal y como la entendemos en el ordenamiento jurídico español) en la jurisprudencia europea: por un lado, se deja entrever que existe la posibilidad de subsanar posibles errores en la apreciación de la cadena

Muy al contrario de lo que ocurre en el contexto europeo, en el que los distintos ordenamientos jurídicos de la Europa continental presentan una situación normativa muy similar a la española. Este es el caso, por ejemplo, del modelo italiano, en el que la construcción de la cadena de custodia en su *Codice di Procedura Penale* se observa a través de una regulación muy indirecta. De este modo, en el estado actual de su normativa procesal, algunos aspectos relacionados con la cadena de custodia están regulados, indirectamente, en el contexto de las investigaciones, muy en particular a propósito de las funciones investigadoras de la policía judicial y del Ministerio Público italiano[12]. Distinta es la situación de la cadena de custodia en Reino Unido, principalmente debido la pertenencia del ordenamiento jurídico británico a la familia jurídica del *common law*. A pesar de ello, existen diversas normas que regulan algunos aspectos propios de la cadena de custodia, como el *Police and Criminal Evidence Act* del año 1984 y de aplicación principalmente en Inglaterra y Gales[13];

---

de custodia a través de las testificales de las personas intervinientes en la misma; por otro, se vincula la cadena de custodia con la fiabilidad de la prueba, de modo que la ruptura de la prueba no provoca la exclusión directa de esta. En este caso, el TEDH que las numerosas deficiencias producidas durante la investigación imposibilitan la reconstrucción de los acontecimientos, quedando —de este modo— descartada la prueba al no aportar grado alguno de fiabilidad (debido a la ruptura de su cadena de custodia). A mayores podemos destacar cierta relación en la STEDH *Moulin contra Francia*, de 23 de noviembre de 2010, donde se recogen algunos criterios para garantizar la identidad de los datos cuando el registro se efectúa en un despacho de abogados. Y, sin entrar en detalle, también examina ciertos elementos en la STEDH de 10 de febrero de 2022, asunto *Al Alo contra Eslovaquia*, y la STEDH de 6 de junio de 2023, asunto *Navalnyy contra Rusia*, sin que en ninguna se pronuncie sobre la relación entre cadena de custodia y DDFF de contenido procesal.

12 Aunque tampoco puede obviarse la incorporación, sobre la base del Convenio de Budapest, de ciertos preceptos vinculados con la cadena de custodia tecnológica, que muy oportunamente examina BARTOLI, L.: «La catena di custodia del materiale informatico: soluzioni a confronto», *Anales de la Facultad de Derecho*, núm. 33, 2016, pp. 145-162. Ocurre esto a raíz de la reforma del código procesal penal italiano del año 2008.

13 Sin perjuicio de ciertas previsiones de aplicación a todo Reino Unido. En el caso de Escocia e Irlanda del Norte, ambos tienen sus propios cuerpos normativos en la materia: Escocia se rige por el *Criminal Procedure Act* de

o las *Criminal Procedure Rules,* donde se contienen ciertas reglas sobre la prueba pericial (*expert evidence*) o cuestiones relativas a la admisibilidad de las pruebas, entre otras[14].

No se puede finalizar un estudio de la cadena de custodia sin aludir a su estado actual en el contexto de la Unión Europea (en adelante UE)[15]. Tampoco en este ámbito se presenta una configuración normativa deslumbrante, circunstancia acorde con la realidad europea. Naturalmente en el contexto de la Unión, el examen habrá de realizarse desde dos escenarios diferenciados: primero, en la órbita de la cooperación judicial en la UE[16]; segundo, desde la perspectiva de la Fiscalía Europea[17].

1995; e Irlanda del Norte, en cambio, por el *Police and Criminal Evidence Order* del año 1989.

14 VALMAÑA OCHAITA, S.: «La regulación normativa de la cadena de custodia en Estados Unidos, Europa e Hispanoamérica», en *op. col.* Figueroa Navarro (dir.), *La cadena de custodia en el proceso penal,* Edisofer, Madrid, pp. 186-190.

15 A consecuencia de la ausencia de previsiones normativas en la UE sobre la cadena de custodia, tampoco la jurisprudencia del TJUE ha abordado tal problemática. Sin embargo, sí es interesante mencionar la STJUE de 26 de septiembre de 2018, asunto C-99/17, ECLI:EU:C:2018:773, en la que se impugna la autenticidad de un correo electrónico y se alega vulneración del Derecho de Defensa como consecuencia de lo anterior. Aunque fuera del contexto penal, es interesante observar la postura del TJUE. Así, el tribunal sostiene que no basta únicamente con enunciar tal posibilidad, sino que es necesario aportar indicios razonables.

16 En este escenario es oportuno señalar la propuesta de Directiva del *European Law Institute* sobre admisibilidad mutua de prueba penal transfronteriza. Partiendo de la base de que se trata de un texto de *soft law,* es interesante exponer que en el texto propuesto por el ELI se incorporan una previsión en relación con la cadena de custodia y el deber de cumplirla. Hace surgir la pregunta de si en un futuro la Unión incorporará previsiones específicas en materia de admisión mutua de prueba penal transfronteriza y hasta qué punto incorporará previsiones relativas a la cadena de custodia. Para mayor información, *vid.* MARTÍNEZ SANTOS, A.: «Admisibilidad mutua de prueba penal transfronteriza en la Unión Europea: la propuesta de Directiva del European Law Institute», *Revista General de Derecho Procesal*, núm. 61, 2023.

17 Una revisión de la situación de la cadena de custodia en el ámbito de actuación de la Fiscalía Europea puede consultarse en JAMARDO LORENZO, A.: «La cadena de custodia en la órbita europea: Algunas reflexiones en torno al estado de la cuestión en las investigaciones de la fiscalía europea», en *op. col.* Suárez Xabier y Vicario Pérez (dirs.),

En el primero de los escenarios, tiene especial consideración la Orden Europea de Investigación (en adelante OEI). Tratándose de un instrumento que opera en el entorno de la investigación penal y la obtención de fuentes de prueba, naturalmente se manifiesta presente la problemática derivada de la cadena de custodia. Aunque no existen normas específicas para su mantenimiento, por ello, es necesario que los Estados implicados se pongan de acuerdo a fin de ejecutar la OEI del mejor modo posible para asegurar la cadena de custodia y evitar de ese modo las fatales consecuencias que su ruptura pudiese ocasionar[18]. Tampoco existen previsio-

---

Cooperación judicial internacional a la luz de las nuevas tecnologías: Riesgos, utilidades y protección de derechos fundamentales, Colex, A Coruña, 2023, pp. 227 y ss.

18 Uno de los supuestos más comunes es la diligencia de entrega vigilada. Lo fundamental se produce cuando España actúa como Estado de emisión. Ocurre aquí que el Estado de ejecución no está obligado a seguir la normativa española, si bien ambos Estados podrán ponerse de acuerdo a fin de cumplir pequeñas formalidades y exigencias procedimentales mínimas, a fin de evitar la pérdida de validez de la diligencia en el Estado de emisión. En tal sentido, el Estado de ejecución podrá aceptar estas cuestiones cuando las peticiones formuladas no sean contrarias a su ordenamiento jurídico. En materia de cadena de custodia, señala LARO GONZÁLEZ que es crucial el acta que levanten los agentes, donde se debe indicar la descripción del continente y también del contenido, «así como las características concretas del material de la remesa, por ejemplo, el peso, el envoltorio, el color, etc., las personas intervinientes en cada momento y lugar, el tiempo que hayan permanecido en posesión de las mismas, y aquellas circunstancias que sean relevantes para su preservación». Asimismo, la autora recalca la importancia de cumplir con las exigencias de cadena de custodia a fin de evitar la vulneración del derecho a un proceso con todas las garantáis. En definitiva, la coordinación entre autoridades policiales y judiciales es esencial en la ejecución de entregas vigiladas en aras a garantizar la plena eficacia de la medida. *Vid.* LARO GONZÁLEZ, E.: *La Orden Europea de Investigación en el Espacio Europeo de Justicia,* Tirant lo Blanch, Valencia, 2021, pp. 261 y ss. Sin embargo, en la regulación de las nuevas Órdenes Europeas de Producción y Conservación a efectos de prueba electrónica en procesos penales, de reciente aprobación en virtud del Reglamento (UE) 2023/1543 del Parlamento Europeo y del Consejo, de 12 de julio de 2023, no se prevé la inclusión de garantías específicas de cara a mantenimiento de y preservación de la cadena de custodia. Al respecto, manifestaba su sorpresa GONZÁLEZ GRANDA, P.: «Órdenes europeas de entrega y conservación de pruebas electrónicas a efectos

nes específicas en el marco de actuación de la Fiscalía Europea, no obstante, y teniendo en cuenta que los Fiscales Europeos delegados actúan en los territorios de sus respectivos estados, actuarán en coherencia con la práctica habitual del Estado miembro al que pertenecen y ello teniendo muy en cuenta que el órgano sentenciador es nacional.

Tomando como base la situación expuesta en las líneas precedentes, no podemos más que reafirmar lo dicho al inicio de esta introducción: la tarea de afrontar un estudio sobre la cadena de custodia en la actualidad resulta muy oportuna. En definitiva, mediante esta obra se trata de ofrecer al lector una visión sobre el estado de la cuestión a lo largo de las diferentes etapas de la construcción de esta figura. Con el propósito no sólo de examinar la identificación y delimitación precisa del concepto jurídico de la cadena de custodia, en su evolución y hasta la actualidad; sino también con el de proporcionar un enfoque que, a su vez, pueda servir —como siempre ha de pretenderse en todo trabajo de investigación— como auxilio al legislador en la complejidad de su tarea.

---

de enjuiciamiento penal: próximo avance en materia de prueba penal transfronteriza», en op. col. Moreno Catena y Romero Pradas (dirs.), *Nuevos postulados de a cooperación judicial en la Unión Europea: Libro homenaje a la Prof.ª Isabel González Cano*, Tirant lo Blanch, Valencia, 2021, pp. 1083-1109, toda vez que nos encontramos ante órdenes que inciden directamente en datos electrónicos y la inclusión de previsiones al respecto de la cadena de custodia tecnológica habría sido muy oportuna. Sin embargo, nuevamente el Estado emisor se verá en la obligación de confiar en el buen hacer de —esta vez— los proveedores de servicios, una vez éstos reciban la solicitud de una de las órdenes reguladas en el Reglamento europeo.

I.- PRIMERA ETAPA:

EL ORIGEN DE LA CADENA DE CUSTODIA

1. CONSTRUCCIÓN JURISPRUDENCIAL EN EL CONTEXTO DE LA PRIMERA ETAPA

1.1. Antecedentes jurisprudenciales sin mención expresa del término cadena de custodia y vinculados a la fiabilidad de la prueba pericial

No se puede negar el hecho de que la construcción jurisprudencial propiamente dicha de la cadena de custodia se inicia específicamente con la inclusión de la figura en nuestro ordenamiento jurídico y a consecuencia de la labor de nuestros juzgados y tribunales. Sin embargo, no podemos dejar fuera de este análisis algunos antecedentes jurisprudenciales en la materia. Tal como se adelantó en la introducción, el plano jurisprudencial de la primera etapa está constituido por dos fases independientes entre sí: por un lado, los antecedentes jurisprudenciales y, por otro, las primeras menciones expresas a la figura de la cadena de custodia. Iniciamos, por tanto, el estudio de la construcción jurisprudencial de la cadena de custodia a propósito del examen de algunos antecedentes jurisprudenciales en la materia, si bien conviene aclarar que su estudio se prevé a modo ilustrativo y no absolutamente integral.

Antecedentes que lo son en la medida que examinan cuestiones sobre la autenticidad, identidad e integridad de la prueba —pericial— y, asimismo, resuelven con criterios que posteriormente serán trasladados al ámbito de la cadena de custodia. Quiere esto decir que la inclusión de la cadena de custodia en nuestro ordenamiento jurídico no generará de primeras un cambio significativo en el entendimiento de la problemática acerca de la fiabilidad de la prueba.

Definidas estas premisas básicas, oportuno es exponer el modo en que estas cuestiones se van incorporando a nuestro ordenamiento jurídico. La principal causa de inclusión de éstas es el incesante esfuerzo de las defensas por generar desconfianza en el tribunal sentenciador sobre la autenticidad de ciertos medios de prueba —muy en particular en relación con la prueba pericial y a causa del continuo crecimiento de la prueba científica—. Impugnada la autenticidad de la prueba pericial, el tribunal sentenciador se ve en la obligación de analizar y resolver estas cuestiones. En el punto en que nos encontramos, desde luego, nuestros tribunales dan respuesta a las alegaciones de las defensas sin hacer mención expresa al término *cadena de custodia*. Se produce un paso más allá cuando juzgados y tribunales empiezan a incorporar el término expresamente en su fundamentación jurídica al resolver los cuestionamientos de las partes.

No hay que olvidar que en esta primera etapa, con carácter general, nuestros tribunales no han integrado todavía el término *cadena de custodia* al vocablo jurídico y, por este motivo, es común detectar resoluciones que, aunque cercanas en el tiempo, se mantienen distantes en términos jurídicos. Es más, no existe una línea temporal fija que determine el nacimiento de la cadena de custodia como figura jurídica. Muestra de ello es que continuamos localizando antecedentes incluso tras haberse producido el hito que dio origen a su tratamiento jurisprudencial en nuestro ordenamiento jurídico, de modo que mientras algunos tribunales ya la estaban empleando en sus fundamentaciones jurídicas, otros todavía seguían ignorándola. Y es natural que esto se produzca en su etapa inicial, pues el proceso evolutivo de esta construcción jurídica no ha seguido en todo momento un camino estrictamente lineal y regular y en ocasiones la línea de división temporal entre unas y otras etapas se manifiesta difusa. De modo que habremos de entender esta delimitación temporal con cierta flexibilidad. Al hilo de lo anterior, se puede afirmar que el nacimiento de la cadena de custodia en el plano jurisprudencial se va produciendo incluso antes de que juzgados y tribunales (y demás operadores jurídicos) sean plenamente conscientes de ello.

Como decíamos líneas arriba, en este punto examinaremos algunos de los antecedentes jurisprudenciales en la materia. Para concretar el marco temporal de éstos debemos tener presente, en primer lugar, la propia finalidad de la cadena de custodia: esto es, la de demostrar la autenticidad de las pruebas. Al basarnos en una finalidad de corte garantista, debemos remontarnos —en este punto— a aquella época temporal en la que las garantías comienzan a cobrar fuerza en nuestro proceso penal. Al hilo de lo anterior, no hay duda de que el movimiento constitucionalista en España —y, finalmente, la promulgación de la Constitución Española de 1978 (en adelante CE)— supuso un hito esencial en nuestro ordenamiento jurídico, lo cual permitió la evolución hacia un sistema jurídico democrático y acorde a los principios constitucionales a través de, en palabras de BARONA VILAR, una «encomiable actividad legislativa que llevó a España a entrar en la CEE y a ubicarse entre las sociedades europeas de nuestro entorno»[19]. Este cambio en el entorno jurídico español implica la instauración, asimismo, de una serie de garantías y derechos hasta alcanzar el carácter democrático de nuestro actual proceso penal[20]. Ello constituye un ver-

---

19   BARONA VILAR, S.: *Proceso Penal desde la historia: desde su origen hasta la sociedad global del miedo*, Tirant lo Blanch, Valencia, 2017, p. 286.

20   Al hilo de lo anterior, expone GONZÁLEZ GRANDA que, tras la promulgación de la CE, «el Derecho Procesal no puede ser entendido ya como una rama jurídica reguladora de las formalidades del proceso, sino como aquella parcela del ordenamiento jurídico que —con la salvaguarda de las garantías y principios constitucionales— resulta aplicable para la resolución de todo litigio. Supuso ello un giro copernicano en nuestro ordenamiento jurídico, y sabido es que las garantías constitucionales juegan desde entonces un papel imprescindible en su proyección procesal». *Vid.* GONZÁLEZ GRANDA, P. y ARIZA COLMENAREJO, M. J.: *Justicia y Proceso: una revisión procesal contemporánea bajo el prisma constitucional*, Dykinson, Madrid, 2021, p. 21.

dadero cimiento no solo para los derechos y garantías fundamentales reconocidas en nuestra CE, sino también para aquellas figuras e instituciones procesales que —al igual que la cadena de custodia— ostentan un marcado carácter garantista que indudablemente les impone cierto distanciamiento respecto de los anteriores procesos penales. Por las razones expuestas, es oportuno delimitar temporalmente la búsqueda de los antecedentes jurisprudenciales en materia de cadena de custodia marcando la década de los años ochenta del pasado siglo XX como punto de partida.

Partiendo del contexto ofrecido, iniciaremos —a continuación— el estudio jurisprudencial de la cadena de custodia por medio del análisis de algunas de las resoluciones judiciales identificadas como antecedentes. No sin antes recordar oportunamente que su estudio se prevé a modo ilustrativo y no absolutamente integral.

1.1.1. Cadena de custodia y control judicial sobre las piezas de convicción

1.1.1.1. Sentencia de la Audiencia Provincial de Madrid 190/1988, de 3 de septiembre

La Sentencia de la Audiencia Provincial (en adelante SAP) de Madrid 190/1988, de 3 de septiembre[21], recoge algunas de las cuestiones que mayor repercusión han alcanzado en la actualidad en materia de cadena de custodia. Sin ir más lejos, se pone de manifiesto la importancia del deber de documentación de la trayectoria que sigue la fuente de prueba desde que se obtiene hasta que se aporta en la fase de juicio oral como un verdadero medio de prueba. Todo ello en relación con la prueba pericial y para dar cobertura a las excesivas irregularidades documentales que se han ido observando en esta cuestión.

La SAP M 190/1988, si bien no hace referencia expresa al término *cadena de custodia*, lo cierto es que establece diversos matices al tema de la fiabilidad de la prueba pericial que

---

21   SAP M 190/1988, de 3 de septiembre, ECLI:ES:APM:1988:3.

nos hacen identificarla como uno de los antecedentes juris-prudenciales en su configuración jurídica.

De esta forma, la Audiencia Provincial (en adelante AP) de Madrid recoge, en relación con las excesivas irregularidades documentales y con la apreciación de la prueba pericial correspondiente, ciertas exigencias a la hora de lograr la eficacia de estos informes. Estas exigencias son las siguientes: primero, la descripción de la cosa u objeto, con expresión del estado en que se halle; segundo, relación detallada de todas las operaciones efectuadas y su resultado; y tercero, la conclusión que se obtenga en vista de los exámenes realizados, fundada en la técnica correspondiente. En relación con lo expuesto, la AP sostiene que el incumplimiento, en mayor o menor medida, de los parámetros expuestos, solamente podría traducirse «en la inoperancia de las posturas que no hayan contribuido a formar, con sujeción a las normas de la sana crítica, el pronunciamiento resolutorio del Tribunal sentenciador».

La relevancia de esta sentencia radica en la aportación de una serie de exigencias para asegurar la fiabilidad técnica y la fiabilidad del resultado de la prueba pericial —que, como se dirá más adelante, es justamente en relación con este medio de prueba respecto del cual se inicia el tratamiento jurídico de la cadena de custodia—. En definitiva, se observa una vinculación con esta figura al haberse analizado los requisitos para la fiabilidad de la prueba pericial en su aportación al juicio oral, y muy concretamente en relación con la finalidad de asegurar que el objeto analizado en el informe pericial resulte el mismo que el incautado desde un inicio.

En otro orden de cosas, se ha afirmado en líneas arriba que el punto de inflexión en el nacimiento de la cadena de custodia se identifica con el momento en que las defensas empiezan a cuestionar la veracidad y la exactitud de los datos contenidos en los informes periciales, respecto de los análisis efectuados sobre la fuente de prueba. El constante cuestionamiento sobre estos puntos exige a los juzgados y a los tribunales el análisis y estudio de la cuestión. Una vez los juzgados deben motivar y justificar estas cuestiones, se

39

empiezan a plantear las distintas problemáticas habidas en el desarrollo de la cadena de custodia. En base a esta premisa, es posible identificar la SAP M 190/1988 como un antecedente en la materia.

1.1.1.2. Sentencia del Tribunal Supremo 828/1999, de 19 de mayo

La Sentencia del Tribunal Supremo (en adelante STS) 828/1999, de 19 de mayo[22], resuelve un recurso de casación por infracción de ley (por indebida aplicación del art. 163.2.º CP) e infracción de precepto constitucional (por vulneración del art. 24.2 *in fine* CE, en relación con el derecho a la presunción de inocencia).

El recurso de casación se formula contra la SAP Lleida de 28 de febrero de 1998, en la que se contienen una serie de hechos probados que derivan de dos incidentes sobre los que se venía acusando al investigado. Se sintetizan a continuación.

En primer lugar, el acusado y dos personas no identificadas acceden a la fuerza al domicilio de la víctima, de 70 años de edad en el momento de los hechos. Con el fin de conseguir que la víctima les entregase el dinero y objetos de valor que poseyera, los asaltantes golpean a la víctima en la cabeza y la amenazan de muerte. Ante tales circunstancias, la víctima les entrega una cantidad de dinero en efectivo y una tarjeta de crédito —además de una serie de joyas que le sustraerán más adelante—. Así, el acusado acude con la tarjeta de crédito a un cajero automático, al tiempo que los otros dos asaltantes retenían a la víctima en su domicilio. Al estar caducada la tarjeta de crédito entregada por la víctima y ser retenida por el cajero automático, el acusado regresa al domicilio de la víctima. Finalmente, los asaltantes abandonan el domicilio, dejando a la víctima atada y amordazada. A consecuencia de los hechos relatados, la víctima sufre una serie de lesiones en diversas partes de su cuerpo, precisando para su curación únicamente de primera asistencia facultativa.

---

22   STS 828/1999, de 19 de mayo, ECLI:ES:TS:1999:3473.

El segundo incidente se produce pocos días después del primero, cuando varias personas no identificadas acceden por la fuerza a la vivienda de una persona de ochenta y cuatro años de edad, tras seguir a la víctima desde una entidad bancaria hasta su domicilio. Los asaltantes le sustraen por la fuerza varias joyas de oro y el bolso, que contenía diversos documentos y dinero en efectivo. Cuando la víctima empieza a gritar, los agresores salen corriendo.

En el fallo se condena al acusado únicamente por los hechos derivados del primer incidente, en tanto que los asaltantes del segundo no han sido identificados y, por tanto, el acusado es absuelto al no acreditarse su participación en los mismos. Respecto del primer incidente, la AP condena al acusado como autor de un delito de robo con fuerza en las cosas, un delito de allanamiento de morada, un delito de detención ilegal por tiempo inferior a tres días y una falta de lesiones.

Lo relevante de esta sentencia es que el Tribunal de instancia —la AP— fundamenta la condena en base a la identificación del acusado lograda a través de los fotogramas obtenidos de la filmación del cajero automático al que acudió con la tarjeta de crédito de la víctima del primer incidente. Precisamente, la defensa impugna —en casación— la validez de esta prueba en base a una ausencia de fiabilidad. Esta circunstancia es la que otorga el título de antecedente, en materia de cadena de custodia, a la STS 828/1999.

El TS alude a la doctrina del TC y a la suya propia acerca de la admisión de grabaciones videográficas como prueba de cargo apta para desvirtuar la presunción de inocencia, identificándola como un medio técnico para la identificación de las personas que participan en los hechos ilícitos enjuiciados. Empero, el TS destaca que para alcanzar validez se hace rigurosamente necesario activar las medidas de control judicial oportunas para evitar alteraciones, trucajes o montajes fraudulentos o simples confusiones; esto es, para garantizar la autenticidad del material videográfico, en definitiva.

La precisión anterior enlaza, indudablemente, con la figura de la cadena de custodia y, muy especialmente, con la

41

finalidad de la misma. Por ende, la STS 828/1999 se materializa como un antecedente más en la futura configuración jurídica de la cadena de custodia, y, en particular, respecto de la prueba de carácter tecnológico.

Entrando ya en el plano que nos ocupa, es indispensable destacar aquellas exigencias que el TS ha identificado como necesarias para garantizar la autenticidad del material videográfico: primero, la inmediata entrega del original de la grabación a la autoridad judicial; segundo, cuando las imágenes hayan sido filmadas por un particular, la comparecencia de éste en el juicio oral a fin de someter a contradicción sus manifestaciones; tercero, cuando las imágenes son obtenidas mediante la filmación de cámaras de seguridad, debido a que la prueba se limitará únicamente a éstas —pues al no haber sido filmadas por una persona en concreto, no es posible la complementariedad de la declaración personal— el TS sostiene la necesidad de extremar las medidas de control y, por ende, la reproducción y visualización de las imágenes en el acto del juicio oral es imperativa.

Asimismo, sostiene el TS que —entregados los originales a la autoridad judicial y previo a la práctica de la prueba en juicio— será el órgano judicial el encargado de conservar y custodiar el material recibido y, tras su revisión por parte del juez o Letrado de la Administración de Justicia (en aquel entonces Secretario Judicial y, en adelante, LAJ), se deberán seleccionar los pasajes de interés para la continuidad de la instrucción de la causa, así como transcribirlos —con expresión de su correlación con la grabación— otorgándole fe pública por el LAJ.

Una vez precisadas las anteriores exigencias para la admisión del material videográfico, el TS debe resolver acerca de la fiabilidad de este material. A estos efectos, estima el Alto Tribunal que el material videográfico, sobre el que la Audiencia fundamentó su sentencia de condena, adolece de diversas e insuperables irregularidades que invalidan su eficacia probatoria: primero, el Tribunal sentenciador no accedió al visionado de la cinta; segundo, el material probatorio utilizado se limitaba a dos fotogramas extraídos de la filmación y entregados por el director de la sucursal bancaria a la policía; y tercero, la entrega de la cinta videográfica a la autoridad judicial se produjo transcurridos cerca de siete meses desde los hechos. En base a las anteriores circunstancias, el TS sostiene que la falta de control judicial de la prueba es patente y absoluta, por lo que el material videográfico no tiene la capacidad de formularse como prueba de cargo suficiente sobre la que fundamentar una sentencia de condena.

El respeto íntegro a las anteriores exigencias constituye la garantía del debido control judicial sobre los elementos probatorios y, por ende, la ausencia de éstas determina la ausencia de este control y, en consecuencia, priva de eficacia al material probatorio analizado en el presente caso. En suma, el TS casa la sentencia recurrida al no haber quedado desvirtuada la presunción de inocencia del acusado y, por tanto, no quedar acreditada su participación en los hechos enjuiciados.

Ocurre en el supuesto analizado que, al incumplir la Audiencia las exigencias propias del control judicial de las pruebas, no puede garantizarse la autenticidad del material videográfico. Esta situación se traduce en lo que, con el tiempo, se entenderá como ruptura de la cadena de custodia. Es por ello que la pertinencia del análisis de esta resolución se justicia en dos motivos principales: por un lado, debido al carácter tecnológico del material probatorio analizado[23];

---

23   En concreto, el TS afirma, en la referida STS 828/1999, que «cuando la prueba de cargo se obtiene con el empleo de medios técnicos, la doctrina de esta Sala Segunda viene exigiendo para la validez como prueba de dichas grabaciones una serie de requisitos de naturaleza procesal que aseguren el control judicial de dichas pruebas a fin de evitar toda posibilidad de adulteración intencionada o accidental de las mismas». En la SAP CS 49/1999, de 15 de junio, ECLI:APCS:1999:784, en similares términos, el tribunal vuelve a ser consciente de la importancia de custodiar las piezas de convicción que tienen peligro de desaparición. Así, en el FJ 2.º, se cuestiona que la práctica de una pericial dactiloscópica se haya efectuado conforme a la legalidad exigida, subrayando el incumplimiento de la puesta a disposición del tribunal de las piezas de convicción. Una vez más, la vinculación de esta sentencia con la cadena de custodia resulta indiscutible, aun cuando no se hace mención expresa al término. No puede cuestionarse su relación

por otro, debido a la solución ofrecida por el Tribunal y que entendemos equivalente a un supuesto de ruptura de la cadena de custodia.

1.1.1.3. Sentencia del Tribunal Supremo 1717/1999, de 3 de diciembre

Aunque la sentencia analizada en este punto —la STS 1717/1999, de 3 de diciembre[24]— versa sobre un supuesto de tráfico de drogas, el interés que suscita no deriva de la prueba pericial sobre las sustancias incautadas, sino sobre la fiabilidad y validez de la prueba derivada de escuchas telefónicas.

En este sentido, la citada STS resuelve un recurso de casación en el que la defensa impugna la validez de esta prueba en base a la vulneración del derecho al secreto de las comunicaciones del art. 18.3 CE, alegando dos aspectos que afectan directamente a las intervenciones telefónicas acordadas: primero, la falta de motivación de la decisión judicial habilitante de la intervención; y segundo, la falta de control judicial de la indicada medida.

Es el segundo motivo alegado —la falta de control judicial de la medida— el que se encuentra especialmente vinculado con la cadena de custodia. En particular, la defensa alega lo siguiente:

«Ausencia de control judicial de la ejecución e incorporación del resultado de la medida, no consta en auto designación de los funcionarios que deben practicar las escuchas, no se indica el plazo, la transcripción se efectúa por la Policía **y no se constata si las cintas entregadas son originales o copias** [énfasis añadido] y que no existe diligencia de cotejo ni transcripción de las cintas».

---

con la misma, en tanto que es un ejemplo claro, pues al entrar a analizar la validez de la práctica de la pericial dactiloscópica. Y se recoge que se «han de poner a disposición judicial las pruebas del delito de cuya desaparición hubiere peligro». En este caso, se rechaza la ilegalidad de la práctica de la pericial dactiloscópica en tanto que se cumplieron todas las exigencias y, asimismo, en el acto de juicio oral la prueba dactiloscópica fue sometida a inmediación, contradicción e igualdad.

24   STS 1717/1999, de 3 de diciembre, ECLI:ES:TS:1999:7728.

Del extracto anterior, entre otras cosas, resulta evidente que la defensa pretende infundir en el Tribunal dudas acerca de la veracidad de las cintas, en base a la ausencia de control judicial de la medida de intervención.

El Tribunal sigue la línea de la anterior STS 828/1999, respecto de las exigencias que establecía en la citada sentencia para la fiabilidad de las pruebas técnicas. Así, justifica la fiabilidad de las cintas aduciendo que resulta irrelevante quién haya efectuado la transcripción de las mismas, ya que su contenido se pudo corroborar en juicio, al haber sido reproducidas en el acto del juicio oral. Añade el Tribunal que no existe —en autos— indicio alguno sobre la falta de originalidad de las cintas que se mantuvieron a disposición del Tribunal, sino que, al contrario, el oficio de remisión aporta señas de autenticidad.

Una vez más, el nexo con la cadena de custodia se desprende del alegato de las defensas sobre la no correspondencia entre el material aportado y los originales obtenidos en su momento. A través de la argumentación ofrecida, el TS está aludiendo a aspectos tan relevantes como la continuidad de la cadena de custodia y la documentación de la misma (que se manifiesta en la alusión al oficio de remisión como medio acreditativo de la originalidad de las cintas) en relación con el debido control judicial.

Es cierto que la argumentación y delimitación de los elementos que permiten corroborar la autenticidad del material probatorio es escasa, pero muy relevante en el marco temporal en el que se encuentra. No obstante, estos extremos serán desarrollados en mejor medida en el futuro. En lo que aquí respecta, la STS 1717/1999 se alza como antesala a la verdadera y posterior elaboración del deber —subsanable— de documentación de la cadena de custodia.

En definitiva, la relevancia del enfoque ofrecido es en virtud de los requisitos exigidos para la valoración de la prueba técnica, en relación con su fiabilidad.

1.1.1.4. *Sentencia de la Audiencia Provincial de Valencia 598/2001, de 18 de octubre*

La SAP Valencia 598/2001, de 18 de octubre[25], resuelve también un supuesto vinculado al tráfico de drogas. Si bien la citada SAP no hace mención expresa a la figura de la cadena de custodia, lo cierto es que su vinculación es —una vez más— incuestionable.

En este caso, la defensa alega la ausencia de garantías en la diligencia de registro policial donde la sustancia estupefaciente es intervenida, alegando la falta de seguridad en la garantía de que la sustancia intervenida se corresponde con la sustancia analizada. Así, la defensa sostiene que, no habiendo garantías respecto a ello, la prueba debe ser declarada necesariamente ilícita y, en consecuencia, afirma que no existe prueba de cargo suficiente para enervar la presunción de inocencia y, por tanto, corresponde la absolución de su representado.

En respuesta a estas alegaciones, el Tribunal justifica en el FJ 2.º que la naturaleza, peso y pureza de la sustancia aprehendida queda acreditada por el análisis efectuado por el Área de Sanidad Exterior de la Subdelegación del Gobierno en la Comunidad Valenciana. Asimismo, se remite a la doctrina de la Sala Segunda del TS al afirmar que «los informes y Dictámenes periciales sobre drogas o sustancias tóxicas y estupefacientes practicados por los laboratorios oficiales del Estado, no necesitan ser ratificados en el Juicio Oral para poder ser valorados por el Tribunal como prueba, siempre que aquellos aparezcan documentados en las actuaciones y conocidos por las partes procesales, y estas no los hubieran impugnado solicitando un contraanálisis o la comparecencia en el Juicio Oral de los especialistas que los realizaron», afirmando posteriormente el Tribunal que tampoco resulta aceptable que el registro se haya efectuado sin las garantías procesales oportunas.

De esta forma, la AP de Valencia aporta un antecedente con respecto a la posterior exigencia de documentación de la cadena de custodia y en relación con la validez de los infor-

---

25   SAP Valencia 598/2001, de 18 de octubre, ECLI:ES:APV:2001:5740.

mes de los laboratorios oficiales. En este sentido, la AP de Valencia considera que no se desprenden dudas sobre las sustancias analizadas en tanto que las mismas han sido analizadas por los laboratorios oficiales del Estado y las partes procesales no han impugnado los informes periciales en el momento procesal oportuno.

Por tanto, y una vez solventadas las dudas planteadas por la defensa respecto de las garantías de las pruebas, la AP de Valencia condena al acusado como autor de un delito contra la salud pública.

1.1.2. Cadena de custodia y garantías de los laboratorios oficiales

1.1.2.1. Sentencia de la Audiencia Provincial de Logroño 321/1999, de 22 de diciembre

La SAP LO 321/1999, de 22 de diciembre[26], analiza las garantías ofrecidas por los laboratorios oficiales del Estado en un supuesto de tráfico de drogas. La investigación se inicia al sospechar la policía la posibilidad de que se estuviesen llevando a cabo ciertas actividades relacionadas con el tráfico de drogas. Al identificar a posibles los implicados en los hechos, la Policía solicita autorización al Juzgado de Instrucción para la ejecución de una medida de intervención y escucha de las comunicaciones telefónicas. A través de las mencionadas escuchas, pudo conocerse la llegada a la ciudad de una importante partida de droga.

Tras tener conocimiento del hecho anterior, se practicaron posteriormente diligencias de entrada y registro en los domicilios de los posibles receptores de la droga, localizándose e interviniendo varios tipos de sustancias diferentes, cantidades de dinero en efectivo y diversos objetos (tales como balanzas de precisión, libretas con apuntes contables, un cuchillo y una navaja con las puntas quemadas, etc.) que podían ser destinados tanto a la conservación como distribución de drogas.

---

26   SAP LO 321/1999, de 22 de diciembre, ECLI:ES:APLO:1999:910.

Respecto de las sustancias intervenidas, éstas se remiten a los laboratorios oficiales para que sean analizadas a fin de conocer la pureza de las drogas incautadas y el valor de mercado de cada una de ellas. Ambos aspectos son determinados analíticamente por los laboratorios oficiales.

Como parte de su estrategia defensiva, las defensas niegan la eficacia de los análisis efectuados sobre la droga aprehendida, por adolecer de defectos formales y por posible contaminación de las muestras[27].

Con respecto de lo anterior, la AP de Logroño sostiene lo siguiente:

«En atención a las **garantías técnicas y a la imparcialidad que los respectivos centros y laboratorios oficiales ofrecen, han de merecer la consideración formal de pruebas válidas a efectos de la presunción de inocencia** [énfasis añadido], aunque no fueran ratificados en el juicio oral, siempre que las partes presentaren su consentimiento expreso o tácito por ausencia de impugnación en tiempo hábil respecto del resultado o de la profesionalidad de los peritos».

En relación con lo expuesto, nuevamente el punto de conexión con la cadena de custodia se encuentra en la estrategia defensiva, pues el cuestionar la validez de los análisis en relación con una posible contaminación de las muestras es, sin duda, un aspecto íntimamente relacionado con la cadena de custodia. Principalmente teniendo en cuenta que, precisamente, la cadena de custodia inicia su camino jurídico en el ámbito del tráfico de drogas —como se dirá más adelante— y, del mismo modo, en virtud de los cuestionamientos sobre la fiabilidad de los análisis periciales de drogas intervenidas en investigaciones penales.

Conforme a lo analizado, se puede concluir que la impugnación de los informes, por los motivos expuestos, es equivalente a la alegación de la ruptura de la cadena de custo-

---

27 En similares términos, la SAN de 16 de junio de 1999, ECLI:ES:AN:1999:3994, resuelve un supuesto vinculado al ámbito del tráfico de drogas. No resulta distinto lo analizado en esta sentencia, donde los cuestionamientos se efectúan en relación con la fiabilidad de los análisis efectuados en las drogas intervenidas.

dia, como circunstancia para generar dudas en el juzgador respecto a la fiabilidad de la prueba pericial. Aun cuando no se menciona en las alegaciones de las defensas el término *cadena de custodia*, esta vinculación se desprende del hecho de que lo alegado por las mismas hace referencia a la eficacia de los análisis periciales por no poder garantizarse que las sustancias no hayan sido contaminadas.

Por lo que respecta a la argumentación ofrecida por el Tribunal, éste admite la validez de los análisis en virtud de las garantías que ofrecen los laboratorios oficiales[28]. De esta fundamentación, destaca especialmente el grado de fiabilidad que el Tribunal otorga a los informes provenientes de laboratorios oficiales. Ahora bien, no debe sorprendernos, ya que esta oficialidad le aporta directamente un alto nivel de credibilidad.

Este alto grado de fiabilidad configura en la práctica una presunción de validez a los análisis dictados en el seno de un organismo oficial, por lo que será la parte que impugna la veracidad de los análisis la que deberá acreditar tal extremo.

1.1.2.2. *Sentencia del Tribunal Supremo 1223/2000, de 8 de julio*

La STS 1223/2000, de 8 de julio[29], se identifica como una sentencia de especial relevancia en los antecedentes jurisprudenciales, en tanto que —como ser verá a continuación— ofrece una antesala a la organización de los actos que integran la cadena de custodia, vinculada —en este caso— al ámbito material del tráfico de drogas[30].

---

28 La instalación de centros de análisis oficiales, que cuentan con las garantías para recibir, custodiar y analizar sustancias, se instalan en España a raíz de la firma de la Convención Única de 1961 sobre estupefacientes, por un lado, y el Convenio sobre sustancia sicotrópicas de 1971, por otro. *Vid.* ESCOBAR JIMÉNEZ, R.: «La prueba de peritos», en *op. col.* Rives Seva (dir.), *La prueba en el Proceso Penal. Doctrina de la Sala Segunda del Tribunal Supremo,* Tomo II, 6.ª ed., Aranzadi, Navarra, pp. 111 y ss.

29 STS 1223/2000, de 8 de julio, ECLI:ES:TS:2000:5619.

30 Ya se ha afirmado que es precisamente en el ámbito del tráfico de drogas donde la cadena de custodia inicia su desarrollo como figura jurídica autónoma e independiente. En este sentido, conviene señalar

Aun cuando la citada STS 1223/2000 no hace referencia expresa a la cadena de custodia, lo cierto es que su vinculación se desprende no solo del contenido de la propia resolución —lo que indudablemente la vincula con esta figura jurídica— sino también por los términos empleados en la misma. De esta forma, el TS no alude expresamente al término cadena de custodia, pero sí que hace referencia a la expresión «custodia judicial» y «custodia de estas sustancias». Partiendo de esta premisa, la vinculación con la cadena de custodia se enfatiza y, asimismo, acerca este antecedente con mayor proximidad a aquellas resoluciones en las que sí se empieza a aludir a la cadena de custodia de manera expresa.

En el caso analizado por la STS 1223/2000 se resuelve un recurso de casación en los que la parte recurrente cuestiona un pronunciamiento de condena de la AP de Cádiz, por un delito contra la salud pública. En concreto, lo que aquí interesa hace referencia, al motivo quinto de este recurso de casación, en el que el recurrente denuncia irregularidades en la identificación de la sustancia intervenida, sin precisar en qué artículo se ampara y cuáles son los preceptos vulnerados. Así, el recurrente denuncia que la droga no ha estado bajo custodia judicial y su remisión se efectuó directamente por la Guardia Civil al Servicio de Sanidad para su análisis y pesaje, considerando así que se ha visto vulnerado su derecho de defensa al dejarse al arbitrio policial la remisión de la droga.

Respecto a esto, considera el Alto Tribunal que se han respetado todas las previsiones legales y las garantías necesarias para la remisión de las sustancias por parte de la Policía Judicial. Así, se afirma que la normativa específica de los

---

—además— que el nacimiento del término empleado también está vinculado al ámbito del tráfico de drogas y, en concreto, a la investigación policial de estos tipos delictivos. Así, el término cadena de custodia es, en realidad, un término empleado por la policía judicial en la investigación de los delitos de tráfico de drogas, al hacer referencia a la sucesión de actos por los que va transcurriendo la sustancia intervenida hasta ser analizada para determinar pesaje, pureza y riqueza de la droga. De esta forma, son los Juzgados y los Tribunales los que incorporan esta expresión en el vocablo jurídico.

Cuerpos y Fuerzas de Seguridad del Estado habilita a sus miembros para efectuar las primeras diligencias de prevención y aseguramiento, así como la ocupación y custodia de los objetos del delito o relacionados con éste. Por tanto, no se ha producido ningún quebranto a las garantías de custodia de las muestras intervenidas.

De esta forma, el TS desestima el motivo de casación y confirma la sentencia recurrida.

La STS 1223/2000, de 8 de julio, se configura como un antecedente clave en el tratamiento jurisprudencial de la cadena de custodia en el sistema español. El hecho de que se trate de una sentencia dictada en el seno de un caso en materia de tráfico de drogas fortalece esta afirmación, pues como veremos más adelante, las primeras referencias jurisprudenciales con mención expresa a la cadena de custodia lo hacen en un sentido muy similar al tratado en esta STS: en primer lugar, por razón de la materia (tráfico de drogas); en segundo lugar, por el escaso nivel de profundización en cuanto al desarrollo de una figura jurídica se refiere; en tercer lugar, por razón de la argumentación ofrecida (esto es, la vinculación entre cadena de custodia, control judicial y garantías de los laboratorios oficiales).

1.1.3. La primera referencia a la realidad de la cadena de custodia por el Tribunal Constitucional, aun sin mención expresa al término, en relación con la posibilidad de vulneración de derechos fundamentales: Sentencia del Tribunal Constitucional 170/2003, de 29 de septiembre

A pesar de no contener mención alguna a la cadena de custodia a lo largo de su texto, la Sentencia del Tribunal Constitucional (en adelante STC) 170/2003, de 29 de septiembre, encarna uno de los más destacados pronunciamientos del Tribunal Constitucional (en adelante TC) en la materia. Muestra de ello es que ha sido considerada una sentencia de referencia por la doctrina científica[31], y ello sin

---

31 Al respecto, DEL POZO PÉREZ, M.: «La cadena de custodia: tratamiento jurisprudencial», *Revista General de Derecho Procesal*, núm. 30, 2013;

especificar en muchos casos la ausencia de mención a esta figura procesal —lo que, en ocasiones, nos lleva a deducir erróneamente lo contrario—; y también por la propia jurisprudencia. Referente a esto último, el propio TC ha sido el primero en reconocer tal vínculo entre la cadena de custodia y los fundamentos contenidos en la citada STC[32].

Sin restarle importancia a lo expuesto, lo verdaderamente fundamental a la hora de constatar si se trata de un antecedente jurisprudencial en la materia es el propio contenido de la resolución. La mencionada sentencia resuelve varios recursos de amparo acumulados por razón de los mismos hechos y en su mayor parte fundados en las mismas alegaciones y argumentación. Pero antes de analizar las cuestiones jurídicas que conectan con la cadena de custodia en el marco de la STC 170/2003, es preciso situarnos brevemente en los antecedentes que la conforman.

MARTÍNEZ GALINDO, G.: «Problemática jurídica de la prueba digital y sus implicaciones en los principios penales», *Revista Electrónica de Ciencia Penal y Criminología,* núm. 24, 2022, p. 32. Conviene aclarar que la doctrina científica no ha sido la única en tratar la STC 170/2003 como si se tratase de una sentencia que examina la figura de la cadena de custodia, sino que también la propia jurisprudencia de nuestros juzgados y tribunales ha caído en tal confusión. Al efecto, la SAP B 132/2009, de 25 de febrero, ECLI:ES:APB:2009:1719, hace referencia a esta STC como precursora en la vinculación entre ruptura de la cadena de custodia y vulneración del derecho fundamental a un proceso con todas las garantías, afirmando que la STC 170/2003, de 29 de septiembre, «otorgó el amparo precisamente por 'rotura de la cadena de custodia' en cuanto (...), ante una rotura de la 'cadena de custodia' de una prueba, resulta prácticamente imposible defenderse en el caso de que los Tribunales estén dispuestos a validarla y sirva como prueba de cargo» (FD 2.º).

32 Esta unión se proclama años más tarde, con ocasión de la STC 281/2006, de 9 de octubre, cuando el TC —al abordar una cuestión relativa a la cadena de custodia— remite directamente a la ya citada y de sobra conocida STC 170/2003. Empero, esta vinculación no viene dada únicamente por el reconocimiento expreso del TC al efecto, sino que deriva principalmente del propio contenido de la STC del año 2003, cuyo análisis refleja un nexo muy evidente. Es oportuno señalar que, precisamente, la STC 281/2006 es la primera referencia expresa en la jurisprudencia del TC en materia de cadena de custodia. Por ello, la remisión que el propio TC efectúa resulta de vital importancia para reconocer la vinculación de la STC de 2003 con la cadena de custodia.

El procedimiento se inicia por razón de una denuncia interpuesta contra el administrador de un establecimiento comercial por un presunto delito contra la propiedad intelectual. En concreto, ciertas empresas tienen conocimiento de que en este establecimiento se está desarrollando una actividad no autorizada de distribución de programas informáticos de su propiedad y a un precio inferior al de mercado, por lo que deciden denunciar los hechos a través de sus abogados. Son varios los errores producidos durante la investigación de los presuntos hechos delictivos, tal y como resalta la sentencia analizada. Muy resumidamente, se practicaron cuatro diligencias de entrada y registro (una en el establecimiento comercial y las restantes en el domicilio de cada uno de los acusados) en las cuales se incautó diverso material y soporte informático que permaneció bajo custodia de la Guardia Civil. Precisamente, en relación con la incautación de ese material es donde se producen los errores a los que anteriormente aludíamos. Circunstancia que motivó la absolución de los acusados en instancia y, muy en concreto, en relación con los siguientes motivos: primero, el material informático intervenido en los distintos registros se mezcló sin distinción de su procedencia, lo que imposibilita determinar la responsabilidad penal de cada uno de los acusados; segundo, el número de CD examinados por los peritos no es coincidente con el número de CD ocupados a los acusados, sin que se haya aclarado el motivo de tal diferencia numérica; y tercero, el materia informático se remitió al perito en cajas rotas y sin etiquetar.

No obstante lo anterior, la AP estima el recurso de apelación ante ella interpuesto, revocando la sentencia del Juzgado de lo Penal y condenando a los acusados como autores de un delito contra la propiedad intelectual. Y ello a pesar de que se incluyó como hecho probado la ausencia de clasificación del material incautado en función del registro del que procedía. Justamente, esta sentencia de condena es la que motiva la interposición de las demandas de amparo ante el TC. Finalmente, el fallo de la STC 170/2003 contiene el siguiente pronunciamiento:

> «Declarar vulnerado el derecho de los recurrentes a un proceso con todas las garantías (art. 24.2 CE) por falta de cumplimiento de las garantías procesales exigibles en la incorporación del material intervenido al proceso».

Aunque los recursos de amparo se fundamentan, asimismo, en la vulneración de otros derechos, en lo que aquí nos ocupa, nos interesa especialmente las alegaciones en relación con la vulneración del derecho a un proceso con todas las garantías.

Afirmábamos anteriormente que lo fundamental a la hora de valorar el vínculo entre la STC 170/2003 y la cadena de custodia es el propio contenido de la sentencia, muy en particular con arreglo a los fundamentos jurídicos de la misma. En el supuesto que estamos analizando, el TC examina la eventual vulneración del derecho a un proceso con todas las garantías en atención a las garantías procesales en la incorporación al procedimiento penal de los soportes informáticos incautados y los informes periciales realizados sobre ellos. Y es en este contexto, como veremos a continuación, donde el vínculo entre ambos resulta innegable.

En relación con los errores durante la investigación, el TC sostiene que la controversia se produce sobre una cuestión de derecho en relación con la validez de la actividad probatoria y no en relación con la valoración de la misma (cuestión de hecho).

En tal sentido, el TC resalta lo siguiente:

«La legislación procesal penal pone un especial cuidado en regular el modo en que ha de procederse en la recogida de las piezas de convicción y su custodia. A esos efectos el art. 338 LECrim establece que los instrumentos, armas y efectos que puedan tener relación con el delito se sellarán, si fuera posible, y se acordará su retención, conservación o envío al organismo adecuado para su depósito, con la finalidad evidente de que (...) se evite cualquier alteración en los mismos».

Justamente en relación con lo anterior insiste el Tribunal en que, en este caso, los materiales informáticos incautados no fueron clasificados adecuadamente, sin que se haya procedido a su correcto sellado y precintado y, además, se produjo una discordancia numérica entre el material intervenido y el analizado por los peritos. Con base en estos errores, el TC sostiene lo siguiente:

«Ello acredita que se ha producido una deficiente custodia policial y control judicial de dicho material, que no estaba debidamente precintado y a salvo de eventuales manipulaciones externas tanto de carácter cuantitativo (número de las piezas de convicción halladas en los registros) como cualitativo (contenido de aquellos soportes que admitieran una manipulación por su carácter regrabable o simplemente por su naturaleza virgen en el momento de su incautación, e incluso su sustitución por otros), lo que impide que pueda afirmarse que la incorporación al proceso penal de los soportes informáticos se diera **con el cumplimiento de las exigencias necesarias para garantizar una identidad plena e integridad en su contenido con lo intervenido** [énfasis añadido] y, consecuentemente, que los resultados de las pruebas periciales se realizaran sobre los mismos soportes intervenidos o que éstos no hubieran podido ser manipulados en cuanto a su contenido».

A propósito de la cadena de custodia es crucial la idea resaltada en las líneas precedentes. El TC cuestiona la validez de las pruebas periciales practicadas en base a la imposibilidad de acreditar la identidad plena, así como la integridad de su contenido, entre lo analizado y lo intervenido. Esta es la idea fundamental sobre la que se construye la figura procesal de la cadena de custodia. A lo largo de las distintas etapas de construcción de esta figura, sus elementos esenciales van a ir concretándose por parte de los tribunales principalmente pero también de la doctrina científica. Uno de estos elementos —de creación jurisprudencial— es la llamada mismidad de la prueba (que integra el propio fin de la cadena de custodia). Es, exactamente, a lo que se está haciendo referencia aquí al hablar de identidad e integridad.

Volviendo al contenido de la sentencia examinada, finalmente el TC estima el concreto motivo de amparo por vulneración del derecho a un proceso con todas las garantías y manifiesta:

«(...) en la medida en que se han valorado como actividad probatoria de cargo los informes periciales efectuados sobre un material informático que se incorporó sin que quedara acreditado el cumplimiento de las debidas garantías de custodia policial y control judicial sobre su identidad e integridad, debe declararse que se ha vulnerado el derecho a un proceso con todas las garantías».

Conforme a lo expuesto, únicamente puede concluirse que efectivamente se trata de un antecedente jurisprudencial en materia de cadena de custodia. Observamos este vínculo, en primer lugar, en atención al hecho de que indirectamente analiza el recorrido de la fuente de prueba desde su obtención hasta su incorporación al juicio oral y, subsiguiente valoración y eficacia, todo ello en relación con la custodia policial y el control judicial de los elementos intervenidos. En segundo lugar, respecto del hecho de que las garantías procesales a las que hace referencia el fallo de la citada STC aluden a la custodia y correcta identificación de los elementos intervenidos.

En suma, nos encontramos ante un supuesto en el que se habría producido la ruptura de la cadena de custodia. No obstante, al tratarse de un antecedente jurisprudencial, esta circunstancia se materializa en atención a las consecuencias derivadas de las graves irregularidades ocurridas en la custodia policial y el control judicial del material informático. En particular, el efecto que se produce es la vulneración del derecho fundamental a un proceso con todas las garantías. Si bien es importante señalar que esta vulneración no se produce como consecuencia directa de una eventual ruptura de la cadena de custodia, sino como resultado de haber valorado como prueba de cargo un material probatorio que adolece de las garantías necesarias en materia de cadena de custodia[33] y, por tanto, determinantes en la garantía de su integridad y/o identidad.

De este modo, podemos concluir afirmando que el TC establece un criterio que interrelaciona la ruptura grave de la cadena de custodia con la eventual vulneración de derechos fundamentales (en adelante DDFF) y, en particular, del derecho fundamental a un proceso con todas las garantías (art. 24.2 CE). Para que se produzca tal injerencia, deben cumplirse dos condiciones que han de ser probadas por la parte que la alega: por un lado, la quiebra de la cadena de custodia; por otro, la valoración (de aquella prueba afectada por la quiebra de la cadena) como prueba de cargo por parte del tribunal sentenciador.

---

33   JAMARDO LORENZO, A.: «La cadena de custodia y su incidencia en el derecho a un proceso con todas las garantías», en *op. col.* Asencio Mellado y Fuentes Soriano (dirs.), *El proceso como garantía,* Atelier, Barcelona, 2023, pp. 674 y 675.

1.2. Los primeros reflejos jurisprudenciales con mención expresa del término cadena de custodia

La cadena de custodia como figura procesal surge en nuestro ordenamiento jurídico a finales de la década de los años noventa del pasado siglo, muy en particular en torno al año 1998. Desde ese momento y hasta la actualidad, ha ido evolucionando y configurándose como una auténtica figura jurídica autónoma y de amplia envergadura. A día de hoy puede decirse —y con rotundidad— que la institución de la cadena de custodia se encuentra en uno de sus puntos álgidos, al haber obtenido la atención simultánea de los sectores doctrinal, jurisprudencial y legal (en cierto modo este último), como veremos en el punto dedicado al efecto. Situándonos, sin embargo, en el contexto de la primera etapa, éste alto reconocimiento de la cadena de custodia ha de esperar varios años hasta ser finalmente alcanzado.

Al hablar del origen de la cadena de custodia bajo el prisma procesal, éste puede instalarse en dos niveles independientes —pero conectados entre sí—: uno relativo al ordenamiento interno, y otro con arreglo a otros ordenamientos jurídicos ajenos. Si bien no es el objeto de esta obra el estudio de la institución de la cadena de custodia desde la óptica de sistemas ajenos, sí resulta imprescindible aludir brevemente a su tratamiento en algunos sistemas de Derecho comparado, muy en particular en atención a su origen.

Y es que la producción jurídica de la cadena de custodia procede del ordenamiento jurídico de EEUU[34], tal como se adelantaba en la introducción. Partiendo de su origen americano y por influencia de aquel, no parece insólito que los primeros ordenamientos jurídicos en importar esta figura

---

34   Con pronunciamientos regulares en materia de cadena de custodia desde los años cincuenta, principalmente en esta época en las cortes estatales. Sirva de ejemplo la resolución del caso *Benton v. Pellum,* 100 SE 2d 534, 232 SC 26 - SC: Supreme Court (1957), donde se alude a la continuidad de la cadena de custodia. Otro ejemplo que muestran la existencia de la cadena de custodia con bastante antelación a su llegada al sistema jurídico español son *Gallego v. US,* 276 F.2d 914, Court of Appeals, 9th (1960).

a sus propios sistemas procesales sean los ordenamientos iberoamericanos. Es más, su llegada a los sistemas procesales europeos se produce —en cierto modo— con algo de demora con respecto a los anteriores.

Volviendo sobre el origen interno de la cadena de custodia y dado que el mundo jurídico no es más que un reflejo de las sociedades actuales, se hace patente también la influencia del sistema jurídico norteamericano sobre el nuestro[35]. Así, se produce la entrada de la cadena de custodia en el sistema español hacia el año 1998 y, desde ese momento, ha ido evolucionando a lo largo de las décadas siguientes y hasta la actualidad.

Decíamos previamente que la principal causa de inclusión de la cadena de custodia en nuestro ordenamiento jurídico fueron las alegaciones de las defensas sobre la fiabilidad de la prueba. Debemos matizar, no obstante, tal afirmación, por lo oportuno que es señalar que su origen jurídico proviene del ámbito policial y, en concreto, se trata de un término que era empleado en el contexto de las investigaciones policiales en materia de tráfico de drogas; de modo que son los agentes policiales quienes incorporan al ámbito jurídico un concepto, en principio, extrajurídico y lo emplean en el terreno policial[36].

---

35 Al igual que ocurrió con la configuración de la prueba prohibida en nuestro ordenamiento jurídico. De sobra conocido es que la STC 114/1984, de 29 de noviembre, introduce en nuestro sistema jurídico la regla de exclusión estadounidense americana.

36 A fin de cuentas, el origen de la cadena de custodia es fundamentalmente extrajurídico y no es propio, por tanto, del proceso penal en un inicio. Así lo expone la SAP H 13/2007, de 25 de junio, ECLI:ES:APH:2007:520, que «el concepto de 'cadena de custodia' se utilizó inicialmente para designar el seguimiento que una empresa u organización transformadora de materias primas (en especial, las forestales) para la obtención de otros productos se compromete a hacer al objeto de garantizar que al menos un determinado porcentaje de aquellas materias, denominadas materias certificadas, cumplen unas ciertas características de calidad, generalmente medioambientales». Tal y como expone GUTIÉRREZ SANZ, «las ideas rectoras fueron introducidas en la esfera de las diligencias de investigación», construyéndose la cadena de custodia bajo la idea del registro constante de la recogida de materiales y la conservación científica de los mismos, de modo que —en el ámbito de la investigación— la finalidad se identificaba con, por un lado,

Una vez se había iniciado este tratamiento jurídico del concepto en el terreno policial, los tribunales empezaron a incorporar el término *cadena de custodia* en sus resoluciones al dar respuesta a los cuestionamientos de las defensas sobre la fiabilidad de la prueba pericial, al mismo tiempo que las defensas empezaron a impugnar la «cadena de custodia» como método para alegar la discordancia entre la prueba analizada en juicio y la fuente de prueba obtenida durante la investigación criminal. Siguiendo el planteamiento policial, su integración en el plano jurisprudencial también se limitó en un primer momento al ámbito de la prueba pericial derivada de los análisis de muestras en procedimientos seguidos por delitos de tráfico de drogas. En consecuencia, éste se materializó como el primer escenario de la cadena de custodia en nuestro ordenamiento jurídico.

Sin embargo —como se dirá a continuación—, en un primer momento la atención prestada a la cadena de custodia desembocó en respuestas vagas por parte de nuestros tribunales, sin perjuicio de su posterior profundización en las siguientes etapas. De modo que el mérito de esta primera etapa no se precisa en una gran contribución a la construcción jurídica de la cadena de custodia, sino que su interés radica en que marca un punto de inflexión de cara a su constitución posterior.

---

el impedimento de la manipulación de las pruebas, y por otro, con el aseguramiento de su identidad. *Vid.* GUTIÉRREZ SANZ, M. A.: *La cadena de custodia en el proceso penal español*, *op. cit.*, pp. 20-21.

Precisamente esta noción de cadena de custodia es la que sostiene el Tribunal de Justicia de la Unión Europea (sentencia de 22 de junio de 2017, asunto C-549/15, ECLI:EU:C:2017:490; y sentencia de 4 de octubre de 2018, asunto C-242/17, ECLI:EU:C:2018:804), ámbito donde todavía no parece haber arraigado la cadena de custodia tal y como la entendemos en el ámbito del proceso penal. «El método por el que puede establecerse una conexión entre información o declaraciones relativas a materias primas o productos intermedios y declaraciones relativas a productos finales se denomina cadena de custodia. Esta suele incluir todas las fases desde la producción de la materia prima hasta el despacho a consumo de los combustibles. El método que establece la Directiva para la cadena de custodia es el método de balance de masa (...)».

1.2.1. Las primeras referencias expresas a la cadena de custodia como figura jurídica: las Audiencias Provinciales de Madrid y Sevilla como pioneras

En el año 1998 se produce un auténtico hito en la configuración jurídica de la cadena de custodia en nuestro ordenamiento interno: el término *cadena de custodia* es empleado por primera vez por los tribunales españoles. Ocurre esto a raíz de varias resoluciones provenientes fundamentalmente de las AAPP de Madrid y de Sevilla[37].

La importancia de este hito es la propia integración del término al vocablo jurídico, sin que haya producido —a decir verdad— un avance significativo en su configuración como tal. Y es que la introducción del término en el plano jurisprudencial durante este primer año se produce vagamente y sin excesiva profundidad. Pese a ello, no se puede negar la importancia que adquiere en tanto que fija el inicio de la evolución jurisprudencial en la materia.

La primera referencia procede de la AP de Madrid y, en concreto, se localiza en la **SAP M 418/1998, de 16 de abril**[38], resolución que recae en un procedimiento penal seguido por un supuesto delito contra la salud pública. Los hechos que ocasionan esta resolución se producen en el marco de una operación por tráfico de drogas. En particular, la acusada pacta la recepción de un paquete procedente de Perú y cuyo contenido fue identificado como cocaína (transportada en unas bolsas de plástico, con un peso bruto total de 230,80 gramos). Ocurre aquí que el paquete es intercep-

---

37 En este primer año del recorrido evolutivo, las bases de datos jurisprudenciales únicamente nos devuelven cinco resultados que aluden a la cadena de custodia: dos dictados por la AP de Madrid, dos por la AP de Sevilla y uno por el TS. La STS 936/1998, de 13 de julio, es la primera referencia expresa en la materia por parte del TS y la tercera, en general. No obstante y a pesar de ser una STS lo suficientemente temprana como para haber sido dictada en los inicios del tratamiento jurisprudencial de la cadena de custodia en España, no es hasta el año 2000 cuando el TS vuelve a hacer referencia a la cadena de custodia (con una única referencia, la STS 1501/2000, de 2 de octubre) y al año 2001 para que su presencia sea mayor (con cuatro STS y cuatro ATS).

38 SAP M 418/1998, de 16 de abril, ECLI:ES:APM:1998:4277.

tado por las autoridades aduaneras alemanas, quienes a su vez lo entregaron a las autoridades españolas. Estas últimas, previa autorización, proceden a efectuar una entrega controlada de la droga: el paquete se deposita en una oficina de correos, donde es recogido por la acusada y siendo detenida en ese momento. Posteriormente se procede a la apertura del paquete por la Autoridad Judicial, en presencia tanto de la detenida como de su abogada.

La alusión a la cadena de custodia por parte de la AP de Madrid se efectúa a propósito del recorrido que sigue la droga desde su interceptación por las autoridades alemanas y hasta la apertura del paquete en presencia de la acusada y su defensa letrada. En particular, en los siguientes términos:

> «El sobre conteniendo los planos y la cocaína fue detectado por las Autoridades alemanas que lo entregaron a las españolas a través del capitán (autoridad) de la nave de Lufthansa. Es **la cadena de custodia razonable** [énfasis añadido] y posible en estos casos, no es verosímil que la cocaína fuera introducida por el comandante de la aeronave lo que, como posibilidad, pareció insinuar la defensa en su informe».

Lo cierto es que la cadena de custodia es mencionada casi casualmente en los Fundamentos de Derecho de la SAP M 418/1998. A pesar de ello, como sosteníamos anteriormente, no podemos restarle importancia a este hecho, pues implica el reconocimiento jurisprudencial de la existencia de esta figura. Asimismo, es oportuno señalar que se manifiesta como un punto de inflexión en la configuración jurisprudencial de la institución y, en concreto, marca el inicio de una evolución jurisprudencial que, desde este momento, será constante y ascendente.

Entre los puntos a destacar, por un lado, hay que resaltar que la AP alude a la cadena de custodia por voluntad propia, no siendo —en este caso— fruto del cuestionamiento de la defensa. Desde luego que las alegaciones de la defensa tienen efecto en la introducción del término, en tanto que la AP no habría justificado la razonabilidad de la cadena si la defensa no hubiese cuestionado la validez de la prueba en cuestión.

61

Por otro lado, y en relación con el tratamiento propiamente ofrecido por la AP a la cadena de custodia, son dos las cuestiones a analizar: en primer lugar, la alusión a la «cadena de custodia razonable»; y en segundo lugar, la referencia a la verosimilitud de los hechos. En cuanto a la utilización de la expresión «la cadena de custodia razonable» no es más que un óptimo reflejo de la realidad de esta figura en sus inicios y plasma la carencia de construcción jurídica en la primera etapa. Con todo, hemos de plantearnos qué es exactamente la cadena de custodia razonable. Lo cierto es que en aquel entonces no existía respuesta real a ese cuestionamiento, no al menos a nivel jurídico-procesal. La única respuesta que obtenemos es que se trata de una primera vinculación a la verosimilitud de la prueba, afirmación que se sustenta, asimismo, por la justificación posterior empleada por la AP al afirmar que «no es verosímil» la posibilidad que pareció insinuar la defensa.

Por ende, se traza una cadena de custodia a modo de mera expresión sobre la apariencia de razonabilidad de que la obtención y aportación de la prueba se ha realizado conforme a las normas procesales que rigen la actividad probatoria.

Bajo mi punto de vista, mayor trascendencia tiene la segunda referencia jurisprudencial expresa: la **SAP SE 440/1998, de 11 de julio**[39]. La AP de Sevilla parece diseñar un modelo más cercano a lo que actualmente entendemos como cadena de custodia. Partimos también de una resolución en materia de tráfico de drogas en relación con unos hechos que tienen lugar en un centro penitenciario. En concreto, por parte de la acusada se pretende introducir en el centro una única dosis de heroína que iba destinada a un recluso adicto. En este caso se determina la ausencia de delito, motivada ésta en base a la irrelevancia del acto y la ausencia de riesgo para el bien jurídico protegido.

---

39   SAP SE 440/1998, de 11 de julio, ECLI:ES:APSE:1998:2815.

A pesar de ello, ha de ser puesto de relieve lo expuesto en los Fundamentos de Derechos a propósito de la cadena de custodia:

«Llegados a la conclusión de la irrelevancia del hecho para el bien jurídico protegido y, por tanto, de la ausencia de tipicidad de la conducta descrita, no es necesario entrar en la alegación de la defensa sobre la falta de constancia de que la sustancia intervenida fuera efectivamente droga, debido a que en el parte emitido por los funcionarios que la detectan (fol. 4) se habla se "una papelina de polvos blancos" y lo luego analizado se describe por el Servicio de Restricción de Estupefacientes como "polvo ocre (1 pap.)" (fol. 12). La discrepancia es cierta y no existe prueba adicional alguna que **garantice la continuidad de la cadena de custodia de lo aprehendido** [énfasis añadido] y ponga de manifiesto que se trata de un simple error material cometido bien por el funcionario que detectó la sustancia (quien, no obstante, ratificó el parte en el juicio oral), bien por el encargado de la recepción».

En este caso, la alusión a la cadena de custodia forma parte de la respuesta que la AP de Sevilla ofrece al cuestionamiento de la defensa sobre la identidad de la droga. Se sostiene que la sustancia intervenida no se corresponde con lo analizado y ello sobre la base de ciertas incongruencias habidas en los informes descriptivos de la sustancia intervenida, habiendo sido descrita en un primer momento como polvos blancos y posteriormente como polvo ocre.

A pesar del resultado de la sentencia examinada, lo verdaderamente destacable a propósito de la cadena de custodia es que se trata de una primera muestra de ésta como una sucesión de actos y se observa esto a la luz de la réplica del tribunal y, en concreto, al aludir a la continuidad de la cadena de custodia. Asimismo, no podemos dejar de mencionar el hecho de que también podría afrontar una primera aproximación a la ruptura de la cadena de custodia. Esto último, claro está, con respecto a la discordancia descriptiva y la ausencia de justificación al respecto.

Conviene aclarar —para no inducir a error— que, a pesar de la proximidad en cierto modo a algunos de los caracteres actuales de la cadena de custodia, lo cierto es que esto se produce asimismo con distanciamiento. Y no puede ser de otro modo, pues nos encontramos en una etapa muy incipiente de su configuración jurídica.

En la tercera referencia jurisprudencial de la cadena de custodia nos encontramos ante otro hito fundamental: proviene del TS[40]. Se trata, por tanto, de la primera vez que nuestro Alto Tribunal aborda a la cuestión. Es la **STS 936/1998, de 13 de julio**[41]. Una vez más, esta alusión se produce en el marco de un proceso seguido por tráfico de drogas. En lo que aquí nos concierne, las defensas impugnan la cadena de custodia y sostienen que la sustancia analizada no se corresponde con aquella que fue incautada y transportada.

El TS rechaza tal premisa con base en los siguientes argumentos:

«Del examen de las diligencias se infiere, sin género de dudas, que los paquetes que se transportaban en las embarcaciones son los mismos que posteriormente fueron ocupados y sobre los que se realizaron los pertinentes análisis con el resultado que obra en la causa. El Tribunal sentenciador aborda esta misma cuestión en el tercero de sus fundamentos jurídicas y hace una acertada explicación de los elementos que ha tenido en cuenta para rebatir este argumento de la defensa, viniendo corroborada la identidad entre la mercancía hallada y la analizada no sólo por los dictámenes periciales que fueron ratificados en el acto del juicio sino también por las propias declaraciones de los individuos que intervinieron en la cadena de custodia y los datos que obran reflejados en las diligencias de entrada y registro y reportajes fotográficos sobre las mismas».

Aunque tampoco aporta excesiva claridad en cuanto a la delimitación conceptual de la cadena de custodia, sí que encontramos algunas cuestiones de gran interés. En primer lugar, introduce un mínimo acercamiento a la exigencia (que posteriormente será desarrollada por nuestros tribunales) de documentar la cadena de custodia[42] y —lo que es funda-

---

40   Aunque no será hasta el año 2000 que el TS vuelve a tratar la temática de la cadena de custodia, dejando el primer contacto con esta figura jurídica en manos de las AAPP, especialmente de Madrid y Sevilla.

41   STS 936/1998, de 13 de julio, ECLI:ES:TS:1998:4684.

42   Algo más adelante pero en el contexto de esta misma etapa, la SAP IB 102/2000, de 13 de julio, ECLI:ES:APIB:2276, rechaza las irregularidades en la cadena de custodia en virtud de la documentación que obra en la causa.

mental— a la posibilidad de complementar a través de la testifical de los agentes intervinientes ciertas lagunas o dudas de carácter mínimo que puedan derivarse de una documentación insuficiente. Ello, sin duda, se observa del hecho de que el TS rechaza el argumento de la defensa afirmando que la cadena de custodia ha quedado perfectamente acreditada por medio de la documentación que obra en la causa y, a mayores, en base a la testifical de aquellos individuos que han intervenido en la cadena de custodia.

A raíz de la cuarta referencia jurisprudencial expresa retornamos a la AP de Sevilla. Con ocasión de la **SAP SE 687/1998, de 16 de noviembre**[43], vuelve a tratar la cuestión —una vez más— en el ámbito material del tráfico de drogas. Nuevamente la alusión a la cadena de custodia se ofrece como respuesta a las alegaciones formuladas por la defensa. En este caso alega que no existe garantía de correspondencia entre lo analizado y lo efectivamente aprehendido al no haberse respetado el art. 334 LECrim[44].

Aunque el tribunal admite el incumplimiento de las exigencias recogidas en el citado precepto, rechaza, no obstante, la ruptura de la cadena de custodia:

> «(...) ha de reconocerse que no se cumplió escrupulosamente lo dispuesto en tal precepto, con descripción minuciosa de los efectos del delito, precinto y reproducción de esta descripción en su apertura por el laboratorio del análisis. (...) con independencia de la mayor o menor escrupulosidad en la cadena de custodia de la sustancia intervenida, no se suscita una duda razonable sobre la naturaleza del producto, por cuanto, como se ha dicho, el mismo acusado (...) es quien dice que le entregaron la muestra para su transporte».

Sin embargo, resulta curioso que —a pesar de rechazar las dudas sobre la naturaleza de la sustancia en base a deficiencias en la cadena de custodia— sí que rechaza que

---

43 SAP SE 687/1998, de 16 de noviembre, ECLI:ES:APSE:1998:3825.

44 Conviene señalar que la redacción del art. 334 LECrim del año 1998 dista de la redacción actual y, en consecuencia, recordar que se debe tener en cuenta la redacción en el momento de la resolución. En este sentido, la redacción del año 1998 no imponía obligatoriedad en la recolección de las fuentes de prueba ni vinculaba al LAJ a la documentación de estas diligencias.

haya quedado probado la concurrencia del tipo agravado de tráfico de drogas en cantidad de notoria importancia. Y rechaza esto en base, asimismo, a las dudas que se desprenden de ciertas irregularidades en la cadena de custodia. Así las cosas, se produce alguna discrepancia en los informes en atención a la descripción de las bolsas que contenían las sustancias y, lo más importante, respecto del pesaje de éstas.

Volviendo sobre la cuestión relativa a la cadena de custodia a propósito de la identidad de la sustancia, lo fundamental reside en que lo siguiente: «no se suscita duda razonable sobre la naturaleza del producto (...)». Y es que la AP admite ciertas deficiencias en la cadena de custodia, deficiencias, no obstante, que han podido quedar subsanadas tanto por el testimonio de los agentes como por el reconocimiento del propio acusado.

En último término, la **SAP M 1503/1998, de 31 de diciembre**[45] cierra el conjunto de referencias jurisprudenciales expresas a la cadena de custodia durante el año 1998. Es la segunda referencia proveniente de la AP de Madrid y se ubica, también, en el marco de un procedimiento en materia de tráfico de drogas.

Tras el examen ofrecido hasta el momento, podemos constatar que es un hecho que la cadena de custodia inició su recorrido jurídico en el ámbito material del tráfico de drogas. Con todo, la AP de Madrid da un paso más en su delimitación material y a través de la sentencia analizada concreta este ámbito aludiendo a la misma como la «cadena de custodia de la droga». Y es que ciertamente esta limitación material se extiende a lo largo de varios años y es reconocida por la generalidad de nuestros tribunales en un inicio.

En este caso son varias las afirmaciones ofrecidas por la AP que hemos de destacar:

«El problema de la fiabilidad de la cadena de custodia no está claramente resuelto en nuestro país y, en buena parte, se basa en la presunción de buena fe y acierto en los intervinientes, y quizá, si se quiere, en un relativamente admisible traslado a las normas

---

45   SAP M 1503/1998, de 31 de diciembre, ECLI:ES:APM:1998:14526.

procesales de la presunción de legalidad de la actuación administrativa. Porque en puridad corresponde a la acusación demostrar que la sustancia aprehendida al sospechoso de tráfico de drogas y la analizada son la misma».

Es oportuno efectuar alguna observación respecto de este primer extracto. La primera y fundamental es que la AP de Madrid se muestra más crítica y reflexiva con la figura analizada. Y es aquí donde hemos de poner el acento, pues efectivamente incorpora reflexiones de carácter general y dirigidas a la cadena de custodia como figura procesal y ya no únicamente valoraciones vinculadas al caso concreto. En segundo lugar, no podemos dejar de mencionar el punto de vista del tribunal a propósito de a qué parte corresponde demostrar la identidad de la prueba. En las futuras etapas, desde luego, los tribunales adoptarán una postura estricta con respecto a quién le corresponde la carga de probar la corrección de la cadena de custodia. Sin ánimo de adelantar las cuestiones que corresponde desarrollar con posterioridad, sí es oportuno señalar que esta carga se diseñará muy en proximidad con otra de las cuestiones aquí reflexionadas por la AP de Madrid: la de la presunción de la legalidad de la actuación administrativa extendida a las normas procesales de cadena de custodia.

Continuando con lo expresado por la AP, es oportuno resaltar a continuación el siguiente extracto:

«Ciertamente esas presunciones de buena fe, acierto y legalidad en la actuación no son incorrectas y, si se duda de alguna de esas cualidades, **cabe reconstruir el itinerario de la droga mediante todos los medios de prueba admitidos en Derecho incluida la testifical de sus custodios** [énfasis añadido]. Pero cuando suceden cosas extrañas la fiabilidad de la cadena de custodia de la droga puede ponerse en entredicho sin que ello afecte al honor de los que participaron en la misma pues el error acompaña al ser humano».

Partiendo del reconocimiento de una suerte de presunción *iuris tantum* de veracidad de la actuación de los organismos oficiales en relación con los actos de investigación que puedan tener relación con la cadena de custodia, la AP de Madrid pone sobre la mesa la posibilidad de reconstruir el itinerario de las fuentes de prueba (en este caso, de las muestras de droga) mediante los medios de prueba admitidos en Derecho y, en particular, a través de la testifical de sus custodios. No cabe duda de que esta precisión se observa muy en sintonía con lo que sucede en la actualidad.

El examen individualizado de las primeras referencias jurisprudenciales expresas en la materia revela datos enormemente interesantes en relación con el origen jurídico de la cadena de custodia como figura procesal independiente. Es fundamental a la hora de conocer de dónde proviene y cómo se va introduciendo progresivamente en el imaginario colectivo de nuestra doctrina jurisprudencial. Además, tras este análisis, tenemos capacidad para enunciar algunos caracteres comunes a este primer acercamiento a la figura de la cadena de custodia.

En primer lugar, se manifiesta especialmente evidente que el origen jurídico de la cadena de custodia se circunscribe a un ámbito material muy concreto: el del tráfico de drogas[46]. Ciertamente, en este momento inicial, la cadena de custodia se concibe muy vinculada a este ámbito material, entendiéndose como propia del mismo y como herramienta para garantizar el trayecto seguido por las muestras de drogas desde su obtención y hasta su análisis.

En segundo lugar, las AAPP de Madrid y de Sevilla pueden ser identificadas como pioneras en el desarrollo jurisprudencial de la cadena de custodia en nuestro ordenamiento jurídico. Cierto es que, de entre las sentencias examinadas en las líneas precedentes, se ha podido observar una resolución dictada por el TS, sin embargo, se trata de una resolución aislada y debemos esperar hasta el año 2000 para localizar nuevamente un pronunciamiento en la materia por parte del TS. En el caso, no obstante, de las AAPP de Madrid y Sevilla, las cuales continúan destacando en el próximo año 1999 y su influencia en las restantes AAPP es innegable[47]. Es oportuno

---

46   Y no será hasta el próximo año 2000 que la figura de la cadena de custodia se deslinde del ámbito material del tráfico de drogas y del proceso penal, con carácter general.

47   Justamente, en el año 1999 vuelven a ser las únicas Audiencias en aludir a la cadena de custodia y, esta vez, sin que localice referencia alguna por

señalar aquí que las primeras referencias provenientes de la AP de Madrid comparten ponente entre sí, e igualmente ocurre con las dos primeras sentencias dictadas por la AP de Sevilla[48].

En tercer lugar, no se ahonda especialmente en la materia y, como norma general, se introduce el término sin excesiva exhaustividad. Ello sin perjuicio de la existencia de ciertas reflexiones de mayor profundidad (por ejemplo, en el caso de la SAP M 1503/1998). Además, tal como se ha ido exponiendo anteriormente, ya desde sus inicios se observa la presencia de ciertos caracteres que, posteriormente, se irán desarrollando y formarán parte de la esencia de la cadena de custodia.

Finalmente, si damos paso al año 1999 no localizamos demasiados avances en comparación al año anterior. Continuamos bajo el enfoque, esta vez en exclusiva, de las AAPP de Madrid y Sevilla, en tanto que son las únicas que durante este año aluden expresamente a la cadena de custodia en sus resoluciones[49]. No obstante, en este caso, los magistrados ponentes ya no son los mismos al año inmediatamente anterior.

En lo que respecta al tratamiento jurídico ofrecido a la cadena de custodia, una de las principales notas a destacar es que todavía se encuentra circunscrita al ámbito material del tráfico de drogas. Y, asimismo, se mantiene un tratamiento algo escaso y, como decíamos, muy similar al examinado en

---

parte del TS. En el caso de las restantes AAPP habrá que esperar hasta el año 2000 para que empiecen a tratar el tema.

48   Mientras que tanto en la SAP M 418/1998 como en la SAP M 1503/1998 el magistrado ponente fue Arturo Beltrán Núñez, en la SAP SE 440/1998 y SAP SE 687/1998 el magistrado ponente fue Miguel Carmona Ruano. Además, tanto en los casos de ambas Audiencias dos de los magistrados que conforman el tribunal figuran como parte del tribunal en ambas resoluciones.

49   En particular, SAP M 68/1999, de 9 de febrero, ECLI:ES:APM:1999:1627; SAP M 297/1999, de 18 de junio, ECLI:ES:APM:1999:8614; SAP M 254/1999, de 21 de junio, ECLI:ES:APM:1999:8750; SAP SE 134/1999, de 23 de septiembre, ECLI:ES:APSE:1999:3384; SAP M 703/1999, de 28 de octubre, ECLI:ES:APM:1999:13977.

las sentencias del año 1998[50]. Así las cosas, siguiendo con la línea iniciada durante el año anterior, empieza a consolidar la alusión a las «sucesivas secuencias de la cadena de custodia»[51], tomando fuerza ya desde su concepción más inicial la consideración de la misma como sucesión de actos. Asimismo, se recogen diferentes vías con capacidad para acreditar la regularidad de la cadena de custodia como la documentación de su recorrido o la testifical de sus custodios (esto es, los intervinientes en la misma)[52].

---

50 Ello no quiere decir que se niegue cierto progreso en la construcción de esta figura emergente en el contexto del año 1999. Ejemplo de ello es la SAP 703/1999, ECLI:ES:APM:1999:13977, que se analizará más adelante. Sin embargo, como se menciona en el texto, continúa siendo común un tratamiento escaso que, en verdad, nada novedoso aporta a la configuración jurídica de la cadena de custodia. Muestra de esto último es, por ejemplo, la SAP M 68/1999, de 9 de febrero, ECLI:ES:APM:1999:1627, en la que el tribunal no entra a examinar en profundidad esta figura, afirmando que la impugnación de la cadena de custodia por parte de la defensa tiene escasa relevancia. Y justifica lo anterior en el hecho de que los datos vinculados a estas cuestiones se encuentran debidamente documentados en la causa. También ilustra esta ausencia de profundidad la SAP M 254/1999, de 21 de junio, ECLI:ES:APM:1999:8750, o la SAP SE 134/1999, de 23 de septiembre, ECLI:ES:APM:1999:3384, en la que se sostiene que la naturaleza de la sustancias ha quedado acreditaba en virtud de los análisis periciales, al no haber sido impugnados por la defensa y no existir «sombras de duda sobre la denominada 'cadena de custodia' de la droga». Aunque ya en el año 2000, se pronuncia en idénticos términos las SAP SE 66/2000 de 29 de mayo, ECLI:ES:APSE:2000:2506; SAP SE 139/2000, de 20 de noviembre, ECLI:ES:APSE:2000:5084 y SAP SE 141/2000, de 23 de noviembre, ECLI:ES:APSE:2000:5177, sentencias que comparten ponente con la citada SAP SE 134/1999, de 23 de septiembre.

51 SAP M 703/1999, de 28 de octubre, ECLI:ES:APM:1999:13977.

52 SAP M 297/1999, de 18 de junio, ECLI:ES:APM:1999:8614, donde el tribunal justifica que el transporte de las sustancias y su cadena de custodia ha quedado acreditado en virtud de la prueba testifical y documental, exponiendo además que en la prueba pericial se ha sometido a contradicción mediante el oportuno interrogatorio de los peritos y, asimismo, no ha sido impugnada por la defensa. Entrando en el año 2002, podemos citar la SAN 33/2002, de 17 de julio, ECLI:ES:AN:2002:4637, como ejemplo de que la regularidad de la cadena de custodia puede acreditarse mediante la testifical de los intervinientes, en este caso, agentes policiales.

1.2.2. Otras referencias jurisprudenciales en el periodo correspondiente a los años 1999-2002

A partir de la década de los años 2000 la profundización en materia de cadena de custodia empieza a notarse en los diferentes pronunciamientos jurisprudenciales. Uno de los hitos más destacables que se producen a partir de este momento es la ruptura con el ámbito material del tráfico de drogas, apareciendo los primeros análisis de la cadena de custodia en ámbitos delictivos diferenciados. Aunque todavía con una configuración jurídica algo básica, empiezan a asentarse algunas de las notas caracterizadoras de esta figura procesal. En particular, es importante señalar que, en este contexto, se consolida un fuerte vínculo entre cadena de custodia y prueba pericial, siendo considerada la cadena de custodia como una figura procesal destinada a acreditar la validez de la prueba pericial.

Si bien los años 1998 y 1999 configuran el punto de partida de la evolución jurisprudencial en la materia, los primeros años de la década de los 2000 muestran el verdadero despegue de una evolución jurisprudencial que, a partir de entonces y a través de un largo recorrido, no deja de ofrecer numerosos avances en la configuración jurídica de la cadena de custodia.

1.2.2.1. En atención a un criterio por razón de la materia: la cadena de custodia en el ámbito del tráfico de drogas

A. No se produce ruptura de las secuencias de la cadena de custodia por razón de irregularidades leves en el pesaje de la sustancia intervenida: Sentencia de la Audiencia Provincial de Madrid 703/1999, de 28 de octubre

En el marco de un proceso seguido por un supuesto delito de tráfico de drogas, se dicta la SAP M 703/1999, de 28 de octubre[53]. De acuerdo con los hechos probados, el acusado habría entrado en territorio nacional portando una maleta rígida en las que se había practicado dos dobles fondos,

---

53   SAP M 703/1999, de 28 de octubre, ECLI:ES:APM:1999:13977.

71

en los que llevaba escondidas unas bolsas cuyo contenido resultó ser cierta sustancia estupefaciente.

Ocurre en este caso que la defensa cuestiona la validez de la prueba pericial practicada sobre la sustancia intervenida en base a una diferencia de pesaje. Sin embargo, la AP de Madrid rechaza las alegaciones de la defensa y lo argumenta en el sentido reflejado a continuación:

«Puesto que **no hay razones para sospechar de una ruptura de seguridad o infidelidad en las sucesivas secuencias de la cadena de custodia** [énfasis añadido], tampoco las hay para poner en duda el resultado de ese análisis pericial. Las diferencias de peso que tanto sorprendieron a la Defensa del acusado se deben a que inicialmente se pesó el alijo incluyendo las bolsas originales en que se contenía la cocaína, mientras que en el laboratorio pericial se procedió a pesar exclusivamente el contenido neto de aquéllas».

Es fundamental señalar que la diferencia de pesaje, no siendo especialmente significativa, se justifica materialmente en atención al mantenimiento o no de las bolsas durante el pesaje; mientras que, a nivel procesal, esta diferencia se justifica mediante la corrección de la cadena de custodia. Esto último se refleja a raíz de la siguiente afirmación de la AP: «no hay razones para sospechar de una ruptura de seguridad o infidelidad en las sucesivas secuencias de la cadena de custodia».

Y, más adelante, la SAP M 703/1999 añade:

«Por encima de inexactitudes y contradicciones accidentales (localización del desperfecto), de omisiones irrelevantes (número de bolsas, y peso desglosado, en el atestado inicial) y de lapsos de memoria no menos intrascendentes (de nuevo, situación del menoscabo en la maleta o número y tamaño de bolsas encontradas), los sucesivos testimonios coincidieron en lo fundamental. Y dejaron claro algo muy importante: que, dado el tamaño y demás características de la rotura de la maleta, resultaba imposible que, a través de ella, se hubiese podido introducir el alijo en el doble fondo preparado para ello; sin contar con que se hallaron dos dobles fondos, uno de los cuales habría sido inaccesible desde aquel boquete o agujero, tal como advirtieron los propios testigos, utilizando argumentos del más elemental sentido común».

En definitiva, la AP sostiene que las irregularidades leves (accidentales, irrelevantes o intrascendentes, en palabras de la AP) no son suficientes para generar duda sobre la identidad de las muestras[54], todo ello teniendo en cuenta que no se han generado dudas razonables sobre la ruptura de la cadena de custodia. Por ende, la Audiencia admite el informe pericial como correcto —no habiendo sido impugnado, además, directamente por la defensa[55]—, de cuya práctica se demuestra la naturaleza, pureza y peso de la droga intervenida[56].

---

54 La STS 1501/2000, de 2 de octubre, ECLI:ES:TS:2000:6959, también rechaza la capacidad de ciertas irregularidades leves —en este caso, independientes a temas de pesaje— para generar dudas sobre la identidad de las muestras de droga.

55 Es interesante señalar que el tribunal estima necesaria la impugnación del informe pericial propiamente dicho con base en la ruptura de la cadena de custodia, para poder valorar la misma. En similares términos, la SAP CA 103/2003, de 7 de noviembre, ECLI:ES:APCA:2003:2005 utiliza el término cadena de custodia e introduce una definición primitiva, vinculada al ámbito policial y entendiéndola como la exigencia de que haya constancia de la fecha y lugar donde se practica ciertas diligencias de investigación y la persona encargada de llevarla a cabo, así como aquellas personas que entregan y reciben las muestras. En este caso, se aprecia la ruptura de la cadena de custodia en tanto que no existe documentación de tales extremos y, por tanto, no se puede garantizar que lo aportado en juicio sea coincidente con lo analizado e intervenido en su momento. Indica la sentencia analizada que tal vacío probatorio podría haber sido suplido con la citación del agente policial que hubiese efectuado la inspección. No obstante, y no habiéndose acreditado tales extremos tampoco con la declaración del agente implicado, la prueba objeto de análisis no ha podido ser valorada por el tribunal. También en muy similares términos la SAP SE 109/2000, de 4 de octubre, ECLI:ES:APSE:2000:4319.

56 La SAP SE 114/2001, de 12 de diciembre, ECLI:ES:APSE:2001:5892, es un ejemplo del auge de la cadena de custodia, que, poco a poco, va tomando fuerza. La referencia vuelve a producirse en un caso de tráfico de drogas, sin embargo, lo relevante se localiza en l FJ 2.º: «(...) La naturaleza y condición estupefaciente de la sustancia intervenida se acredita en virtud del análisis efectuado por el Servicio de Restricción de Estupefacientes, organismo oficial competente en la materia; análisis cuyo resultado no impugna la defensa del acusado, sin que tampoco se susciten dudas sobre la denominada "cadena de custodia" de la droga». Esta relevancia se manifiesta del hecho de que la AP alude a la cadena de custodia sin necesidad de que ésta sea cuestionada por la defensa. Esta situación refleja crecimiento de la figura, que parece calar en los tribunales, eso sí, vinculada a la fiabilidad de los análisis de drogas. Recordemos que, precisamente, la AP de Sevilla es una de la AAPP —junto con la AP de Madrid— pioneras en el reconocimiento y

B. Introducción del término 'corrección de la cadena de custodia': Sentencia del Tribunal Supremo 1587/2001, de 11 de septiembre

Lo cierto es que la STS 1587/2001, de 11 de septiembre[57], no aporta un análisis sobresaliente en materia de cadena de custodia, sin embargo, la especial trascendencia de esta se concreta en un hito fundamental en la configuración jurídica de la cadena de custodia y que se concreta en los siguiente: es la sentencia que introduce la expresión *corrección de la cadena de custodia*.

Aunque el TS reconoce que la cadena de custodia no ha sido cuestionada por la defensa, nuestro Alto Tribunal justifica en los fundamentos de derecho de la citada STS que la cadena de custodia ha sido respetada en el curso del procedimiento. Y sostiene lo anterior afirmando que en el procedimiento «resulta acreditada la corrección de la cadena de custodia de la sustancia tóxica». Si bien en el contexto de la primera etapa jurisprudencial, la corrección de la cadena de custodia no tiene gran consideración y todavía no ha sido desarrollado, en las siguientes etapas alcanza un carácter cada vez más importante hasta ser considerado como uno de los elementos propios de la cadena de custodia.

En concreto, se trata de uno de los escenarios que puede darse en atención a su desarrollo: por un lado, puede darse la corrección de la cadena de custodia; y por otro, pueden surgir ciertas contingencias en su desarrollo. Sin ánimo de adelantar las cuestiones que han de ser analizadas posteriormente al respecto, es conveniente exponer que la corrección de la cadena de custodia hace referencia, específicamente, a que el desarrollo de la cadena se produjo de manera correcta, como el propio nombre indica. Volveremos sobre ello en el punto dedicado al efecto.

---

la introducción de la cadena de custodia en la jurisprudencia española, a través de las resoluciones del año 1998, ya analizadas en el punto dedicado a los primeros reflejos jurisprudenciales con mención expresa del término cadena de custodia.

57 STS 1587/2001, de 11 de septiembre, ECLI:ES:TS:2001:6733.

1.2.2.2. Al margen del criterio material: con especial incidencia en el control judicial

A. Las garantías procesales han de ser respetadas en el desarrollo de la cadena de custodia: Sentencia de la Audiencia Provincial de Madrid 234/2000, de 7 de julio

La SAP M 234/2000 de 7 de julio[58] resuelve un procedimiento seguido por un delito de agresión sexual, por lo que rompe con el criterio material que veníamos examinando hasta el momento. Sin embargo, es importante señalar aquí que no es ésta la primera resolución que examina la figura de la cadena de custodia en un ámbito delictivo diferente al del tráfico de droga, hecho que se produce con ocasión de la STSJ CAT 1/2000, de 21 de febrero[59].

Volviendo a la SAP M 234/2000, ésta examina la cadena de custodia desde la óptica de muestras biológicas. Aunque el dictamen pericial resultado de los análisis de las muestras biológicas obtenidas no es impugnado por la defensa y habiendo sido sometido a contradicción durante el plenario, la AP efectúa una pequeña observación a propósito de la cadena de custodia:

> «Pero sí resulta concluyente el informe pericial no impugnado en la recogida de muestras, cadena de custodia y técnica de análisis, diligencias que aparecen realizadas con absoluto respeto a las garantías procesales constitucionales y ordinarias».

Quizá pueda parecer que no alude a cuestiones excesivamente relevantes en materia de cadena de custodia. Ahora bien, la referencia al respeto a las garantías procesa-

---

58 SAP M 234/2000 de 7 de julio, ECLI:ES:APM:2000:10372.

59 Con ocasión de la STSJ CAT 1/2000, de 21 de febrero, ECLI:ES:TSJCAT:2000:10372, se produce una quiebra del ámbito material en que hasta el momento se circunscribía la cadena de custodia. Se trata, por tanto, de la primera referencia que alude a la cadena de custodia fuera del ámbito delictivo del tráfico de drogas. En este caso, el procedimiento se sigue contra un supuesto delito de asesinato y, en particular, la prueba respecto de la cual se analiza la cadena de custodia ya no son las muestras de droga sino muestras de ADN. Ésta es la característica fundamental de esta resolución, si bien hay que señalar también que persiste en la idea de que el recorrido de la cadena de custodia puede ser acreditado mediante la testifical de los custodios.

les constitucionales y ordinarias ha de ser resaltado. Y ello porque, como sabemos, el propio TC otorgará una relevancia fundamental a la relación entre garantías constitucionales y cadena de custodia. Aunque no está haciendo referencia directa a esta cuestión, lo cierto es que la AP de Madrid precisa ya en el año 2000 que el respeto a las garantías procesales (tanto constitucionales como ordinarias) tiene cierta trascendencia en el desarrollo de la cadena de custodia. Con el tiempo sabremos que esta relación se produce también a la inversa, en tanto que la propia ruptura de la cadena de custodia puede ocasionar una injerencia en ciertas garantías procesales de carácter constitucional.

B. La pérdida del objeto tras la realización del análisis pericial no produce ruptura de la cadena de custodia: Sentencia de la Audiencia Provincial de Valencia 472/2000, de 31 de julio

La SAP V 472/2000, de 31 de julio[60] ilustra estupendamente la importancia del control judicial en la custodia de las muestras obtenidas en el curso de una investigación criminal. La citada SAP analiza la posibilidad de ruptura de la cadena de custodia a consecuencia de la pérdida del objeto en dependencias judiciales en el marco de un procedimiento seguido por un delito de robo con fuerza. Lo que ocurre en este caso es que, en el marco de la investigación penal y con ocasión de una diligencia de inspección, se localiza una tapa de un joyero en la que se detecta una huella dactilar perteneciente al acusado e indispensable de cara a la identificación del mismo por parte de los agentes de la Policía Nacional. Una vez efectuada la práctica de la pericia lofoscópica por parte de la Brigada Provincial de la Policía Científica de Valencia, la tapa del joyero es extraviada en dependencias policiales. De modo que la defensa impugna la cadena de custodia a raíz de las irregularidades derivadas de la pérdida de la pieza de convicción.

Sin embargo, la AP de Valencia rechaza el motivo y considera válida la prueba pericial. Su argumento gira en torno al hecho de que la pérdida del objeto no rompe la cadena

---

60   SAP V 472/2000, de 31 de julio, ECLI:ES:APV:2000:5243.

de custodia, en tanto que ésta pudo seguirse ininterrumpidamente desde la recogida del objeto por los agentes policiales[61] y hasta la entrega de la misma para la práctica de la correspondiente pericia, circunstancia que puede ser fácilmente demostrada en virtud del material fotográfico incluido en el informe pericial. En tal sentido, la AP defiende la siguiente postura: la pérdida de la fuente de prueba con carácter posterior a la práctica de los análisis periciales no ostenta la suficiente gravedad como para desvirtuar las conclusiones que incorpora el informe pericial resultante. Además, los peritos firmantes del informe han comparecido en el acto de juicio oral a fin de ratificar tanto la autenticidad de las fotografías como la validez de sus conclusiones.

Por ende, se vuelve a insistir en la fuerza probatoria que obtienen los testimonios de los custodios, en aras a acreditar la regularidad de la cadena.

C. La importancia de los protocolos de actuación en materia de cadena de custodia: Sentencia de la Audiencia Provincial de Cádiz 492/2001, de 23 de noviembre

Tampoco podemos dejar de aludir a la SAP CA 492/2001, de 23 de noviembre[62], en la que se analiza la cadena de custodia de muestras de sangre. No obstante, lo fundamental reside en que se expone la importancia de los protocolos de actuación en materia de cadena de custodia[63]. En relación

---

61 En similares términos, la STS 1649/2002, de 1 de octubre, ECLI:ES:TS:2002:6360, el TS rechaza la ruptura de la cadena de custodia, exponiendo que la sentencia recurrida detalla los pasos seguidos en el tratamiento policial de las sustancias. Es oportuno señalar que se alega vulneración del derecho fundamental a un proceso con todas las garantías (art. 24.2 CE) en relación con la impugnación de la cadena de custodia.

62 SAP CA 492/2001, de 23 de noviembre, ECLI:ES:APCA:2001:3062.

63 Poniendo el acento también sobre la importancia de cumplir con estos protocolos, la SAP GI 137/2000, de 6 de julio, ECLI:ES:APGI:2000:1219, argumenta la imposibilidad de apreciar irregularidades en la cadena de custodia de la droga, en tanto que ésta ha permanecido en todo caso bajo control judicial —y con independencia de un control físico—, en tanto que su tratamiento ha sido respetuoso con los convenios internacionales de 1961 y 1971, referidos a sustancias estupefacientes y psicotrópicas, respectivamente.

con esto, la defensa sostiene que no existe la más mínima acreditación acerca de a quién pertenece la muestra de sangre analizada en el Instituto Nacional de Toxicología «al no haberse observado los requisitos exigidos en la Orden del Ministerio de Justicia de 8/11/96, encaminados a garantizar la denominada cadena de custodia».

La relevancia de esta sentencia la ofrece la alusión a la Orden Ministerial del año 1996 (actualmente derogada), circunstancia que ya refleja la importancia de los protocolos y guías de actuación en materia de cadena de custodia desde los inicios de la misma. Asimismo, el ámbito temporal en el que se encuadra esta orden ministerial es otra de las cuestiones a destacar, sin duda. Se trata de una Orden que contiene una serie de normas para la preparación y remisión de muestras objeto de análisis por el Instituto de Toxicología.

En este sentido y en relación con el deber de documentar el recorrido de las muestras, en la citada Orden se establecía lo siguiente:

> «Debe existir un documento anejo al envío de muestras, que acredite la observación en todo momento de la 'Cadena de Custodia', desde la toma de las muestras hasta su recepción en el INT. Se propone como modelo el que figura incluido como anexo, en los distintos modelos de formularios, pudiendo ser válido cualquier otro documento, siempre que quede constancia firmada de todas las personas bajo cuya responsabilidad hayan estado las muestras».

Son varios los elementos a destacar del párrafo transcrito líneas arriba. En primer lugar, conviene recordar y subrayar que la concreta Orden del Ministerio de Justicia que contiene la normativa citada data del año 1996. La relevancia del ámbito temporal en que fue dictada esta orden es incuestionable, pues en ese año todavía no se había normalizado el empleo del término *cadena de custodia* en la jurisprudencia española. En segundo lugar, resulta ampliamente reseñable que, en esa ubicación temporal, se haya delimitado la cadena de custodia del modo expuesto *supra*, entendiendo la cadena de custodia como la observancia de las muestras desde su obtención y hasta la recepción en el Instituto Nacional de Toxicología. Pero no solo entiende esta orden que la cadena de custodia

78

hace referencia a todo el recorrido seguido por la muestra obtenida, sino que —además— plantea la necesidad de dejar constancia documentalmente de todas aquellas personas bajo cuya responsabilidad hayan estado las muestras.

En este sentido y a pesar de que, en la actualidad, esta Orden del Ministerio de Justicia se encuentra derogada desde mayo del año 2010, la resolución analizada pone de relieve la importancia de los protocolos contenidos en las órdenes ministeriales a efectos de cumplir con las garantías propias de la cadena de custodia, todo ello sin que la excesiva burocratización pueda ser obstáculo para el alcance de una cadena de custodia adecuada.

Volviendo al contenido de la sentencia, la AP rechaza la alegación formulada por la parte recurrente —aun aceptando las irregularidades en la documentación de la cadena de custodia— en base a que «lo esgrimido por la parte apelante son meras sospechas, conjeturas acerca de una posible confusión sufrida, que carecen de virtualidad jurídica como para vaciar de contenido y hacer ineficaz la prueba analítica realizada».

2. ALGUNAS CUESTIONES DOCTRINALES EN EL CONTEXTO DE LA PRIMERA ETAPA

2.1. La necesaria distinción entre la fuente de prueba y el medio de prueba

Resulta muy apropiado iniciar el tratamiento doctrinal ofrecido, en materia de cadena de custodia, fijando el punto de partida en la necesaria distinción entre fuente de prueba y medio de prueba[64]. Y no porque esta cuestión dogmática se

---

64 Es sobradamente sabido que ésta es una materia propia del derecho probatorio, con carácter general y en su más amplio estudio, que conecta con todas aquellas temáticas e instituciones procesales que guardan relación con la actividad probatoria. En este sentido y dada la especial relevancia del ámbito probatorio en el Derecho Procesal, no resulta sorprendente afirmar que esta cuestión es de especial relevancia en el estudio de numerosos elementos procesales (tanto actuales como clásicos). Partiendo de lo anterior y teniendo en especial consideración la esencia de la cadena de custodia, resulta imprescindible abordar el estudio de esta figura procesal partiendo de la distinción entre los conceptos de fuente y medio de prueba.

79

anuncie como un antecedente doctrinal a la cadena de custodia, sino por la especial vinculación que mantiene con esta figura procesal (en tanto que, para el estudio de la misma, se materializa totalmente imprescindible la diferenciación entre ambos términos de cara a la fijación de unas bases en la construcción doctrinal de la cadena de custodia). A fin de cuentas, para el análisis dogmático de todo asunto en materia probatoria es conveniente tener en consideración esta cuestión.

Acertadamente afirmaba SENTÍS MELENDO que la prueba, pese a su gran e indiscutible relevancia en el proceso, no pertenece en esencia al mundo jurídico, sino más bien al contrario, se trata de un concepto extrajurídico y ajeno al proceso[65]. Tal afirmación propicia el obligado y necesario estudio de la prueba en atención a dos posibles escenarios: el primero, en atención a la realidad extrajurídica a la que hace referencia; y el segundo, en atención a la actividad probatoria propia del Derecho Procesal[66].

---

65   SENTÍS MELENDO, S.: *La prueba: los grandes temas del derecho probatorio,* Ediciones jurídicas Europa-América, Buenos Aires, 1979, pp. 141-142, donde no solo afirma que el concepto de *prueba* es un concepto extrajurídico, sino que sostiene el autor que, además, la prueba dentro del proceso no «puede ser cosa distinta de lo que es en la vida corriente», insistiendo además en que su «concepto jurídico no puede ser distinto o, al menos, no puede ser opuesto al concepto filosófico».

66   El propio concepto de prueba, en términos jurídicos, obtuvo rumbos diversos antes de alcanzar el consenso actual. Y ello se encuentra indudablemente vinculado con la consiguiente separación y diferenciación entre fuentes y medios de prueba. Diversos autores afirmaban que la prueba consistía en la actividad de averiguación de la verdad de un hecho. Esta opinión la sostuvieron autores tales como BENTHAM O BONNIER. *Vid.* BENTHAM, J.: *Tratado de las pruebas judiciales* (trad. Ossorio Florit), Vol. I, Ediciones Jurídicas Europa-América, 1971, pp. 21 y ss., donde recoge que las pruebas se componen de dos hechos diferenciados: por un lado, el hecho principal, que es «aquel cuya existencia o inexistencia se trata de probar»; por otro lado, el hecho probatorio, que es «el que se emplea para demostrar la afirmativa o la negativa del hecho principal»; BONNIER, E.: *Tratado teórico-práctico de las pruebas en derecho civil y penal* (trad. Vicente y Caravantes), Tomo I, Imprenta de la Revista de Legislación, Madrid, 1869, pp. 5-6, donde, al efecto, afirma que «las pruebas son los diversos medios por los cuales llega la inteligencia al descubrimiento de la verdad». Al respecto,

La anterior aseveración nos evoca a la ya clásica distinción entre fuente de prueba y medio de prueba efectuada por CARNELUTTI, quien entiende como fuente prueba el «hecho exterior del que se sirve el juez para deducir la propia verdad» y por medio de prueba la actividad que sirve al juez para obtener la conclusión[67]. De esta forma, las fuentes

conviene señalar que, contrariamente a lo defendido por los autores anteriores, MIRANDA ESTRAMPES se manifiesta crítico frente a aquellas posturas que sostenían que la finalidad esencial de la prueba —y, en este punto, está haciendo referencia concreta a la prueba procesal— era la obtención de la verdad. *Vid*. MIRANDA ESTRAMPES, M.: *La mínima actividad probatoria en el proceso penal*, J.M. Bosch Editor, Barcelona, 1997, pp. 36-37.

Contraria percepción detentaban autores como SENTÍS MELENDO o CARNELUTTI, quienes afirmaron que la prueba es verificación y nunca averiguación. En concreto, SENTÍS MELENDO sostenía que la prueba era la verificación de las afirmaciones y no de los hechos, si bien admite que, en general, las afirmaciones se refieren a los hechos. En este sentido, afirma el autor que «probar es llevar al ánimo del juez la convicción de que nuestras afirmaciones corresponden a la realidad: esto es, la verificación de esa correspondencia». *Vid*. SENTÍS MELENDO, S.: *La prueba: los grandes temas del derecho probatorio*, *op. cit.*, p. 144. CARNELUTTI también afirma que el objeto de la prueba son las afirmaciones y no los hechos. Asimismo, el autor critica y reconoce que ya en el lenguaje común se emplea una conceptualización amplia del término prueba, puesto que se entiende que «prueba no designa sólo la *comprobación*, sino asimismo el *procedimiento* o la *actividad usada para la comprobación*». *Vid*. CARNELUTTI, F.: *La prueba civil*, (trad. Alcalá-Zamora y Castillo), Ediciones Depalma, Buenos Aires, 1982, pp. 39 y ss. En similares términos se pronuncia GÓMEZ ORBANEJA en GÓMEZ ORBANEJA, E. y HERCÉ QUEMADA, V.: *Derecho Procesal Penal*, 10.ª ed., Artes Gráficas y Ediciones, S.A., Madrid, 1986, p. 263, quien sostenía la afirmación anterior de que el objeto de la prueba lo son las afirmaciones.

67 CARNELUTTI, F.: *La prueba civil, op. cit.*, pp. 67 y ss. CARNELUTTI ya se mostró crítico, en repetidas ocasiones, con la utilización indiscriminada de los términos prueba, medio de prueba y fuente de prueba, incluso en momentos en los que él mismo reconocía su intranquilidad al referirse a los términos anteriormente mencionados. En este sentido, resulta de vital importancia tener claro las distinciones terminológicas a fin de evitar los graves inconvenientes que puedan derivarse de su imperfecta utilización. Así, *prueba* es el «juicio (instrumental) que sirve de control al juicio final», de modo que la prueba se identificaría con el conjunto de los actos probatorios, esto es, el término prueba hará referencia a la totalidad del procedimiento probatorio en su conjunto. *Vid*. CARNELUTTI, F.: *Derecho procesal civil y penal* (trad. Sentís Melendo), Ediciones Jurídicas Europa-América, Buenos Aires, 1971, pp. 151-152.

de prueba son elementos que existen fuera y previamente al proceso, sin embargo, los medios de prueba son considerados los cauces procesales para la introducción de las fuentes de prueba en el proceso —en la actualidad, esta clasificación encuentra un completo reconocimiento por parte de la doctrina científica[68]—. Por tanto, los medios de prueba son limitados y están regulados, mientras que las fuentes de prueba son ilimitadas y ajenas al proceso[69].

A pesar de que, en la actualidad, la diferenciación entre medios y fuentes de prueba se encuentra plenamente consolidada, en la primera mitad del siglo XX esta clasificación no estaba del todo asentada[70], si bien es cierto que justamente

---

68 La cita de doctrina reciente que reconoce esta cuestión puede apreciarse sobrante en este punto, dado que se trata de una cuestión por todos conocida. No obstante y a efectos meramente ejemplificativos, puede citarse, entre muchos otros, a los siguientes autores: CORTÉS DOMÍNGUEZ, V.: «Concepto y objeto de la prueba», en *op. col.* González Cano (dir.), *La prueba. Tomo I: la prueba en el proceso civil,* Tirant lo Blanch, Valencia, 2017, pp. 19 y ss., donde afirma que la doctrina tradicional ya hacía distinción entre la prueba, en sentido jurídico, y la prueba en su acepción extrajurídica, entendiendo la prueba jurídica en los siguientes términos: «actividad encaminada a convencer al juez de la veracidad de unos hechos que se afirman existentes en la realidad»; GONZÁLEZ GRANDA, P. y ARIZA COLMENAREJO, M. J.: *Justicia y Proceso: una revisión procesal contemporánea bajo el prisma constitucional, op. cit.,* pp. 465 y 466; MORENO CATENA, V. y CORTÉS DOMÍNGUEZ, V.: *Derecho Procesal Penal,* 10.ª ed., Tirant lo Blanch, Valencia, 2021, pp. 444-445.

69 Para mayor información, *vid.* SENTÍS MELENDO, S.: *La prueba: los grandes temas del derecho probatorio, op. cit.,* pp. 141-172.

70 GUASP DELGADO expone la necesidad de diferenciar, a efectos terminológicos, entre elementos, fuentes, medios, materia, tema y motivos de la prueba. En este sentido, sostenía —respecto de las anteriores categorías terminológicas— que se identificaban con las siguientes definiciones: primero, los elementos de la prueba como «aquellas categorías lógicas que se dan o son particularmente aplicables a los problemas del derecho probatorio»; segundo, las fuentes de prueba como «aquellas operaciones mentales mediante las que se obtiene o puede obtenerse la convicción judicial»; tercero, los medios de prueba como «aquellos instrumentos que, por el conducto de la fuente de prueba, llegan eventualmente a producir la convicción del Juez», en otras palabras, para GUASP DELGADO el medio de prueba es «todo aquel elemento que sirve, de una manera u otra, para convencer al Juez de la existencia de un dato procesal determinado»; cuarto, la materia de la prueba como «aquella sustancia a la que el medio va incorporado y

durante esos años se alcanzó la tesis que ahora todos conocemos y aceptamos. En definitiva, la verdadera distinción entre medio y fuente de prueba es la que hace referencia al medio de prueba como un elemento procesal y a la fuente de prueba como un elemento extrajurídico[71]. De este modo, la fuente de prueba se manifiesta existente de forma previa y ajena al proceso judicial; en cambio, el medio de prueba existe única y exclusivamente en el contexto del procedimiento judicial.

Dicho de otro modo, fuentes de prueba son —en concreto— aquellos elementos que existen en la realidad extrajurídica y su existencia es independiente a la existencia del propio proceso y que, asimismo, son capaces de ofrecer convicción sobre datos u hechos; en cambio, medio de prueba es la actividad procesal —de las partes y del Tribunal— para la incorporación de las fuentes de prueba al proceso y, de esta forma, que las mismas puedan ofrecer los resultados correspondientes de la actividad probatoria[72].

---

en que éste se integra»; quinto, el tema de la prueba como el «objeto de la prueba misma: aquellos datos, ya introducidos en el proceso, de cuya existencia o inexistencia se trata de convencer al Juez»; y, en último término, los motivos de la prueba como aquellas «especiales razones o fundamentos por los que el Juez ante quien la prueba se practica, cree o no cree en su resultado». En definitiva, se trata de considerar la prueba, en su conjunto, como «aquel conjunto de operaciones que tratan de obtener la convicción psicológica del Juzgador sobre un dato procesal determinad». *Vid.* GUASP DELGADO, J.: *Comentarios a la Ley de Enjuiciamiento Civil*, Tomo II, Vol. I, Ed. Aguilar, 1945, pp. 363 y ss.

71   En sintonía con tal afirmación también podemos citar a SERRA DOMÍNGUEZ, M.: *Estudios de Derecho Procesal, op. cit.,* pp. 355 y ss., quien expone que la prueba es, en esencia, una actividad humana utilizada en el ámbito del derecho, por lo que la noción de prueba parte del concepto genérico de la prueba en la vida social y se construye en línea con las variaciones que le aplican en su concepto jurídico. En particular, el autor afirma que la prueba, en sentido genérico, es la «actividad de comparación entre una afirmación sobre unos hechos y a realidad de los mismos encaminada a formar la convicción de una persona».

72   Referencia que puede ser completada con lo expuesto con la doctrina más recientemente. En este sentido, *Vid.* ORTELLS RAMOS, M.: *Derecho Procesal Civil*, 18.ª ed., Aranzadi, Navarra, 2019, p. 283.

Efectuar esta distinción resulta imprescindible para la configuración de un procedimiento probatorio adecuado a las exigencias jurídicas del proceso, en tanto que es esencial tener un modo de introducción de aquellos hechos y realidades extrajurídicas capaces de formar convicción en el tribunal sobre el objeto del proceso. Precisamente en relación a este motivo, la diferenciación entre estos conceptos conforma un importante alcance en el régimen jurídico de la prueba, en el sentido de que no es posible limitar jurídicamente la existencia de las fuentes de prueba[73], pues «la existencia de objetos en la realidad que pueden servir para generar convicción sobre hechos es algo que depende del progreso científico y técnico. En cambio, los medios de prueba son regulaciones legales para utilizar en el proceso el *valor informativo* de las fuentes, de modo que, si la ley opta por una relación cerrada de medios restrictivamente regulados, puede darse el caso de que algunas fuentes no encajen en las previsiones normativas y, por ello, no puedan ser aportadas al proceso utilizando alguno de los medios legales»[74].

Concretada la distinción entre fuente de prueba y medio de prueba, se puede afirmar que la cadena de custodia rige, con carácter general, en el ámbito específico de las fuentes de prueba. Ello teniendo en cuenta que la cadena de custodia

---

73 También la doctrina procesalista ha expuesto, siguiendo los estudios de la doctrina tradicional y en similares términos, la construcción dogmática señalada. *Ibidem*, p. 284.

74 Especial relevancia tiene la siguiente afirmación ofrecida por SENTÍS MELENDO: «La prueba es verificación y nunca averiguación», pues nos ofrece una visión sencilla de lo que debemos entender por prueba, en sentido estricto, y distinguido de la actividad investigadora, en ocasiones entremezclada con la actividad probatoria en su sentido más amplio. *Vid.* SENTÍS MELENDO, S.: *La prueba: los grandes temas del derecho probatorio, op. cit.,* p. 144. Por otro lado, CARNELUTTI expone lo siguiente: «Entendida la prueba como comprobación de la verdad del hecho o como fijación formal del mismo, es el resultado del empleo del medio o medios de prueba indicados sobre el objeto (percepción del hecho a probar) o sobre la fuente de ella (percepción del hecho diverso del hecho a probar y deducción de éste del hecho a probar); la actividad del juez y los hechos que sirven para la deducción se encuentran, por tanto, respecto de la prueba, en una verdadera relación instrumental». *Vid.* CARNELUTTI, F.: *La prueba civil, op. cit.*

inicia su recorrido en el momento de recolección de la prueba (entendida como fuente de prueba) y extiende su vigencia durante la totalidad del recorrido seguido por la fuente de prueba hasta que, finalmente, es aportada como medio de prueba en juicio (esto es, la realidad extrajurídica identificada en la concreta fuente de prueba recogida se aporta al procedimiento a través del medio de prueba capaz de recoger el conocimiento habido en la citada fuente de prueba).

2.2. La doctrina científica a propósito del aseguramiento de la fuente de prueba en el proceso penal

2.2.1. En relación con la recogida y conservación del cuerpo del delito

El concepto del cuerpo del delito puede ser entendido desde una concepción amplia o restrictiva. En su sentido más amplio, el cuerpo del delito se extiende a las siguientes manifestaciones: lugares, armas, instrumentos, efectos, medios u objetos que puedan tener relación con el delito[75], en una concepción similar, RAMOS MÉNDEZ expone que la expresión del cuerpo del delito engloba «cualquier tipo de referencia a los rasgos visibles que puede dejar cualquier hecho delictivo»[76]. En atención a su concepción más restrictiva, no obstante, el cuerpo del delito se integra por tres conceptos diferenciados: en primer lugar, el cuerpo del delito en sentido estricto, entendido éste como la persona o la cosa hacia la que se dirige la comisión del delito; en segundo lugar, los instrumentos para su ejecución, entendidos como los medios empleados para la comisión del delito; y en tercer lugar, las piezas de convicción, que se refiere a un concepto más genérico en el que se incluye todo tipo de vestigio del delito que tiene capacidad para servir de prueba o indicio en

---

75 MORENO CATENA, V. (et al.): *El Derecho Procesal Penal. Doctrina, jurisprudencia y formularios. Volumen II: Instrucción y medidas cautelares,* Tirant lo Blach, Valencia, 2000, pp. 1073 y ss., en relación con PRIETO CASTRO Y FERRANDIZ, L.: *Derecho Procesal Penal,* 4.ª ed., Madrid, pp. 171 y ss.

76 RAMOS MÉNDEZ, F.: *El proceso penal. Sexta lectura constitucional,* J. M. Bosch Editor, Barcelona, 2000, pp. 116 y ss.

la comprobación del mismo (ya sea su comisión, autoría o circunstancias) y que no puede ser entendido como cuerpo del delito en sentido estricto ni instrumento de ejecución[77]. Su regulación procesal se recoge en los arts. 334 y ss. LECrim —y que hace referencia al cuerpo del delito con alguno de los términos empleados en las líneas anteriores—, donde se incorporan ciertas previsiones relativas a su recogida y conservación. La identificación y recogida del cuerpo del delito es crucial en materia de cadena de custodia, en tanto que se trata del momento exacto en el que se inicia la cadena de custodia. Esto es, es el primer eslabón de la sucesión de actos que integran la cadena de custodia. Aunque la regulación procesal penal contenido en los arts. 334 LECrim y ss. ha sido modificada en alguna ocasión a lo largo de estos años, en la actualidad el art. 334 mantiene parte de su esencia intacta —las modificaciones, en concreto, amplían y mejoran las previsiones— y es considerado uno de los pocos preceptos que, indirectamente, alude a la cadena de custodia en nuestro ordenamiento jurídico-procesal.

No es el objetivo de este punto efectuar, sin embargo, un análisis exhaustivo de la regulación de la recogida y conservación del cuerpo del delito en el contexto de la primera etapa, sino únicamente exponer el modo en que ésta se interrelaciona con la cadena de custodia. Es oportuno señalar que el tratamiento ofrecido entonces a las actuaciones tendentes a la recogida y conservación del delito no dista en demasía del tratamiento actual, si bien sí que ha sido generalmente aceptado el nexo de unión entre la cadena de custodia y estas actuaciones procesales. En tal sentido, la necesidad que se produzca un control judicial sobre la recogida y conservación del delito se ha extendido a la propia cadena de custodia. No obstante, es sabido que este control judicial no hace referencia a un control material de las fuentes de prueba, sino a que su conservación se realice por el organismo adecuado. De este modo, se materializa la compatibilidad de «la puesta

---

77 MORENO CATENA, V. (et al.): *El Derecho Procesal Penal. Doctrina, jurisprudencia y formularios. Volumen II: Instrucción y medidas cautelares, op. cit.*, pp. 1073 y 1074.

a disposición judicial de los efectos del delito con el depósito y custodia de los mismos en otro organismo no judicial»[78]. Son numerosas las cuestiones que podríamos examinar a propósito de la conservación del cuerpo del delito, si bien lo expuesto hasta el momento conecta de forma muy directa con las previsiones jurisprudenciales en referencia al control judicial de las muestras como garantía de la cadena de custodia que se han examinado en los antecedentes jurisprudenciales. Gran parte de los supuestos analizados no aludían a un control estrictamente material, sino a su control judicial en los términos expuestos en este punto.

2.2.2. *En relación con la verosimilitud y la fiabilidad de la prueba pericial*

Con anterioridad a una auténtica producción científica de la cadena de custodia, la doctrina procesalista se ha ocupado de temáticas tan directamente vinculadas como la verosimilitud y la fiabilidad de la prueba pericial. El concepto de verosimilitud *de la prueba* proviene de la doctrina procesalista clásica alemana e italiana y se trata de un concepto íntimamente relacionado con la búsqueda de la verdad[79]. Originalmente, la doctrina alemana circunscribe la verosi-

---

78   *Ibidem,* p. 1077.

79   Al hablar de búsqueda de la verdad, es obligado traer a colación la distinción ente verdad material y verdad formal. Al efecto, CARNELUTTI sostiene que el proceso judicial no tiene por objeto la búsqueda de la verdad, puesto que entiende el autor que «la verdad es como el agua: o es pura, o no es verdad». Por ende, CARNELUTTI acude a la antítesis verdad formal vs. verdad material para explicar esta cuestión, hablando de verdad formal o jurídica «porque conduce a una indagación regulada en las formas (...) o porque se la busca mediante leyes jurídicas y no sólo mediante leyes lógicas, y únicamente en virtud de esas leyes jurídicas reemplaza a la verdad material». Por ende, entiende el autor que cuando la verdad formal no es coincidente con la verdad material, ocurre que el «el proceso de búsqueda sometido a normas jurídicas que constriñen y deforman su pureza lógica, no puede en realidad ser considerado como un medio para el conocimiento de la verdad de los hechos, sino para la *fijación o determinación de los propios hechos,* que puede coincidir o no con la verdad de los mismos y que permanece por completo independiente de ellos». *Vid.* CARNELUTTI, F.: *La prueba civil, op. cit.,* pp. 20 y ss.

militud dentro del campo de la *probabilidad*[80]. A partir del concepto alemán, la doctrina italiana construye el término —y, finalmente, lo acoge también la doctrina española a partir del concepto italiano—. En palabras de TARUFFO, el concepto de verosimilitud en el entorno jurídico se construye —en la doctrina italiana— en base a un equívoco conceptual introducido por CALAMANDREI[81], en tanto que su construcción se produce a partir del término alemán —*wahrscheinlichkeit*— que se incorpora bajo la traducción de verosimilitud, dejando fuera el campo de la probabilidad, ámbito que el término alemán original también refleja[82].

---

80 A propósito de lo apuntado en texto, DÖHRING circunscribe la cuestión de la verosimilitud de la prueba dentro del ámbito de la apreciación —definitiva— de la prueba y, en concreto, en relación con la «consideración de todas las posibilidades dignas de tomarse en serio». Al respecto, el autor afirma que habla «intencionadamente de posibilidades (objetivas) del curso de los hechos, y no de dudas del juzgador que se adhieren a esas posibilidades», en tanto que sostiene, en relación con la medida de la prueba, que el «razonar por verosimilitud entumece normalmente el afán por esclarecer, lo que ejerce una influencia desfavorable en la averiguación» y se mantiene crítico al afirmar que «los deslindes que se conectan con el concepto de verosimilitud hace demasiado fácil que el juzgador, en las constataciones cuestionables, se forje la ilusión de que su manera de trabajar está en consonancia con las reglas reconocidas de la apreciación de la prueba». En armonía con la idea sostenida, DÖHRING admite que las ponderaciones basadas en la verosimilitud son perfectamente asumibles en las fases iniciales de la práctica de la prueba. Por tanto, entiende la verosimilitud como un grado de probabilidad inferior al de la certeza plena, afirmando que ésta «requiere un grado más alto de inimpugnabilidad y estabilidad que el conferido por la mera verosimilitud», criticando el concepto de verosimilitud aportado por la doctrina del Tribunal Supremo alemán, quien «definió el grado de confiabilidad que caracterizaba la prueba plena como la 'verosimilitud rayana en certeza plena (absoluta)'». *Vid.* DÖRING, E.: *La investigación del estado de los hechos en el proceso. La prueba: su práctica y apreciación,* (trad. Banzhaf), Ediciones jurídicas Europa-América, Buenos Aires, 1972, pp. 423-433.

81 Al respecto, *vid.* TARUFFO, M.: *La prueba de los hechos* (trad. Ferrer Beltrán), Trotta, Madrid, 2002, p. 183; CALAMANDREI, P.: «Verità e verosimiglianza nel processo civile», *Rivista di Diritto Processuale,* Vol. 10, serie 2, 1955, pp. 164-192, en relación con la verdad y la verosimilitud de la prueba en el proceso civil.

82 *Vid.* TARUFFO, M.: *La prueba de los hechos, op. cit.,* pp. 183 y 184. En opinión de TARUFFO, esta circunstancia produce una confusión todavía mayor. El autor

En definitiva, la verosimilitud de la prueba se entiende en relación con la fiabilidad de la misma. En términos similares, CARNELUTTI conecta verosimilitud y certeza, entendiendo que la certeza del juez no es más que el convencimiento al que llega en base al grado de verosimilitud de la prueba (de modo que rechaza la certeza entendida como el conocimiento de la verdad absoluta)[83]. Por tanto, la verosimilitud de la prueba alude al grado de credibilidad de la misma en relación con su capacidad para generar convicción en el juzgador. En el campo de la prueba pericial, la verosimilitud de la prueba adquiere una dimensión especial, pues ya no hablamos únicamente del grado de fiabilidad de la prueba en sí misma, sino respecto de los resultados obtenidos del análisis forense efectuado sobre una fuente de prueba y vinculado, muy especialmente, con la problemática derivada del aseguramiento de las pruebas.

La preocupación por el aseguramiento de las pruebas no es una cuestión actual, sino que tal preocupación la lleva ostentando la doctrina procesalista desde siempre. HERCÉ QUEMADA[84] habla de las medidas cautelares, diferenciando en un primer lugar entre el aseguramiento de la prueba y las medidas

---

considera un «error entender en términos de verosimilitud lo que se afirma acerca de la probabilidad», afirmando que ello conlleva la acumulación de dos significados distintos en un mismo término: por un lado, verosimilitud objetiva entendida como «apariencia de verdadero»; y por otro lado, verosimilitud subjetiva entendida como probabilidad, exponiendo que «en el proceso la verosimilitud-probabilidad se usa como 'sustituto de la verdad'». Así las cosas, el problema que identifica TARUFFO en el uso de ambos significados para el término verosimilitud es que éstos se emplean de forma indistinta y, siendo dos términos distintos, «no pueden ser usados conjunta y alternativamente, como si no hubiese diferencia entre ellos, en un contexto que tenga pretensiones de ser científicamente aceptable».

83 CARNELUTTI, F.: *La prueba civil, op. cit.*, pp. 96 y ss.

84 Vincula el aseguramiento de la prueba con la prueba pericial anticipada. Al respecto, hay que entender la prueba pericial anticipada con lo que actualmente llamaríamos prueba preconstituida. De esta forma, HERCÉ QUEMADA entiende que, a pesar que la norma general es que la prueba se practique en el juicio oral, existe la posibilidad de que algún medio de prueba (por cualquier causa) se adelante su práctica en la fase de instrucción, siempre con intervención de las partes. *Vid.* GÓMEZ ORBANEJA, E. y HERCÉ QUEMADA, V.: *Derecho Procesal Penal*, 10.ª ed., *op. cit.*, pp. 215-217.

cautelares reales. Lo que aquí interesa es lo que se refiere a las medidas cautelares reales, en tanto que ya desde sus inicios la cadena de custodia se encuentra vinculada a la prueba material. En este sentido, HERCÉ QUEMADA sostiene que las medidas cautelares reales son aquellas que «recaen sobre cosas materiales, poniendo un límite a la disponibilidad de las mismas en interés de la justicia penal». Alude tanto a la interceptación de las comunicaciones como al secuestro judicial, afirmando que en ambos casos la prueba debe ser conservada.

En efecto, no se trata de una referencia directa a lo que en hoy en día entendemos como cadena de custodia, sin embargo, estas cuestiones están directamente relacionadas con los cimientos sobre los que se construirá la actual figura jurídica de la cadena de custodia. En este sentido tiene especial relevancia la referencia al secuestro judicial del cadáver (que constituye el cuerpo del delito en un caso de asesinato u homicidio) para la práctica de la autopsia y su identificación[85].

Por su parte, GIMENO SENDRA sostenía que el aseguramiento de la prueba es una actividad del juez instructor que «comprende dos cometidos concretos, bien la práctica del acto de prueba, en cuyo caso nos encontramos ante un supuesto de *prueba instructora anticipada*, bien la guarda o custodia de las fuentes de prueba a través de los *actos de prueba preconstituida*»[86]. De esta afirmación puede desprenderse una, primaria y exigua, aunque muy significativa vinculación entre cadena de custodia y prueba preconstituida. Con el tiempo esta concepción irá evolucionando hasta alcanzar el estado actual, momento en el que podemos sostener que la cadena de custodia goza de un rol crucial en el contexto de la prueba preconstituida.

En definitiva, el aseguramiento de las pruebas ha permanecido invariablemente como una preocupación para la doctrina científica, prácticamente desde el momento en que el procesalismo científico cobra fuerza como ciencia jurídica,

---

85   *Ibidem*, pp. 215-217.

86   GIMENO SENDRA, V., MORENO CATENA, V. y CORTÉS DOMÍNGUEZ, V.: *Derecho Procesal Penal*, 3.ª ed., Colex, A Coruña, 1999, pp. 371-372.

y ello debido a la significación de la temática probatoria para el entendimiento y estudio en profundidad del Derecho Procesal. Al respecto de lo anterior, señalaba GÓMEZ ORBANEJA que el sumario detenta, en líneas generales, una doble finalidad: por un lado, la investigación y comprobación del delito; por otro, el aseguramiento y la reunión de las pruebas que se practicarán en el juicio oral[87].

Finalmente, en el ámbito de la fiabilidad probatoria adquiere especial consideración la llamada «prueba sobre la prueba», elemento enormemente conexionado con la cadena de custodia. Su solidificación se produce con bastante antelación a la consolidación de la cadena de custodia como figura jurídico-procesal. Ya en el año 1993, el TS recoge la expresión y la analiza en el contexto probatorio.

Al hilo de lo anterior, GASCÓN INCHAUSTI definía la «prueba sobre la prueba» en los siguientes términos:

«Actividad procesal desarrollada por los sujetos del proceso penal cuya finalidad consiste en convencer al órgano jurisdiccional de que la eficacia probatoria que merece un determinado medio de prueba debe aumentar, disminuir o incluso desaparecer en el proceso de libre valoración de la prueba que precede a la sentencia»[88].

En atención a lo expuesto, la prueba sobre la prueba en la actualidad ha derivado en el método para acreditar la corrección de la cadena de custodia tras su impugnación. Siendo otro de los aspectos adheridos a la cadena de custodia, pero con origen notablemente anterior. Esta circunstancia no hace más que demostrar que, en realidad, la cadena de custodia no es un elemento novedoso en el proceso, sino que lo innovador se prevé de su formulación actual como insti-

---

87   GÓMEZ ORBANEJA, E. y HERCÉ QUEMADA, V.: *Derecho Procesal Penal*, 10.ª ed., *op. cit.*, p. 264.

88   GASCÓN INCHAUSTI, F.: *El control de la fiabilidad probatoria: 'prueba sobre la prueba' en el proceso penal*, Ediciones Revista General de Derecho, Valencia, 1999, p. 29. La STS de 1 de diciembre de 1993, ECLI:ES:TS:1993:8261, recoge la expresión 'prueba sobre la prueba' e introduce una noción vinculada a la actividad de comprobación, verificación o contraste y, además, alude a ella como contrapuesta a la prueba de cargo o descargo.

tución autónoma, si bien los elementos que la integran han estado presentes desde tiempo atrás.

3. VALORACIÓN PERSONAL

Valorar la evolución de la cadena de custodia como figura jurídica en el ordenamiento español requiere examinar la conjunción de los planos legal, jurisprudencial y doctrinal pero no sólo en atención al ordenamiento interno, sino también a la luz del progreso alcanzado en algunos ordenamientos jurídicos ajenos. Conviene aclarar, no obstante, que esta valoración de la esfera comparada se ofrecerá sin ánimo de exhaustividad y únicamente a efectos ilustrativos.

Así las cosas, en el contexto de la primera etapa partimos de un escenario interno de escasez respecto de la construcción jurídica de la cadena de custodia, caracterizado por la ausencia de regulación procesal expresa y unitaria —hecho que se mantiene invariable hasta la época actual— y de estudios doctrinales sobre la materia, así como por la limitada construcción jurisprudencial que puede observarse hasta ese entonces, tal y como se ha ido exponiendo a lo largo de las páginas precedentes.

A pesar del estado incipiente en que se encontraba en nuestro ordenamiento jurídico, no es posible sostener misma observación, no obstante, respecto de algunos modelos de regulación comparada. Buena muestra de ello son los sistemas jurídicos de EEUU y de Colombia, donde la cadena de custodia había alcanzado ya una gran relevancia en este marco temporal.

Previamente ya hemos afirmado que EEUU es el país responsable de la producción jurídica de la cadena de custodia. Partiendo de esta premisa, es natural que el tratamiento ofrecido a la cadena de custodia en el ordenamiento jurídico estadounidense destaque considerablemente en el marco de una primera etapa evolutiva en el contexto español. Con todo, a la hora de efectuar un análisis comparado sobre el estado de la cuestión en el ordenamiento jurídico norteamericano es indispensable tener muy presentes las desemejanzas entre estos dos sistemas tan, en principio, opuestos, como punto fundamental para apreciar los puntos de conexión entre ambos. Y ello, además, tomando conciencia de que las diferencias entre un sistema y otro se reflejan no sólo en la propia estructura y configuración del ordenamiento jurídico, sino en el distanciamiento entre ambas culturas jurídicas en todas sus dimensiones[89]. En cuanto a las peculiaridades propias del sistema jurídico de EEUU, puede afirmarse que son dos las peculiaridades básicas[90] frente al modelo español: en primer lugar, su pertenencia a la familia jurídica del *common law*[91]; y, en segundo lugar, la propia complejidad de la estructura de su sistema, en el que conviven dos sistemas judiciales distintos: el federal y el estatal[92]. Aunque en este punto nos centraremos única-

---

89 Cuestión que afecta estrechamente al plano doctrinal (la doctrina estadounidense tiende más hacia lo práctico que la doctrina europea) y que se manifiesta en el tratamiento ofrecido a la cadena de custodia.

90 Para más detalle acerca de estas cuestiones, puede consultarse GÓMEZ COLOMER, J. L. (et al.): *Introducción al proceso penal federal de los Estados Unidos de América*, Tirant lo Blanch, Valencia, 2013, pp. 39-82, donde efectúa un recorrido muy interesante por las características e instituciones más importantes del sistema norteamericano, efectuando una comparativa respecto de nuestro sistema.

91 *Ibidem*, p. 34.
   A pesar de que, efectivamente, el derecho norteamericano parte de un sistema jurídico basado en el *Common Law* —como consecuencia de la colonización inglesa—, existe una excepción a lo afirmado. El estado de Luisiana mantiene un sistema jurídico híbrido, a medio camino entre el sistema del *Civil Law* y el *Common Law*. Ello se debe a la influencia francesa en el establecimiento de su sistema jurídico, debido al hecho de que Luisiana fue una de las colonias francesas del siglo XVII. *Vid.* LECUONA PRATS, E.: «El elemento hispano en la configuración del sistema jurídico de los Estados Unidos de América: «mixed jurisdiction» en Luisiana (1803-1825)», *Anuario de historia del derecho español*, núm. 76, 2006, p. 657. Por otro lado, PARISE, A.: The Digest online Project: A resource to disseminate the legal heritage of Louisiana», *Journal of Civil Law Studies,* Vol. 12, núm. 2, 2019, pp. 283-294, expone la gran influencia que ejerce el sistema europeo continental en el sistema jurídico de Luisiana. El autor efectúa un recorrido por la tradición legislativa del estado de Luisiana, todo ello en relación con el proyecto de digitalización de su famoso Código del año 1808 (*The Digest of 1808*).

92 La convivencia de estos dos sistemas es fruto de la propia configuración que la Constitución de EEUU le confiere: se constituye como una Unión de estados, en forma de república y con un sistema de gobierno federal. El proceso constituyente de EEUU se inicia a partir de su independencia frente a Gran Bretaña, cuya Declaración data del 4 de julio de 1776 y

mente en la perspectiva del sistema federal. Otra circunstancia a tener en cuenta, es que el proceso penal de EEUU se configura como un sistema adversarial[93] —a diferencia de lo que ocurre en España, donde se mantiene vigente el sistema acusatorio formal o mixto[94]—. Teniendo en cuenta la finalidad de la cadena de custodia, que no es otra que dar credibilidad a la integridad de las pruebas, es natural que se haya manifestado previamente en un sistema adversarial que no en uno donde las autoridades judiciales ejercen la dirección de las investigaciones. E indudablemente, este hecho incide directamente en el tratamiento ofrecido a la cadena de custodia —por tratarse de una cuestión de derecho probatorio— en ambos sistemas jurídicos[95].

Aunque la estructura del ordenamiento jurídico estadounidense imposibilita una unificación normativa para la toda

---

se suscribe en plena guerra de la independencia (1775-1783). A partir de entonces, comienzan los esfuerzos para la configuración del marco legal general de EEUU. Finalmente, los llamados Padres Fundadores serán quienes propongan el texto de la Constitución de los EEUU de América, la cual se convertirá en la primera constitución democrática del mundo (en vigor desde el año 1789). Al respecto de lo anterior, *vid.* GÓMEZ COLOMER, J. L. (et al.): *Introducción al proceso penal federal de los Estados Unidos de América, op. cit.,* pp. 39 y ss. Por otro lado, esta convivencia entre el sistema federal y los diversos sistemas estatales se basa en la distribución de competencias entre ambos. *Vid. Ibidem*, pp. 26-30; GUDÍN RODRÍGUEZ-MAGARIÑOS, A. E.: *Introducción al derecho norteamericano*, Ediciones Experiencia, 2017, pp. 17 y ss.

93 GÓMEZ COLOMER, J. L. (et al.): *Introducción al proceso penal federal de los Estados Unidos de América, op. cit.,* pp. 65 y ss. El distanciamiento en materia probatoria entre los ordenamientos del *common law* y del *civil law* viene dado, además, como consecuencia del sistema adversarial propio de los primeros. *Vid.* ABEL LLUCH, X.: «La dosis de prueba: entre el *common law* y el *civil law*», *Doxa: cuadernos de Filosofía del Derecho*, núm. 35, 2012, pp. 173-200, donde expone los puntos más relevantes a este respecto.

94 MORENO CATENA, V. y CORTÉS DOMÍNGUEZ, V.: *Derecho Procesal Penal,* 10.ª ed., *op. cit.,* pp. 105 y ss.

95 Al respecto, GIANNELLI, P. C.: *Understanding evidence,* Fifth Edition, Carolina Academic Press, 2018, pp. 3 y ss., manifiesta que para el estudio y análisis de los temas de derecho probatorio es esencial tener en cuenta que en EEUU se parte de un sistema adversarial, afirmando que «our system of proof differs significantly form the system used in civil law countries in Europe and elsewhere», pues en EEUU «*the lawyers are fact-gatherers and are responsible for presenting the facts to the jury*».

94

la nación[96], sí que existen ciertas normas que, a nivel federal, ofrecen cierta homogeneidad en el tratamiento ofrecido a la cadena de custodia. Éste es el caso de las *Federal Rules of Evidence*[97] (en adelante FRE), que constituyen la base normativa de la cadena de custodia en EEUU[98]. Se trata de una norma que sistematiza las reglas de admisión de las pruebas y, asimismo, hace alusión a la autenticación e identificación de la prueba, donde contiene reglas comunes sobre las que puede establecerse el marco normativo general de la cadena de custodia[99]. En concreto, se vincula la cadena de custodia con

---

96 *Vid*. SIMARRO PEDREIRA, M.: «La cadena de custodia en la prueba digital: España vs. EEUU», en González Granda (dir.), *Exclusiones probatorias en el entorno de la investigación y prueba electrónica*, Reus Editorial, 2020, pp. 233 y ss.

97 Estas reglas fueron aprobadas por el Tribunal Supremo de EEUU el 20 de noviembre de 1972. La última modificación realizada data del 1 de diciembre del año 2023. Consultado en: https://www.law.cornell.edu/rules/fre (última consulta efectuada el 02/06/2024). Autores como GRAHAM resaltan la relevancia que las *Federal Rules of Evidence* han adquirido en la actualidad —que, junto con las *Federal Rules of Civil Procedure* y las *Federal Rules of Criminal Procedure*, conforman la base legal del derecho procesal estadounidense—. GRAHAM, M. H.: *Federal Rules of Evidence in a nutshell,* West Academic Publishing, Eleventh Edition, 2021, pp. 5 y ss., donde reconoce que en los últimos años la importancia de las *Federal Rules of Evidence* es tal que incluso ha repercutido en la forma de enseñar derecho probatorio en las facultades de derecho de EEUU. De esta forma, explica el autor que hoy en día se estudian principalmente las *Federal Rules of Evidence*, con alguna referencia al *Common Law*, mientras que anteriormente el núcleo del estudio lo conformaba el *Common Law*, invocando las *Federal Rules of Evidence* como apoyo a la enseñanza de éste. Por otro lado, esta relevancia también se observa en el hecho de que alrededor de cuarenta Estados han promulgado sus propias reglas probatorias, inspiradas en las reglas federales.

98 Las *Federal Rules of Evidence* no aluden expresamente a la cadena de custodia, a pesar de ello, la doctrina estadounidense ha afirmado en reiteradas ocasiones este vínculo. *Vid*. CAPRA, D. J. y SALTZBURG, S. A.: *Principles of evidence,* Ninth Edition, West Academic Publishing, 2022, pp. 56 y ss.; ROTHSTEIN, P. F.: *Federal Rules of Evidence, op. cit.*, 2021, pp. 1025 y ss., quien ejemplifica la institución de la cadena de custodia como uno de las cuestiones que no se encuentran expresamente incluidas en la citada regla, pero que —potencialmente— tienen implicaciones en la misma; GRAHAM, M. H.: *Federal Rules of Evidence in a nutshell, op. cit.*, pp. 652 y ss.

99 VALMAÑA OCHAITA, S.: «La regulación normativa de la cadena de custodia en Estados Unidos, Europa e Hispanoamérica», *op. cit.*, p. 171.

la regla 901 FRE (bajo la rúbrica «*authentication or identifying evidence*») y que se subdivide en dos apartados: (a), que ofrece la regla genérica de autentificación de las pruebas; y (b), donde se añaden varios ejemplos a la regla enunciada en el primer apartado. En su texto original, la regla 901(a) establece lo siguiente: «*In General. To satisfy the requirement of authenticating*[100] *or identifying an item of evidence, the proponent must produce evidence sufficient to support a finding that the item is what the proponent claims it is*»[101]. En este sentido, ROTHSTEIN ejemplifica la institución de la cadena de custodia como uno de las cuestiones que no se encuentran expresamente incluidas en la citada regla, pero que —potencialmente— tienen implicaciones en la misma[102]. Especialmente revelador resulta que el autor hace referencia a la cadena de custodia en los siguientes términos: «*Insuring that the real item of physical evidence is the same as that offered at Trial or for testing*», lo que naturalmente evoca a una de las características fundamentales de la cadena de custodia en España: la mismidad de la prueba. Éste es el principal punto de conexión, a nivel conceptual, entre el tratamiento

---

100 En CAPRA, D. J. y SALTZBURG, S. A.: *Principles of evidence, op. cit.*, pp. 51 y ss., los autores exponen la relevancia de la autentificación en el derecho probatorio norteamericano. Se configura como una garantía de autenticidad de la prueba, de modo que la parte proponente deberá —siempre que la otra parte cuestione la prueba presentada— aportar pruebas adicionales sobre la autenticidad de la prueba que pretende hacer valer en juicio. Con todo, el proceso de autentificación de las pruebas no es estricto, sino que los abogados pueden proceder a autentificar las pruebas propuestas del modo en que consideren oportuno.

101 ROTHSTEIN, P.F.: *Federal Rules of Evidence, op. cit.*, pp. 1014 y ss., ofrece una visión detallada de los ejemplos contenidos en la Regla 901(b), completando cada uno de ellos con diversas referencias a la jurisprudencia de los tribunales estadounidenses.

102 *Ibidem*, pp. 1025 y ss., donde expone que «*on occasion, a proponent may have to show that a tangible item is the item taken from the scene of the litigated event, and that the item was in the same or substantially the same condition. This double showing may require proof of what is commonly called a 'chain of custody', meaning proof that the item in question was in the continuous possession of one person or facility or a secure chain of individuals or facilities during the relevant period, all relatively tamper and substitution proof*».

ofrecido a la cadena de custodia en ambos ordenamientos jurídicos. De este modo, la cadena de custodia actúa como garantía de la autenticidad de la prueba[103].

Por lo que se refiere al ordenamiento jurídico colombiano, éste incorporó una primera regulación expresa de la cadena de custodia en el año 2000[104]. Este hito se produce con la aprobación del Código de Procedimiento Penal del año 2000[105] y sitúa al sistema colombiano como uno de los grandes referentes en materia de cadena de custodia (tanto en el entorno europeo como iberoamericano)[106]. Algo más tarde se producía en Colombia un hito crucial y que encarna uno de los principales distintivos de la institución en el ordenamiento jurídico colombiano: el reconocimiento de relevancia constitucional, que se hace efectivo con el mandato constitucional contenido en el art. 250 de la Constitución Política Colombiana[107].

---

103   GUTIÉRREZ SANZ, M. R.: *La cadena de custodia en el proceso penal español, op. cit.*, pp. 25 y ss. Por otro lado, CAPRA, D. J. y SALTZBURG, S. A.: *Principles of evidence, op. cit.,* pp. 56 y ss. afirman que la cadena de custodia es técnica de autentificación de las pruebas.

104   A pesar de lo expuesto, este hito legislativo viene precedido de un acontecimiento determinante en la historia de la institución en el ordenamiento jurídico colombiano: la redacción del primer manual de cadena de custodia en el año 1993. Se trata de un manual elaborado por el Instituto Nacional de Medicina Legal y Ciencias Forenses, en el que se recogía un procedimiento para la gestión de las pruebas materiales desde su recepción en el Instituto hasta la remisión del dictamen a la autoridad competente. *Vid.* LEMUS SOLER, D. J.: «Cadena de custodia en el ordenamiento jurídico colombiano a la luz de la Ley 906», *op. cit.*, p. 125.

105   Expedido en virtud de la Ley 600 de 2000. Aclaro aquí, no obstante, que no es ésta la legislación procesal penal vigente en Colombia en la actualidad, ya que posteriormente —en el año 2004— se aprueba un nuevo Código de Procedimiento Penal, que también regula expresamente la figura de la cadena de custodia.

106   Lo ilustra GUZMÁN FLUJA, ya en el año 2006, como referente legislativo en la materia. *Vid.* GUZMÁN FLUJA, V. C.: *Anticipación y preconstitución de la prueba en el proceso penal, op. cit.*, pp. 453 y ss., donde sostiene que Colombia es el modelo más completo en Latinoamérica.

107   Justamente en la Constitución colombiana (art. 250) se establece, al hilo de las funciones de la Fiscalía General de la Nación, lo siguiente: «Asegurar los elementos materiales probatorios, garantizando la cadena de custodia mientras se ejerce su contradicción (...)».

Con todo y a pesar de los ejemplos expuestos, el escenario comparado no es particularmente deslumbrante en este contexto temporal. Resulta muy ilustrativo comprobar que, salvando excepciones, queda todavía recorrido hasta que la cadena de custodia consolide como figura jurídica en otros ordenamientos jurídicos.

En el plano jurisprudencial interno hay que destacar, por un lado, la integración de la figura de la cadena de custodia en nuestro ordenamiento jurídico a través de la labor jurisprudencial, pero también, por otro lado, la alusión a la cadena de custodia como una sucesión de actos que han de ser documentados y su vínculo con la prueba pericial. Si bien en el marco temporal de esta primera etapa el tratamiento ofrecido no propicia una auténtica configuración jurídica de la cadena de custodia, todas estas cuestiones se irán profundizando a lo largo de las etapas sucesivas.

4. ANEXO JURISPRUDENCIAL CORRESPONDIENTE A LA PRIMERA ETAPA

4.1. Antecedentes jurisprudenciales sin mención expresa al término cadena de custodia

SAP M 190/1988. ECLI:ES:APM:1988:3
Introduce unos criterios jurisprudenciales de cara a la determinación del grado de fiabilidad técnico y probatoria de los informes periciales. Estos parámetros son: la descripción de la cosa u objeto, con expresión del estado en que se halle; relación detallada de todas las operaciones efectuadas y su resultado; y la obtención de la conclusión que se obtenga en vista de los exámenes realizados, debe ser fundada en la técnica correspondiente.
STS 828/1999, de 19 de mayo. ECLI:ES:TS:1999:3473
Establece unas exigencias de cara a la valoración del material videográfico en virtud de la fiabilidad de la prueba. Reitera la necesidad de que exista un control judicial de las pruebas a fin de evitar toda posibilidad de adulteración intencionada o accidental de las mismas. Establece los criterios para la garantía de la autenticidad del material videográfico.

SAP CS 49/1999, de 15 de junio. ECLI:ES:APCS:1999:784

En relación con la práctica de una pericial dactiloscópica, exige la puesta a disposición judicial de las pruebas sobre las que se apreciase peligro de desaparición.

STS 1717/1999, de 3 de diciembre. ECLI:ES:TS:1999:7728

Establece requisitos exigidos para la valoración de la prueba técnica, en relación con su fiabilidad y con la necesidad de acreditar su identidad.

SAP V 598/2001, de 18 de octubre. ECLI:ES:APV:2001:5740

Las garantías que ofrecen los Laboratorios Oficiales en el análisis de las sustancias estupefacientes intervenidas y analizadas son suficientes para acreditar su identidad.

SAP LO 321/1999, de 22 de diciembre. ECLI:ES:APLO:1999:910

Justifica la fiabilidad de la prueba en virtud de las garantías técnicas y la imparcialidad que ofrecen los centros y laboratorios oficiales ofrecen.

SAN de 16 de junio de 1999. ECLI:ES:AN:1999:3994

El tribunal se pronuncia sobre alegaciones acerca de la fiabilidad de los análisis efectuados sobre las muestras de droga.

STS 1223/2000, de 8 de julio. ECLI:ES:TS:2000:5619

Ante la impugnación por falta de control judicial de las sustancias, el Tribunal justifica que respetado todas las previsiones legales y las garantías necesarias para la remisión de las sustancias por parte de la Policía Judicial, entendiendo acreditada la identidad de las pruebas.

STS 969/2003, de 1 de julio. ECLI:ES:TS:2003:4597

Se examina un posible error en la apreciación de la prueba alegado por la defensa que justifica en base a una supuesta ruptura entre la identidad de la sustancia analizada y la obtenida en su momento.

STC 170/2003, de 29 de septiembre

Recoge la posibilidad de vulneración del derecho fundamental a un proceso con todas las garantías (art. 24.2 CE) cuando se valore una prueba cuya cadena de custodia adolezca de todo tipo de garantía.

4.2. Resoluciones jurisprudenciales con mención expresa al término cadena de custodia

SAP M 418/1998, de 16 de abril. ECLI:ES:APM:1998:4277

Primera referencia jurisprudencial expresa del término *cadena de custodia*. Vincula la cadena de custodia con la verosimilitud de los hechos y la lógica del correcto desarrollo del proceso.

SAP SE 440/1998, de 11 de julio. ECLI:ES:APSE:1998:2815

Segunda referencia expresa en la jurisprudencia. Ruptura de la cadena de custodia en un caso de atipicidad de la conducta. Alude a la «continuidad de la cadena de custodia», elemento importante en el posterior desarrollo del concepto.

STS 936/1998, de 13 de julio. ECLI:ES:TS:1998:4686

Tercera referencia expresa en la jurisprudencia y primera del TS. Se cuestiona la cadena de custodia en relación con los análisis periciales de las sustancias estupefacientes aprehendidas. Primera aproximación a la regularidad de la cadena de custodia, así como a la exigencia de documentación del desarrollo de la misma y la corroboración a través de testificales.

SAP SE 687/1998, de 16 de noviembre. ECLI:ES:APSE:1998:3825

Cuarta referencia expresa en la jurisprudencia. Se vincula a la exigencia de documentación de la cadena de custodia.

SAP M 1503/1998, de 31 de diciembre. ECLI:ES:APM:1998:14526

Introduce reflexiones genéricas sobre la cadena de custodia como figura procesal y no únicamente vinculadas al caso concreto.

SAP M 68/1999, de 9 de febrero. ECLI:ES:APM:1999:1627

Rechaza la relevancia de la impugnación de la cadena de custodia en este caso, el motivo —aún sin expresarlo de este modo— se debe a que las actuaciones están debidamente documentadas.

SAP M 297/1999, de 18 de junio. ECLI:ES:APM:1999:8614

Admite la acreditación de la regularidad de la cadena de custodia en virtud de la testifical de sus custodios.

SAP M 254/1999, de 21 de junio. ECLI:ES:APM:1999:8750

No introduce novedad significativa en la construcción jurídica de la figura, pero admite cierto vínculo entre la regularidad de la cadena de custodia y la viabilidad del medio de prueba para demostrar el objeto de la prueba.

SAP SE 134/1999, de 23 de septiembre. ECLI:ES:APSE:1999:3384

Se sostiene que la naturaleza de las sustancias ha quedado acreditaba en virtud de los análisis periciales, al no haber sido impugnados por la defensa y no existir «sombras de duda sobre la denominada 'cadena de custodia' de la droga».

SAP M 703/1999, de 28 de octubre. ECLI:ES:APM:1999:13977

Introduce la expresión «ruptura de seguridad o infidelidad en las sucesivas secuencias de la cadena de custodia», de modo que se produce un primer reconocimiento de la cadena de custodia como secuencia de actos.

SAP V 472/2000, de 31 de julio. ECLI:ES:APV:2000:5243

La pérdida del efecto objeto de pericia tras la realización del examen pericial no con llevada ruptura de la cadena de custodia, máxime cuando existen registros documentados adecuados y se practican las testificales de los custodios.

SAP SE 66/2000 de 29 de mayo. ECLI:ES:APSE:2000:2506

Se sostiene que la naturaleza de las sustancias ha quedado acreditaba en virtud de los análisis periciales, al no haber sido impugnados por la defensa y no existir «sombras de duda sobre la denominada 'cadena de custodia' de la droga».

SAP SE 139/2000, de 20 de noviembre. ECLI:ES:APSE:2000:5084

Se sostiene que la naturaleza de las sustancias ha quedado acreditaba en virtud de los análisis periciales, al no haber sido impugnados por la defensa y no existir «sombras de duda sobre la denominada 'cadena de custodia' de la droga».

SAP SE 141/2000, de 23 de noviembre. ECLI:ES:APSE:2000:5177

Se sostiene que la naturaleza de las sustancias ha quedado acreditaba en virtud de los análisis periciales, al no haber sido impugnados por la defensa y no existir «sombras de duda sobre la denominada 'cadena de custodia' de la droga».

101

STSJ CAT 1/2000, de 21 de febrero. ECLI:ES:STSJCAT:2000:2298

Rompe con el ámbito delictual vinculado al tráfico de drogas e introduce la institución de la cadena de custodia en un ámbito material distinto. Se analizan irregularidades en la cadena de custodia de la prueba de ADN.

SAP GI 137/2000, de 6 de julio. ECLI:ES:APGI:2000:1219

Pone el acento en la importancia de cumplir con los protocolos de actuación en materia de cadena de custodia y, específicamente, en que su custodia se efectúe a disposición judicial.

SAP M 234/2000, de 7 de julio. ECLI:ES:APM:2000:10372

Se alude a la cadena de custodia de muestras biológicas. Se habla de respeto a las garantías procesales, constitucionales y ordinarias en la recogida de muestras, cadena de custodia y técnica de análisis empleada.

STS 1501/2000, de 2 de octubre. ECLI:ES:TS:2000:6959

Rechaza la capacidad de ciertas irregularidades leves para generar dudas sobre la identidad de las muestras (en este caso, de droga).

SAP SE 109/2000, de 4 de octubre. ECLI:ES:APSE:2000:4319

Alude a la necesidad de documentación como medio para acreditar la identidad de las muestras.

SAP CA 492/2001, de 23 de noviembre. ECLI:ES:APCA:2001:3062

Pone de relieve la importancia de los protocolos en materia de cadena de custodia, en alusión a la Orden del Ministerio de Justicia del año 1996 (ya derogada).

SAP SE 114/2001, de 12 de diciembre. ECLI:ES:APSE:2001:5892

Al no haber sido impugnada la cadena de custodia, entiende que el informe pericial tiene capacidad para demostrar la naturaleza y condición de la sustancia analizada.

STS 1587/2001, de 11 de septiembre. ECLI:ES:TS:2001:6733

Introduce el término 'corrección de la cadena de custodia'. Término que tomará mayor relevancia en el contexto de la segunda etapa y que tiene gran repercusión en como es entendida la cadena de custodia hoy en día.

SAN 33/2002, de 17 de julio. ECLI:ES:AN:2002:4637

La regularidad de la cadena de custodia puede acreditarse mediante la testifical de los intervinientes.

STS 1649/2002, de 1 de octubre de 2002. ELI:ES:TS:2002:6360

Se vincula superficialmente la regularidad de la cadena de custodia con el control judicial y/o policial de las fuentes de prueba. En este caso, se rechaza la impugnación sobre la base de que la sentencia recurrida expone con detalle todos los pasos seguidos en el tratamiento policial de las sustancias.

II.- SEGUNDA ETAPA:

EL AVANCE EN ALGUNOS PUNTOS ESPECÍFICOS

1. CONSTRUCCIÓN JURISPRUDENCIAL EN EL CONTEXTO DE LA SEGUNDA ETAPA

1.1. Primeras conceptualizaciones de la cadena de custodia como figura jurídica

La segunda etapa de la construcción jurisprudencial de la cadena de custodia transcurre durante los años 2003 a 2009, aproximadamente. Ocurre aquí que la cadena de custodia va adquiriendo mayor fuerza como figura jurídica[108], de modo que nuestros tribunales profundizan en algunos de los elementos que han ido introduciendo a lo largo de la etapa anterior y, asimismo, ofrecen nuevos caracteres en la configuración de la cadena de custodia. En consonancia con esto, en el contexto de la segunda etapa se localizan las primeras conceptualizaciones de la cadena de custodia como

---

108 Sin perjuicio de los avances que se producen en este contexto temporal, a lo largo de estos años pueden localizarse resoluciones que, con independencia del año en el que se dictan, podrían ser incorporadas en anteriores fases de la evolución en la construcción jurídica de la cadena de custodia. Ejemplo de ello es la STS 969/2003, de 1 de julio, ECLI:ES:TS:2003:4597 que, no haciendo alusión directa a la cadena de custodia, puede ser entendida como un antecedente jurisprudencial, en tanto que se examina un posible error en la apreciación de la prueba alegado por la defensa que justifica en base a una supuesta ruptura entre la identidad de la sustancia analizada y la obtenida en su momento. O también la SAP BI 251/2004, de 15 de abril, ECLI:ES:APBI:2004:783, en la que se analizan «posibles dudas en la cadena de custodia», sin que se desarrolle el motivo.

figura jurídica y un primer desarrollo de las consecuencias jurídicas que ésta puede ocasionar. Iremos viendo los avances producidos a lo largo de las páginas venideras.

Habíamos mencionado anteriormente que la cadena de custodia es, en realidad, un concepto extrajurídico. A la hora de delimitar con mayor precisión el concepto de cadena de custodia y una vez nos vamos adentrando más en el ámbito temporal de la segunda etapa, nuestros tribunales exponen el origen extrajurídico de esta figura. Con ocasión de la SAP GI 320/2005, de 17 de marzo, esta característica se pone de relieve por primera vez, afirmando la AP que la cadena de custodia es una figura tomada de la realidad a la que se tiñe de valor jurídico[109]. Aunque también aluden a su origen jurídico vinculado al terreno policial, de modo que es común encontrar referencias a ella como lo que «policialmente se denomina cadena de custodia»[110].

Ciertamente es importante tener en cuenta los orígenes tanto extrajurídicos como jurídicos de la cadena de custodia para ir conformando su identidad jurídica propiamente dicha. Ejemplo de ello es que en el ámbito policial era entendida como una sucesión de actos por los que transcurría la sustancia intervenida en el ámbito de la investigación policial por tráfico de drogas. Y así es como se fue introduciendo, en un primer momento, en el plano jurisprudencial, muy vinculada al tráfico de drogas —ya hemos visto que fue necesario esperar hasta el año 2000 para que se produzca una grieta en el ámbito delictivo al que se asociaba la cadena de custodia—, pero también siendo entendida como una sucesión

---

109 SAP GI 320/2005, de 17 de marzo, ECLI:ES:APGI:2005:509. Posteriormente, este modo de aludir a la cadena de custodia fue cogiendo fuerza: SAP B 132/2009, de 25 de febrero. ECLI:ES:APB:2009:1719; STS 1190/2009, de 3 de diciembre, ECLI:ES:TS:2009:7710; entre otras. En la SAP CA 103/2003, de 7 de noviembre, todavía se hace mención a la cadena de custodia en los siguientes términos: «lo que policialmente se denomina cadena de custodia», por lo que se puede comprobar que en el año 2003 todavía no estaba completamente integrado el concepto en nuestro ordenamiento jurídico, si bien en esa época empieza a coger fuerza.

110 SAP CA 103/2003, de 7 de noviembre, ECLI:ES:APCA:2003:2005.

de actos. Aunque esta idea ya fue introducida en el contexto de la anterior etapa, sin embargo, a lo largo de la segunda se producen reflexiones de mayor profundidad en este sentido. De ahí que la cadena de custodia empieza a ser entendida como una sucesión de actos que se inician con la obtención de la fuente de prueba y finalizan con su aportación al juicio oral y que afectan a la fiabilidad de la prueba pericial[111]. Aludimos a la fuente de prueba con carácter general —dejando a un lado la alusión concreta a las muestras de drogas— por un motivo fundamental: aunque en la etapa anterior se produce ya una quiebra entre la cadena de custodia y el ámbito material del tráfico de drogas, es en esta etapa donde se produce una ruptura total entre ambos. De esta forma, cada vez va tomando más fuerza la noción de la cadena de custodia vinculada a las fuentes de prueba con independencia de su naturaleza. Sin perjuicio de lo anterior, todavía se mantiene muy presente su vínculo con la prueba pericial.

También se profundiza en la exigencia de documentación de la cadena de custodia como medio para acreditar su corrección[112], sin embargo, rechazan nuestros tribunales que

---

111   STS 925/2008, de 26 de diciembre, ECLI:ES:TS:2008:7258.

112   Se puede citar, como ejemplo de este punto la STS 1365/2003, de 17 de octubre, ECLI:ES:TS:2003:6395, en la que el TS se pronuncia al respecto de acreditación de la regularidad de la cadena de custodia mediante la documentación de su desarrollo. En este caso, la defensa alega ruptura de la cadena de custodia en relación con la ocupación de droga y remisión a la policía judicial para su posterior análisis. No obstante, el TS desestima la alegación de las defensas al considerar que el recorrido de las sustancias aprehendidas está suficientemente documentado en la documentación obrante en las actuaciones, habiendo suficientes garantías para la identificación de lo analizado con lo aprehendido. También resulta de interés el ATS 640/2004, de 29 de abril, se cuestiona la cadena de custodia en base a una diferencia de peso en el pesaje de la droga intervenida. Se trata de una diferencia de poca entidad (0,169 gr) que es consecuencia de la utilización de instrumentos de pesaje distintos, así como del deterioro de la muestra por el paso del tiempo (espacio temporal de un año desde el primer análisis al siguiente). En este caso en concreto, consta debidamente documentados los actos relativos a la cadena de custodia y el trayecto seguido por las muestras, por lo que una diferencia de peso mínima no es capaz de desvirtuar la cadena de custodia teniendo en cuenta, además, los motivos argumentados anteriormente.

tal exigencia pueda resultar un obstáculo a la valoración de la prueba cuando existan otros mecanismos para acreditar esta regularidad[113]. Así, se profundiza tanto en el deber de documentar la cadena de custodia —que, en muchos casos, viene siendo entendida como un registro documentado de actos— pero también en la opción de subsanar ciertas irregularidades en la documentación mediante la testifical de los custodios u otros elementos de prueba adecuados para ello.

Sin negarle relevancia a los aspectos expuestos hasta el momento, lo verdaderamente fundamental atiende a las consecuencias jurídicas que puedan derivarse de la cadena de custodia. En este punto, viene entendiéndose como una figura procesal al servicio de la fiabilidad de la prueba (pericial) y, en consecuencia, determinante en la verosimilitud. Al efecto, la jurisprudencia de nuestro de tribunales pone especial cuidado en separar cadena de custodia de vulneración de DDFF y, muy en particular, en exhibirla como una figura procesal independiente de la prueba prohibida. Dicho de otro modo, nuestros tribunales niegan que la ruptura de la cadena de custodia de la prueba pueda ser presupuesto para la exclusión de la prueba. Sin perjuicio de lo anterior, se va extendiendo —poco a poco— la idea de que la ruptura de la cadena de custodia pueda tener cierta incidencia en algunos de los DDFF de carácter procesal. En concreto, el derecho a fundamental a un procedo con todas las garantías del art. 24.2 CE[114], aunque con matices. Lo veremos en el punto dedicado al análisis de la jurisprudencia constitucional en materia de cadena de custodia.

---

113 En relación con esto, la SAP CA 103/2003, de 7 de noviembre, ECLI:ES:APCA:2003:2005, analiza un supuesto en el que se efectúa una pericial dactiloscópica, con total ausencia de documentación en relación a la inspección ocular en la que se efectuó la recogida de los vestigios. En este sentido la AP Cádiz estima que la ausencia de documentación podría haberse suplido con la declaración del agente policial encargado de la inspección, no obstante, esta circunstancia no ha podido ser acreditada al no poder aportar datos este agente respecto a la diligencia practicada.

114 STC 281/2006.

1.2. La exigencia de documentación de la cadena de custodia

Tal y como se verá a lo largo de los apartados siguientes, el deber de documentación de la cadena de custodia hace referencia a la necesidad de que todo el recorrido seguido por la fuente de prueba —desde su obtención y hasta su aportación como medio de prueba al juicio oral— quede debidamente reflejado documentalmente. De esta forma, se pretende que no puedan arrojarse dudas respecto a la identidad, integridad o autenticidad de la prueba (al poder garantizarse, de este modo, que la misma ha estado en todo momento bajo el control y vigilancia de las personas que intervienen en la cadena de custodia).

En definitiva, a través de la documentación del procedimiento seguido se pretende garantizar la regularidad de la cadena de custodia.

1.2.1. Sentencia de la Audiencia Provincial de Madrid 77/2003, de 29 de enero

La SAP M 77/2003, de 29 de enero[115] se dicta en el seno de un procedimiento seguido por tráfico de drogas. En este caso, ante la sospecha de que un paquete postal contuviese sustancias ilícitas, se solicitó al Juzgado de Guardia la práctica de una entrega vigilada. Del resultado de la medida se comprobó que, en efecto, las sustancias contenidas en el paquete eran de carácter estupefaciente.

Ocurre aquí que la defensa plantea dudas acerca del respeto a la cadena de custodia en la práctica de la referida diligencia, sosteniendo que no había quedado acreditada correctamente la trayectoria seguida por la droga desde el momento de su obtención y hasta su posterior análisis. De ese modo, la defensa pretende invalidar el resultado del informe pericial, en donde se identifica la sustancia, su carácter estupefaciente, se facilita su pesaje y porcentaje de pureza, así como su valor en el mercado ilícito.

---

115   SAP M 77/2003, de 29 de enero, ECLI:ES:APM:2003:1113.

Tal y como expone la AP de Madrid, la totalidad de las actuaciones llevadas a cabo desde el control realizado al paquete que contenía la sustancia ilícita —pasando por la entrega vigilada, su aprehensión, remisión a los laboratorios oficiales y, finalmente, la obtención de los informes periciales derivados del análisis realizado sobre la sustancia— han sido debidamente documentadas. Por tanto, no puede cuestionarse la regularidad de la cadena de custodia, cuando desde el momento en que se conoce la existencia de la sustancia estupefaciente se ha acreditado todo el procedimiento seguido hasta que finalmente se deriva un medio de prueba válido (el informe pericial sobre la sustancia intervenida).

De esta forma, esta sentencia pone de manifiesto que la ruptura de la cadena de custodia no puede ser aceptada cuando se ha dado estricto cumplimiento al deber de documentación del trayecto seguido por la fuente de prueba. Esto es, si la cadena de custodia se encuentra debidamente documentada —sin que existan lagunas respecto al trayecto seguido por la fuente de prueba— no resulta posible generar dudas sobre la corrección de la misma y, por tanto, la identidad, autenticidad e integridad de la prueba queda garantizada mediante la misma.

1.2.2. *Sentencia del Tribunal Supremo 1365/2003, de 17 de octubre*

La STS 1365/2003, de 17 de octubre[116] resuelve recurso de casación respecto a un procedimiento seguido ante la AP de Ourense por un supuesto delito de tráfico de drogas. Se produce la intervención de sustancias estupefacientes tras la realización de una inspección de un vehículo en el marco de un control antidrogas aleatorio ejecutado por la Guarida Civil.

Una vez más, las defensas alegan la ruptura de la cadena de custodia. No obstante, toda la trayectoria de la sustancia intervenida consta debidamente documentada en autos: la droga intervenida fue entregada en el Juzgado, de allí y, por orden judicial, se traslada a la Subdelegación del Gobierno,

---

116   STS 1365/2003, de 17 de octubre, ECLI:ES:TS:2003:6395.

área de sanidad de Vigo, para que se proceda al análisis y pesaje de las sustancias, debiendo quedar a disposición del Juzgado, Tribunal, MF y/o partes una muestra contradictoria y dirimente y procediéndose a la destrucción del resto de las sustancias.

Asimismo, en la documentación de la trayectoria que sigue la sustancia intervenida se especifican todo tipo de datos de identificación de las personas que tienen contacto con la misma, así como el destino y la salida de la sustancia, las fechas y las horas de las entregas, etc. En definitiva, la documentación de la misma se cumplió enteramente, sin que pudiese plantear la duda en ninguna de las fases de la cadena de custodia.

En este sentido, se vuelve a manifestar la idoneidad de la documentación para acreditar la corrección de la cadena de custodia, entendiendo que, si no hay deficiencias en la misma, será inviable la impugnación de la cadena de custodia. Sin duda, la documentación de la misma se manifiesta como el medio ideal para evitar que se generen dudas en la fiabilidad de la prueba, sin perjuicio esto de que no deba imponerse como una exigencia estricta. A mayores, en el caso analizado, las sustancias se examinaron en laboratorios oficiales y los peritos ratificaron los informes en el acto de juicio oral.

1.3. Primera línea jurisprudencial en orden a las consecuencias de la ruptura de la cadena de custodia: los primeros atisbos en el desarrollo del sistema gradual de irregularidades

1.3.1. Pequeñas irregularidades en la cadena de custodia susceptibles de saneamiento

1.3.1.1. La subsanación de la irregularidad: Sentencia de la Audiencia Provincial de Madrid 47/2008, de 1 de febrero

La SAP M 47/2008, de 1 de febrero[117], analiza la problemática de la cadena de custodia también desde el ámbito

---

117   SAP M 47/2008, de 1 de febrero, ECLI:ES:APM:2008:2744.

material del tráfico de drogas. En este caso, la defensa impugna la cadena de custodia en virtud de las irregularidades habidas en su documentación en relación con el recorrido que efectúa la muestra desde que es incautada hasta su análisis. En su resolución, la AP de Madrid examina la cuestión desde dos enfoques distintos: en primer lugar, desde el deber de documentación de la cadena de custodia; y, en segundo lugar, desde la aplicación de las normas procesales sobre la intervención de los efectos y vestigios del delito.

Analizando el primero de los aspectos, la AP de Madrid llega a la conclusión de que, en efecto y sin lugar a dudas, se produce una documentación insuficiente que no permite garantizar, por sí misma, la regularidad de la cadena de custodia. Todo ello en virtud de diversos errores producidos en la misma. Empero y en relación con el segundo aspecto, sostiene la AP que desde el punto de vista de la normativa relativa a la recogida de efectos y vestigios provenientes del hecho delictivo se vincula, específicamente, a la policía judicial. En este sentido, los agentes de policía declaran en el juicio oral y exponen adecuadamente las circunstancias en las que se produjo la custodia de las muestras. Así, la AP valora la testifical de los agentes intervinientes en la cadena y considera que sus declaraciones tienen el peso suficiente para descartar la ruptura de la cadena de custodia. Se produce, en este caso, la subsanación de una cadena de custodia, en principio, irregular en virtud de la documentación que obra sobre la misma, y ello en virtud de las declaraciones de los agentes de policía.

En definitiva, al no acreditarse la ruptura de la cadena de custodia, la fiabilidad de la prueba no se ve afectada.

1.3.1.2. La ausencia de subsanación: Sentencia de la Audiencia Provincial de Cádiz 103/2003, de 7 de noviembre

La SAP CA 103/2003, de 7 de noviembre[118] examina una cuestión relacionada con la cadena de custodia de una prueba de identificación lofoscópica. Alega la defensa que

---

118   SAP CA 103/2003, de 7 de noviembre. ECLI:ES:APCA:2003:2005.

se ha vulnerado el derecho fundamental a la presunción de inocencia al haber condenado a su defendido con ausencia de prueba de cargo suficiente para desvirtuar la presunción de inocencia. En concreto, la defensa alega la ausencia de valor probatorio de la pericia, toda vez que ni los agentes de la policía judicial firmantes del informe ni el Guardia Civil que actuaba como instructor han podido explicar en juicio el modo en que llegaron las evidencias al laboratorio para su análisis. Expone la AP que, aunque en atención al paso del tiempo (seis meses), es normal que los agentes no pudiesen recordar ciertos detalles sobre cómo se recibieron las muestras, esta circunstancia no es, sin embargo, justificación para relajar las exigencias en materia de cadena de custodia.

Por tanto, el tribunal admite que no se han respetado las garantías propias de la cadena de custodia al no haber sido documentada adecuadamente la práctica de la diligencia. En tal sentido, la AP considera que mínimamente se habría de haber dejado constancia de la fecha y lugar de la práctica de ésta, así como la identificación de las personas intervinientes.

Aunque se admite la posibilidad de subsanar estas irregularidades mediante la declaración de los agentes policiales, esto no ocurre en este caso, tal como se expuso en las líneas precedentes. Por tanto, se produce la duda razonable sobre la fiabilidad de la prueba, motivo por el cual la AP estima el recurso y admite la ruptura de la cadena de custodia.

1.3.2. La ruptura de la cadena de custodia por irregularidad grave y su vinculación con la vulneración de derechos fundamentales: la jurisprudencia del Tribunal Constitucional

La jurisprudencia del TC en materia de cadena de custodia ha estado vinculada, desde sus inicios, con la posibilidad de injerencia en DDFF y, en concreto, en relación con el derecho a un proceso con todas las garantías. Reflejo de la cierta flexibilidad que caracteriza la estructuración de la evolución jurisprudencial en materia de cadena de custodia, no todas las resoluciones aquí expuestas pertenecen al ámbito temporal estricto de la segunda etapa. Esto es así porque la línea

113

seguida por el TC se ha mantenido a lo largo de los años, debido precisamente a la materia de que se trata y, fundamentalmente, en tanto que la cadena de custodia *per se* se aleja de las materias constitucionales.

No será hasta el año 2006 cuando el TC examine la figura de la cadena de custodia con ocasión de la STC 281/2006, de 9 de octubre. Se trata, por tanto, de la primera resolución por parte de la doctrina constitucional en la materia[119]. Con todo, la STC 281/2006 no entra a valorar materialmente la figura de la cadena de custodia pues, tal y como afirma el TC, se trata de una cuestión de hecho sobre la que no puede pronunciarse[120].

Ocurre en la citada STC 281/2006, al igual que en el caso de su predecesora la STC 170/2003 —precisamente, se remite de forma directa a esta última[121]—, que se vincula la ruptura de la cadena de custodia con una posible vulneración del derecho a un proceso con todas las garantías. Resulta patente que la vinculación entre cadena de custodia y una posible vulneración del citado derecho se produce, en su caso, cuando haya sido valorada por el Tribunal una prueba cuya cadena de custodia adolezca de toda garantía y, en consecuencia, se entiende que el concreto medio de prueba debería haber sido excluido del proceso. Ello como consecuencia de la ausencia de garantía alguna acerca de su identidad, autenticidad o integridad.

---

119 A pesar de lo afirmado, el TC ha tenido ocasión de hacer referencia a la realidad de la cadena de custodia en resoluciones previas. Este es el caso de la ya conocida STC 170/2003, de 29 de septiembre, que sin hacer mención expresa a la cadena de custodia, es indudable que incide en la misma, todo ello desde bajo la perspectiva de una posible vulneración de los DDFF de las personas.

120 Así lo manifestará el TC en reiteradas ocasiones. Al efecto, SSTC 13; 14; 15 y 16/2014, de 30 de enero, donde el TC descarta entrar a valorar qué elementos deben concurrir en la cadena de custodia para garantizar la corrección de la misma.

121 Esta remisión directa por parte de la STC 281/2006 a la STC 170/2003 refuerza la idea de que la STC de 2003 es un antecedente de la jurisprudencia constitucional en la materia.

Especial relevancia ostenta, también, la STC 199/2013, de 5 de diciembre[122], en la cual el TC se pronuncia al respecto de una posible injerencia en DDFF por parte de la cadena de custodia (en concreto, en referencia a los derechos a la presunción de inocencia y a un proceso con todas las garantías), todo ello en atención a las irregularidades apreciadas por la ausencia de documentación detallada de la cadena de custodia. Al respecto, el TC considera que las irregularidades alegadas por el recurrente no ostentan entidad suficiente como para admitir la ruptura de la cadena de custodia, en tanto que la ausencia de documentación ha sido debidamente subsanada en juicio oral mediante la declaración del agente policial que recogió la muestra y la remitió a los laboratorios oficiales para su cotejo. En definitiva, esta STC pone de relieve la necesidad —para que el TC aprecie vulneración del derecho a un proceso con todas las garantías— de que se acredite una irregularidad grave que ocasione ruptura de la cadena de custodia, de modo que no puede apreciarse cuando la irregularidad alegada es (y ha sido) perfectamente subsanable.

En similares términos se pronuncia el TC en las SSTC 13/2014, 14/2014, 15/2014, 16/2014, todas ellas de 30 de enero[123], también en relación con la cadena de custodia de las muestras de ADN. Una vez más, los recurrentes basan sus recursos de amparo en la vulneración de DDFF en base a la valoración de una prueba cuya cadena de custodia, en su opinión, adolece de todas las garantías precisas. El TC, en

---

122 Se trata de una sentencia que resuelve un recurso de amparo en el que el recurrente alega, en lo que aquí interesa, que han sido vulnerados sus derechos a la presunción de inocencia y a un proceso con todas las garantías (art. 24.2 CE) «al no existir prueba de cargo suficiente, practicada con las debidas garantías, para la condena del recurrente por el expresado tipo penal», cuestionando la cadena de custodia de una prueba de ADN y, en consecuencia, pretende el recurrente plantear la duda acerca de la identidad de esta prueba. Plantea, por tanto, la ausencia de garantías en la cadena de custodia, sosteniendo que su desarrollo no ha sido oportunamente documentado.

123 Todas ellas se dictan en resolución de sendos recursos de amparo por los condenados por los episodios enmarcados dentro de los actos terroristas denominados «Kale Borroka».

estas cuatro sentencias —idénticas en esencia—, no entra a valorar qué elementos deben concurrir en la cadena de custodia para garantizarse la corrección de la misma[124], sino que —una vez más— asume que tal aspecto es una cuestión de fondo que no puede entrar a valorar. En este sentido, el TC sostiene que la regularidad de la cadena de custodia ya ha sido previamente comprobada y aceptada por el Tribunal sentenciador mediante los interrogatorios en juicio de los funcionarios de la policía judicial intervinientes en el desarrollo de la misma, descartando por tanto la vulneración de los DDFF.

No obstante lo anterior, de especial relevancia es el voto particular formulado en la STC 14/2014 por la Magistrada Dña. Adela Asua Batarrita (al que se adhiere el Magistrado D. Luis Ignacio Ortega Álvarez), donde se cuestiona la argumentación ofrecida por el TC. Se expone que, tal y como había sido reconocido en anteriores instancias, ciertas irregularidades habían sido observadas en la actuación policial dirigida a la recogida de la muestra de ADN. Todo ello al no haberse documentado la recogida de la muestra hasta varios meses después y, precisamente, cuando los análisis de los laboratorios oficiales ya habían sido recibidos. Esta circunstancia, en opinión de la Magistrada firmante del voto particular, implica una total ausencia de garantías. Se exterioriza, así, un nuevo debate en relación con la vinculación entre cadena de custodia y DDFF, planteándose la cuestión acerca de hasta qué punto la ausencia o irregularidad en la documentación de la cadena de custodia es subsanable a efectos de evitar la vulneración del derecho a un proceso con todas las garantías.

Muy recientemente al TC se le ha presentado nuevamente la posibilidad de pronunciarse al respecto de la vulneración de DDFF en relación con la cadena de custodia. La STC 25/2022, de 23 de febrero, analiza esta posibilidad desde la perspectiva de la negativa —por parte del Tribunal sentenciador— sobre la práctica de una prueba. Se trataba de la

---

124   Las SSTC 23/2014 y 43/2014 recogen argumentaciones muy similares.

testifical de un agente de la policía judicial, mediante la cual la defensa pretendía acreditar la ruptura de la cadena de custodia de la prueba. Esta cuestión plantea el debate desde una perspectiva opuesta: la de la necesidad de acreditar la corrección de la cadena de custodia a través de la testifical de sus intervinientes. En este punto, el TC sostiene que la imposibilidad de practicar dicha prueba no vulnera los DDFF del recurrente, en tanto que la cadena de custodia no había sido cuestionada en instancias anteriores, motivo por el cual no puede ser aceptada la alegación de la parte recurrente. Conviene resaltar, a mayores, que la testifical de las personas intervinientes en el desarrollo de la cadena de custodia no es un aspecto esencial para acreditar la corrección de la cadena de custodia, sino que las partes acuden a este medio para subsanar los posibles defectos en la documentación de la misma.

En definitiva, para poder apreciarse la vulneración del derecho a un proceso con todas las garantías desde la perspectiva de la cadena de custodia, se requiere que el Tribunal sentenciador haya valorado una prueba cuya cadena de custodia adolezca de las garantías necesarias, esto es, se exige —a la parte que lo alega— demostrar la ruptura de la cadena de custodia, por infracción grave de la misma, de la prueba cuestionada y que —además— esa prueba haya sido valorada como prueba de cargo.

Por ende, la relevancia de la cadena de custodia en la jurisprudencia constitucional no va unida a la configuración jurídica de la institución, sino que va ligada al desarrollo de un posible vínculo entre la ruptura de la cadena de custodia y la injerencia en DDFF de contenido procesal —fundamentalmente en relación el derecho a un proceso con todas las garantías—, y todo ello en atención a la gravedad de las posibles irregularidades presentes en el desarrollo de la cadena de custodia. Con todo, es fundamental destacar que este posible vínculo no se desprende directamente de la ruptura de la cadena de custodia, sino que para que se produzca tal injerencia en el derecho a un proceso con todas las garantías es necesario también que esa prueba haya sido valorada por el tribunal sentenciador.

2. INCORPORACIÓN DE LA PERSPECTIVA DOCTRINAL AL DEBATE EN EL CONTEXTO DE LA SEGUNDA ETAPA

2.1. Aproximación inicial

Es en el contexto temporal de la segunda etapa jurisprudencial donde tiene lugar la verdadera incorporación de la perspectiva doctrinal al debate, en términos generales. Ya hemos dicho previamente que no existe un verdadero debate en torno a la figura de la cadena de custodia en el ámbito temporal de la primera etapa. Al contrario de lo que ocurría entonces, durante la segunda etapa sí surgen conceptualizaciones doctrinales directamente referidas a la cadena de custodia como tal.

En el punto relativo a la aportación doctrinal correspondiente a la primera etapa del desarrollo jurisprudencial y dada la ausencia de una verdadera conceptualización de la cadena de custodia por parte de la doctrina científica, hemos podido observar los cimientos sobre los que —en épocas posteriores— se construirá el concepto doctrinal de la *cadena de custodia*. A este respecto, el primer contacto entre estos cimientos y los primeros pasos en la conceptualización de la cadena de custodia lo veremos —precisamente— en este punto. Y ello debido a que, en efecto, es durante la segunda etapa temporal de la construcción jurisprudencial de la cadena de custodia cuando la doctrina comienza a mostrar un especial y genuino interés en la materia.

Esta circunstancia enfatiza, además, la separación entre la primera etapa jurisprudencial y la segunda. Efectivamente, el aumento de la presencia de la cadena de custodia en la jurisprudencia española se ve reflejado en los trabajos doctrinales de la época. Ahora bien, a pesar de que, efectivamente, en este marco temporal ya es posible localizar estudios doctrinales sobre la materia, es conveniente resaltar que éstos son escasos.

En suma, este interés deriva directamente de la propia evolución jurisprudencial, pues recordemos que la segunda etapa de evolución jurisprudencial se identifica con aquella en la que nuestros juzgados y tribunales inician reflexiones más profundas sobre la figura de la cadena de custodia. Pero no solo eso, sino que —tal y como hemos podido comprobar en el análisis jurisprudencial— el uso del término *cadena de custodia* en la jurisprudencia española se manifiesta mucho más frecuentemente en esta etapa, donde verdaderamente puede apreciarse un extraordinario aumento de las resoluciones judiciales que inciden en materia de cadena de custodia en el orden jurisdiccional penal.

Al igual que ocurría con las primeras reflexiones jurisprudenciales en torno a la cadena de custodia, la doctrina también ha centrado sus reflexiones en la materia en base a los siguientes caracteres (que conforman, sin duda alguna, las primeras características propias de la cadena de custodia): primero, se vincula en exclusiva a la prueba pericial; segundo, se identifica como un procedimiento documentado del recorrido completo de la fuente de prueba a lo largo de las distintas fases de su existencia una vez iniciado el procedimiento penal; y tercero, alude al aseguramiento e identidad de la prueba pericial.

El significado inicial que doctrinalmente se otorga a la figura de la cadena de custodia, por tanto, alude a una suerte de obligación de conservación de la prueba pericial. Esto es, en sus inicios, la cadena de custodia es un procedimiento destinado puramente a la conservación de la prueba pericial[125]. En efecto, la doctrina científica ha centrado, a menudo, el debate en materia de cadena de custodia en relación con la prueba pericial[126]. Esta vinculación se manifiesta indudable en esta segunda etapa de la evolución doctrinal de la misma.

---

125 GUZMÁN FLUJA, V. C.: *Anticipación y preconstitución de la prueba en el proceso penal, op. cit.*, 2006, pp. 309 y ss.

126 Así lo ha entendido EIRANOVA ENCINAS, E.: «Cadena de custodia y prueba de cargo», *Diario la Ley*, núm. 6863, 2008, donde ha efectuado un análisis sobre lo que entendemos prueba de cargo válida en relación con la garantía que ofrece la cadena de custodia para la valoración de la prueba pericial. Otro de los caracteres a tener en cuenta es que relaciona la cadena de custodia con la investigación de los presuntos hechos delictivos en materia de tráfico de drogas.

119

Desde un primer momento se relaciona la cadena de custodia con la valoración de la prueba, en tanto que implica un procedimiento para el aseguramiento de la prueba en relación con la verosimilitud y fiabilidad de la prueba. No obstante y a pesar de las limitaciones que las primeras definiciones albergan, resulta reseñable ciertos aspectos que ya han sido puestos de relieve por la doctrina procesalista en los primeros estudios dedicados a la materia.

Una de las primeras referencias de relevancia parte de MORENO CATENA, autor que considera que la cadena de custodia como un procedimiento de documentación sobre el camino seguido por la fuente de prueba[127]. De especial interés resulta que el autor vincula la cadena de custodia a la prueba preconstituida. Además, expone el autor que la cadena de custodia «implica una descripción del objeto, de su estado original, del lugar donde se encontró, la identificación de quienes lo han tenido en su poder, las operaciones que se han realizado con él, etc. Igualmente habrá que determinar con precisión los lugares en que haya estado depositado o custodiado y la persona o figura bajo cuya responsabilidad se ha encontrado, etc.».

Ya en el año 2006, GUZMÁN FLUJA destacaba varios de los aspectos más relevantes de esta figura[128]. Al efecto, el autor habla de la cadena de custodia en los siguientes términos:

> «La cadena de custodia tiene el objetivo de evitar que la prueba sea alterada, contaminada, o que se cometa un error en la identificación de los objetos, sustancias, documentos, o cualquier

---

127 Tiene especial interés el hecho de que el autor vincula cadena de custodia con prueba preconstituida, en tanto que el epígrafe destinado a la cadena de custodia («*Garantías en la conservación. La «cadena de custodia»*»), se encuentra dentro del punto «*Incorporación de la actividad instructora al juicio oral. La prueba preconstituida*». *Vid.* MORENO CATENA, V. y CORTÉS DOMÍNGUEZ, V.: *Derecho Procesal Penal, op. cit.*, pp. 376-377.

128 Resulta curiosa la mención a la cadena de custodia en la obra de GUZMÁN FLUJA, V. C.: *Anticipación y preconstitución de la prueba en el proceso penal, op. cit.*, pp. 309 y ss., en tanto que no se limita a exponer la existencia de esta figura jurídica, sino que ofrece reflexiones de gran profundización, aportando —incluso— un concepto bastante apropiado para la época. Asimismo, introduce un elemento de Derecho comparado en el análisis ofrecido, pues es preciso resaltar que ofrece la visión recogida, ya

otro elemento relacionado, directa o indirectamente, con el o los hechos que se desean probar. Es, pues, el procedimiento a través del cual se establece una relación directa de la fuente de prueba con la escena del crimen o con el momento en que la prueba es aprehendida, mediante la garantía de que es la misma la que está en el juicio oral que la que se halló durante la instrucción, que es el mismo original»[129].

Son diversas los elementos a destacar del extracto extraído. En primer lugar, sorprende muy gratamente una delimitación conceptual con el grado de desarrollo ofrecido, especialmente positivo es la identificación del objetivo de la cadena de custodia en evitar posibles errores, alteraciones o contaminación en las pruebas. Asimismo, sorprende también la siguiente aseveración: «mediante la garantía de que es la misma», ello por dos motivos principales: primero, porque emplea el término garantía al referirse a su finalidad; y segundo, en tanto que la expresión empleada recuerda a la llamada mismidad de la prueba —concepto que será, posteriormente, delimitado jurisprudencialmente por nuestros juzgados y tribunales—.

Asimismo, el autor pone el acento en la perspectiva temporal de la cadena de custodia, al afirmar que «entre el momento en que se halla el objeto, sustancia, elemento, huella, vestigio, etc., y el momento en que han de ser llevados al juicio oral, media un lapso de tiempo más o menos largo». Es por ello que «el objetivo final es siempre que el objeto, sustancia, huella o vestigio, etc. permanezca disponible e inalterado respecto al estado original en que fue encontrado, y que sea llevado así al juicio oral»[130].

---

entonces, en el Código de procedimiento penal colombiano del año 2000 (en una muestra de que la regulación de la cadena de custodia en Latinoamérica aventajaba a la regulación en los países europeos). Con todo, y a pesar de ofrecer un concepto apropiado, el propio autor no concluye en la búsqueda de las circunstancias que motivan la necesidad de la cadena de custodia. Hay que entender que dada la temporalidad del trabajo señalado, aporta grandes avances en la materia y, no obstante, no podemos olvidar que la temática central de la obra no gira en tono a la cadena de custodia —aun cuando está perfectamente vinculada—, sino que la línea concreta se centra en la anticipación y la preconstitución probatoria.

129   *Ibidem*, pp. 309 y ss.

130   *Ibidem*, p. 225.

121

GUZMÁN FLUJA vuelve a examinar la cadena de custodia en el año 2008, mediante un trabajo en la misma línea de investigación que el anterior. Esta vez, especial interés reviste el hecho de que identifica la cadena de custodia con el aseguramiento de las pruebas materiales[131] y no exclusivamente con la identidad de la prueba pericial. Este desapego entre cadena de custodia y prueba pericial considero que tiene una gran importancia, pues doctrinalmente todavía ahora se continúa hablando de la cadena de custodia de la prueba pericial —inicialmente muy vinculada también en el ámbito jurisprudencial—.

En base a los motivos anteriores, podemos afirmar que GUZMÁN FLUJA es, quizá, uno de los autores que más directamente ha tratado —desde el punto de vista doctrinal— la figura cadena de custodia durante el ámbito temporal de la segunda etapa evolutiva, aun cuando la examina en relación con otras instituciones como la anticipación o la preconstitución probatoria. Relacionando cadena de custodia y prueba preconstituida la unión entre esta primera y las pruebas materiales es naturalmente apreciada por el autor.

También resulta destacable el tratamiento ofrecido por EIRANOVA ENCINAS, quien alude al aspecto formal garantista de la cadena de custodia[132], ofreciendo un tratamiento

---

131 GUZMÁN FLUJA, V. C.: «La anticipación y aseguramiento de la prueba penal», en *op. col.* Gómez Colomer (coord.), *Prueba y proceso penal: análisis especial de la prueba prohibida en el sistema español y en el sistema comparado*, Tirant lo Blanch, Valencia, 2008, p. 225 y ss., asegura que «en relación con las que se pueden llamar pruebas materiales, surge un problema que afecta a su utilizabilidad en el juicio oral y a su valoración».

132 En concreto, el autor critica la argumentación empleada por el TS en el ATS 2080/2006, de 19 de octubre, ECLI:ES:TS:2006:13649A en relación con una posible rotura de la cadena de custodia en la investigación de un supuesto delito de tráfico de drogas. Tal y como expone el autor, el TS argumenta la corrección de la cadena de custodia en los siguientes términos: «no cupiendo 'duda de la corrección de la cadena de custodia', se argumenta que la naturaleza de la misma 'tampoco fue negada por el acusado, reconociendo que vendía cocaína'». *Vid.* EIRANOVA ENCINAS, E.: «Cadena de custodia y prueba de cargo», *op. cit.* En efecto, tal y como expone EIRANOVA ENCINAS, la argumentación ofrecida en relación con la corrección de la cadena de custodia supone una devaluación de la figura de la cadena de custodia.

cercano a como entendemos la figura de la cadena de custodia en la actualidad. Por otro lado, el citado autor considera que «la observancia de una metodología correcta», en materia de cadena de custodia, «únicamente incumbe a los agentes encargados de la investigación al Ministerio Público y al Juez». De este modo, una vez más se enfatiza la relevancia de los organismos oficiales en el mantenimiento de una correcta cadena de custodia[133].

No obstante y a pesar de producirse justamente en el año 2009 el hito jurisprudencial capaz de romper con la segunda etapa de evolución jurisprudencial y dar paso a la siguiente, lo cierto es que en el plano doctrinal la cadena de custodia todavía no había atinado a desenvolverse con soltura y, en este contexto, todavía se localizan numerosas conceptualizaciones carentes de sustancia[134].

___

133 MAGRO SERVET, V.: «El registro de la huella genética. La regulación legal para la obtención de una base de datos de ADN», *La Ley: Revista jurídica española de doctrina, jurisprudencia y bibliografía*, núm. 1, 2007, pp. 1824 y ss.; al exponer la necesidad, introducida en la LECrim a través de la reforma operada por la LO 15/2003, de que «cuando se pusiera de manifiesto la existencia de huellas o vestigios cuyo análisis biológico pudiera contribuir al esclarecimiento del hecho investigado, el Juez de Instrucción adoptará u ordenará a la Policía Judicial o al médico forense que adopte las medidas necesarias para que la recogida, custodia y examen de aquellas muestras se verifique en condiciones que garanticen su autenticidad», evidenciando de esta forma, aun cuando no se haya manifestado de manera expresa, su vinculación con la cadena de custodia y enfatizando, de este modo, la relevancia de los organismos oficiales para la garantía de la misma.

134 La idea que engloba la cadena de custodia a nivel doctrinal en este ámbito temporal todavía resulta primitiva y poco desarrollada. Al respecto, pueden localizarse definiciones del estilo: «Cuando se habla de cadena de custodia se hace referencia a aspectos importantes de identificación, y se refiere al testimonio del cúmulo de personas que detentaron un objeto entre el tiempo en que se cometió un hecho litigioso y el tiempo en el que empieza el proceso» (HERNÁNDEZ-ROMO VALENCIA, P.: «La cadena de custodia», Teoría y Derecho: *Revista de pensamiento jurídico*, núm. 6, 2009, p. 232). Ciertamente en esta definición se encuentran elementos que, a lo largo de la evolución de la cadena de custodia, se han entendido —y se entienden— estrechamente vinculados con la cadena de custodia. No obstante y a pesar de ello, los elementos contenidos en la definición ofrecida, considero, no son los elementos definidores de la cadena de custodia, sino que representan alguna de las formas de

123

En lo que respecta a la mismidad de la prueba y, siendo este término acuñado por la jurisprudencia en años posteriores, sí ostenta cierta relevancia el hecho de que, ya de forma previa al empleo del término mismidad, las definiciones introducidas de cadena de custodia se acercaban mucho a ese término. En este sentido debemos resaltar nuevamente las palabras empleadas por GUZMÁN FLUJA quien sostiene que «(...) mediante la garantía de que es la misma la que está en el juicio oral que la que se halló durante la instrucción, que es el mismo original»[135].

2.2. Las consecuencias jurídicas derivadas de la ruptura de la cadena de custodia

Una vez más y dado el ámbito temporal en el que nos localizamos en esta segunda etapa, resulta imprescindible advertir que los posicionamientos doctrinales en cuanto a las consecuencias derivadas de la ruptura de la cadena de custodia vuelven a ser escasas y, en cierta manera, escuetas. A pesar de que, en efecto, la cadena de custodia lleva presente en la jurisprudencia de nuestros juzgados y tribunales durante los últimos años y cada vez con mayor fuerza, es una figura que ha permanecido, quizá, algo más ignorada en principio por parte tanto de la doctrina procesalista como del legislador nacional. Ciertamente el interés hacia esta figura, desde que las defensas y los Tribunales españoles la pusieron de relieve, ha ido en aumento y ello se refleja en los trabajos doctrinales posteriores y en los intentos del legislador de regular esta figura.

Afirmaba GUZMÁN FLUJA que «la cadena de custodia tiene el objetivo de evitar que la prueba sea alterada, contaminada, o que se cometa un error en la identificación de los objetos, sustancias, documentos, o cualquier otro elemento relacionado, directa o indirectamente, con el o los hechos que se desean probar». Lo cierto es que GUZMÁN FLUJA aludía a la

---

acreditación de la misma. A mayores, en mi opinión resultaría erróneo afirmar que la cadena de custodia alude al tiempo que transcurre entre la comisión de un delito y la iniciación del proceso, sino que la cadena de custodia transcurre principal y fundamentalmente cuando el proceso penal está en curso.

135 GUZMÁN FLUJA, V. C.: *Anticipación y preconstitución de la prueba en el proceso penal, op. cit.,* p. 312.

«verificabilidad de la corrección de la cadena de custodia»[136], expresión que ha consolidado en los años posteriores para hacer referencia a una cadena de custodia que ha transcurrido correctamente.

Así, y partiendo de la premisa anterior, parece lógico vincular la cadena de custodia con la fiabilidad o verosimilitud de la prueba. Respecto de las consecuencias derivadas de la ruptura de esta cadena de custodia —y vinculada a la preconstitución probatoria—, el autor continúa afirmando que «cualquier defecto que pueda ser achacado a ésta [la cadena de custodia] puede producir una contaminación que termine haciendo inutilizable la fuente de prueba, o que haga que no pueda otorgársele valor probatorio»[137]. Indudablemente ya en esta segunda etapa de la aportación doctrinal a la configuración dogmática de la cadena de custodia puede apreciarse las consecuencias que, en un futuro, serán aceptadas por la práctica total de la doctrina científica[138].

Por otro lado, en opinión de EIRANOVA ENCINAS, apreciada la ruptura de la cadena de custodia, «el juez tiene que apartar de su juicio» la prueba aportada[139]. No obstante, en este caso y dada la vinculación de la cadena de custodia a la fiabilidad de la prueba, no cabe duda de que habrá de analizarse hasta qué punto la ruptura de la cadena de custodia es capaz de disolver cualquier tipo de garantía acerca de la mismidad de la prueba[140].

---

136 *Ibidem*, p. 311.

137 *Ibidem*, pp. 312 y ss.

138 Al respecto, MARCHENA GÓMEZ señala ya en el año 2006 la duplicación del disco duro como una «garantía impuesta al acto pericial el análisis de su contenido», muy vinculado con la cadena de custodia, indicando que «la obtención de un duplicado del disco duro» de forma previa al análisis del mismo implica una garantía frente a las «posibles manipulaciones que puedan producirse durante el análisis de su contenido», ya sean accidentales o conscientes. MARCHENA GÓMEZ, M.: «Dimensión jurídico-penal del correo electrónico», *Diario la Ley*, núm. 6475, 2006.

139 EIRANOVA ENCINAS, E.: «Cadena de custodia y prueba de cargo», *op. cit.*

140 Respecto a los modos de actuar durante el desarrollo de la cadena de custodia, ya en esta segunda etapa de la configuración dogmática de la misma ciertos autores habían reparado en la existencia de una

3. VALORACIÓN PERSONAL

A consecuencia de los avances ocurridos en esta segunda etapa, su valoración también ofrece resultados más fructíferos que la anterior. Al igual que ocurría con la valoración de la primera etapa, ésta se efectuará bajo la óptica de tres planos (legal, doctrinal y jurisprudencial) y en dos niveles (ámbito interno y de Derecho comparado).

Si iniciamos el análisis bajo la óptica del ordenamiento interno, encontramos avances directos tanto en el plano jurisprudencial como en el doctrinal, aunque todavía nos mantenemos a la espera de que se produzca alguna novedad en el plano legislativo.

Con el avance del tratamiento jurisprudencial en materia de cadena de custodia, se producen las primeras reflexiones doctrinales dirigidas a la figura de la cadena de custodia en concreto. Se ha mencionado ya, no obstante, que estas reflexiones se incorporan en trabajos doctrinales cuya temática principal es otra y tratan la figura de la cadena de custodia de forma derivada. Y es que para localizar, en general, trabajos doctrinales cuyo eje central sea la cadena de custodia habremos de esperar hasta la etapa actual. Ahora bien, esta circunstancia no le resta valor a los estudios doctrinales de la época. Más bien al contrario, merece una consideración especial el hecho de ofrecer reflexiones de valor sobre una figura que todavía no ha logrado una atención generalizada por parte de la doctrina científica, y ello con independencia de que estas ideas se localicen en trabajos destinados fundamentalmente a otra temática. En línea con lo anterior —tal y como se expuso en su momento—, las aportaciones efectuadas por MORENO CATENA y GUZMÁN FLUJA en este ámbito temporal aluden a aspectos que en la actualidad se consideran esenciales[141].

---

serie de protocolos de actuación que ofrecían guías de actuación a los intervinientes en la cadena de custodia. Al respecto y de especial interés, *vid.* MARTÍNEZ TEJEDOR, J. A.: «La recogida y envío de muestras al laboratorio con fines e identificación genética (Mesa Redonda)», *Estudios Jurídicos*, núm. 2004, 2004, pp. 4107 y ss.

141 GUZMÁN FLUJA, V. C.: *Anticipación y preconstitución de la prueba en el proceso penal, op. cit.,* pp. 312 y ss.; MORENO CATENA, V. y CORTÉS DOMÍNGUEZ, V.: *Derecho Procesal Penal, op. cit.,* pp. 376-377.

Continuamos la valoración bajo el prisma del Derecho comparado. En la etapa anterior, se examinaban ciertas cuestiones en materia de cadena de custodia en el marco de los ordenamientos jurídicos de EEUU y Colombia. En esta segunda etapa, ambos ordenamientos jurídicos vuelven a ser protagonistas en la esfera comparada.

En primer lugar, en el contexto del ordenamiento jurídico de EEUU se produce una conexión entre el Derecho constitucional y la figura de la cadena de custodia. Con ocasión del conocido caso *Crawford v. Washington*[142] en el año 2004[143], el Tribunal Supremo de EEUU modifica los criterios para la admisión de los *hearsay statements*[144] en atención a la cláu-

---

142 *Vid.* Crawford v. Washington, 541 US 36 (2004).

143 Con anterioridad, este tipo de testimonios habían sido admitidos con relativa facilidad, justificando dicha admisibilidad en base al alto grado de fiabilidad en cada caso concreto. En particular, se aludía a la posibilidad de admitir la declaración extrajudicial de los testigos (introduciéndola mediante documentos donde se transcribían u otros medios de reproducción de las mismas o, incluso, mediante testimonios de referencia) cuando se cumplían dos circunstancias: en primer lugar, el testigo directo no estaba disponible en el momento del juicio; y, en segundo lugar, el testimonio debía presentar indicios adecuados de fiabilidad. En la práctica, la admisión de este tipo de testimonios —los *hearsay statements*— por parte de los tribunales era bastante habitual. Ello a pesar de la relevancia constitucional de la cláusula de confrontación, de modo que la efectividad real de este derecho en EEUU estuvo limitada por las excepciones aplicadas por los Tribunales. En efecto, los tribunales han venido aplicando excepciones al derecho de confrontación contenido en la Sexta Enmienda, limitando en la práctica la efectividad del mismo. De este modo, el *Common Law* permitía la valoración como prueba de las llamadas *hearsay statements*. *Vid.* FROEHLICH, D. M.: «The impact of Melendez-Diaz v. Massachusetts on admissibility of forensic test results at Courts-Martial», *The Army Lawyer*, Vol. 2010, núm. 2, 2010, pp. 24-41. Fue en *Ohio v. Roberts*, 448 US 56 (1980) donde se establecieron los requisitos para la admisión de los *hearsay statement* sin la necesidad de que el testigo declare en juicio, no obstante, éste queda anulado tras *Crawford v. Washington*.

144 A lo largo de este trabajo se mantendrá el término en su idioma original, ya que la traducción 'testimonio de referencia' puede llevar a equívocos por cuanto la figura del *hearsay* en el derecho norteamericano no se identifica con el testimonio de referencia tal y como se concibe en el derecho continental.

sula de confrontación de la Sexta Enmienda[145], instaurando la norma general de exclusión de los *hearsay statements*, en función de si se consideran *testimonial statements*[146] o no, y reforzando nuevamente los principios constitucionales de la Sexta Enmienda. Aunque el caso *Crawford* es muy notable en materia probatoria en EEUU, lo relevante en materia de cadena de custodia se produce con *Melendez-Diaz v. Massachusetts*[147], donde el principio jurídico contenido en *Crawford v. Washington* es aplicado a una cuestión relativa a la cadena de custodia de unas muestras de drogas y en conexión con la regla 901 FRE. Siendo necesaria la declaración de los custodios en aras a autenticar la prueba, en *Melendez-Diaz v. Massachusetts* se cuestiona qué testimonios han de ser tenidos en cuenta para garantizar la cadena de custodia y, en consecuencia, autenticar la prueba en cuestión (concretando si son considerados *testimonial statements*)[148]. Basándose en el principio jurídico de *Crawford v. Washington,* el Tribunal Supremo de EEUU consideró que el testimonio del perito que había efectuado los análisis de las drogas en

---

145 La Sexta Enmienda reconoce el derecho de los acusados a confrontar a los testigos de cargo: «In all criminal prosecutions, the accused shall enjoy the right [···] to be confronted with the witnesses against him».

146 En *Crawford v. Washington* únicamente se enuncia, a título ejemplificativo, algunos supuestos. En *Davis v. Washington,* 547 US 813 (2006) el Tribunal Supremo de EEUU vuelve a pronunciarse sobre esta cuestión, ofreciendo nuevas perspectivas para la identificación de las *testimonial statements.* Asimismo, *US v. Washington*, 498 F.3d 225 (4th Cir. 2007), y *US v. Cannon*, 539 F.3d 601 (7th Cir. 2008) también ofrecen nuevos ejemplos.

147 *Vid.* Melendez-Diaz v. Massachusetts, 557 US 305 (2009); FROEHLICH, D.M.: «The impact of Melendez-Diaz v. Massachusetts on admissibility of forensic test results at Courts-Martial», *op. cit.*, pp. 24-41.

148 Tanto en *US v. Ramos-Gonzalez*, 664 F.3d 1 (1st Cir. 2011), como en *US v. Wright*, 739 F.3d 1160 (8th Cir. 2014), se procede a evaluar la cadena de custodia a través de la testifical de un perito. En ambos casos, a las declaraciones objeto de controversia se les reconoce el carácter de testimonial, de modo que para cumplir con las exigencias de la Sexta Enmienda, éstas deben ser efectuadas en juicio. Esto enlaza directamente con la cadena de custodia, en tanto que la misma podrá ser acreditada mediante las testificales de los peritos intervinientes en los análisis de la prueba.

correspondiente laboratorio científico tenía carácter de *testimonial statement* y, en consecuencia, su declaración debe ser efectuada en juicio para respetar la cláusula de confrontación de la Sexta Enmienda y dar por autenticada la prueba. Así, la declaración sobre esos extremos supone un medio de acreditar la cadena de custodia y, por tanto, de acreditar la identidad de las pruebas[149] para que éstas puedan alcanzar valor probatorio. En definitiva, tras *Crawford v. Washington* —y, especialmente, tras *Melendez-Diaz*— se plantean nuevos dilemas en relación con la cadena de custodia en EEUU, que en la práctica se conciben muy vinculados a la fiabilidad de la prueba científica[150]: surge la necesidad de que los informes periciales —cuando sostengan la corrección de la cadena de custodia— sean ratificados en juicio por el perito, impidiendo que se introduzcan mediante *hearsay,* pues ello vulneraría el derecho de confrontación del acusado reconocido en la Sexta Enmienda de la Constitución norteamericana. Al efecto, dadas las especialidades propias del sistema adversarial estadounidense, no debe sorprender que en EEUU

---

149 En *US v. Rivera*, Court of Appeals (11th Cir. 2022) el apelante sostiene que la cláusula de confrontación contenida en la Sexta Enmienda ha sido vulnerada por el tribunal de distrito al admitir como prueba las transcripciones de unas llamadas telefónicas traducidas, no obstante, confirma el tribunal que, en aplicación de *Melendez-Diaz v. Massachusetts*: «the Confrontation Clause does not require that 'anyone whose testimony may be relevant in establishing the chain of custody... must appear in person as part of the prosecution's case», de modo que sostiene que el tribunal de distrito no incurrió en error al admitir como prueba las transcripciones, pues éstas no tenían carácter de *testimonial statements.*

150 FAIGGMAN, D. L., CHENG, E. K., MNOOKIN, J. L., MURPHY, E. E., SANDERS, J. y SLOBOGIN, C.: *Modern Scientific Evidence: the Law and science of expert testimony, op. cit.,* pp. 825-826, manifiestan que cada laboratorio forense debe ser consciente de la relevancia de desarrollar correctamente los procedimientos de cadena de custodia y documentación, pues los errores en la misma pueden resultar perjudiciales para la admisibilidad o la fiabilidad de las pruebas científicas. En este sentido, los documentos de la cadena de custodia realizados en los laboratorios deben contener detalles suficientes para recrear la manipulación de las muestras en cada una de las fases seguidas en el laboratorio. Con todo, como se ha visto, incluso así puede requerirse la declaración en juicio de los peritos encargados de los análisis como medio para acreditar la cadena de custodia.

resulte más sencillo cuestionar la cadena de custodia y, en consecuencia, que sea más habitual la necesidad de acreditarla mediante los testimonios de ciertos intervinientes, por ello los tribunales deben evitar que su inclusión en juicio se produzca mediante *hearsay statements*.

En segundo lugar, en el ordenamiento jurídico colombiano se incorpora en el año 2004 una nueva regulación procesal de la cadena de custodia. Este hecho se produce con ocasión de la Ley 906 de 2004, por la cual se expide el Código de Procedimiento Penal del año 2004[151] (en adelante CPP). Este nuevo código mantiene su compromiso con la institución con una regulación expresa (arts. 254 a 266 CPP) contenida en un capítulo dedicado enteramente a la cadena de custodia (incorporado en el Título I —la indagación y la investigación—; a su vez, en el Libro II —técnicas de investigación de la prueba y sistema probatorio—). Entre los diversos aspectos positivos del escenario normativo en Colombia podemos destacar los siguientes: en primer lugar, precisa la finalidad de la cadena de custodia identificándola con la demostrar la autenticidad de los elementos materiales probatorios y de evidencia física (art. 254 CPP); en segundo lugar, fija, asimismo, el inicio y el fin de la cadena de custodia (art. 254 CPP)[152]; en tercer lugar, identifica a los responsa-

---

151 Autores como DAZA GONZÁLEZ exponen la magnitud de la reforma derivada del Acto Legislativo n.º 3 de 2002, indicando que supuso la base para la posterior promulgación de la Ley 906 de 2004 y, en consecuencia, la consolidación del sistema procesal acusatorio en Colombia. Afirma el autor que se trata de la reforma procesal penal de mayor trascendencia en el ordenamiento jurídico colombiano y sostiene que son diversas las consecuencias positivas derivadas. De entre las enumeradas al efecto, el autor mantiene la definición de las técnicas de manejo de la escena del crimen y cadena de custodia como una de las consecuencias positivas de la reforma procesal penal. *Vid.* DAZA GONZÁLEZ, A.: «Escena del delito y cadena de custodia en el sistema procesal penal colombiano a partir del acto Legislativo N.º 3 de 2002», *Prolegómenos. Derechos y valores,* vol. X, núm. 19, 2007, pp. 90 y ss.

152 Indica el citado precepto que se iniciará en el lugar donde se obtengan los elementos materiales de prueba y finalizará cuando así lo ordene la autoridad competente. Resulta extraño que finalice por orden de una autoridad. Circunstancia que, al menos, no encaja en el modelo de cadena de custodia español, por lo que no podría ser trasladable a nuestro

bles (art. 255 y 261 CPP)[153]. Ahora bien, los aspectos reseñados en las líneas que preceden no son las únicas previsiones positivas en el CPP en la materia. El ordenamiento jurídico colombiano, asimismo, también establece aspectos relativos a la gestión de las evidencias en virtud de la cadena de custodia, al deber de documentación o a funciones propias de los fiscales, peritos o agentes de la policía judicial, entre otras cuestiones. Falla, sin embargo, la determinación de las consecuencias jurídicas derivadas de la ruptura de la cadena de custodia, si bien en relación con los criterios de valoración de la evidencia física, el art. 273 CPP establece que se efectuará atendiendo a su «legalidad, autenticidad, sometimiento a cadena de custodia y grado actual de aceptación científica, técnica o artística de los principios en que se funda el informe»[154].

---

ordenamiento jurídico. Esta previsión, no obstante, es común en países Latinoamericanos. En México, como veremos, ocurre lo mismo. Y también en Ecuador, *vid.* NEIRA PENA, A.: «La prueba: disposiciones generales», en VV.AA., *Derecho procesal penal: aspectos probatorios,* Universidad Espíritu Santo, Guayaquil, 2022, p. 31, quien se manifiesta crítica con la previsión de que finalice por ordena de una autoridad. En efecto, compartimos la opinión manifestada por NEIRA PENA, tal previsión no es coherente con la idea que tenemos de cadena de custodia.

153   En virtud de la Ley colombiana, son responsable de aplicar la cadena de custodia los servidores públicos que entran en contacto con los elementos materiales de prueba, así como los particulares que por razón de su trabajo participen en alguno de los actos que integran la cadena de custodia (art. 255 CPP). Además, el art. 261 CPP complementa la previsión anterior señalando que fiscales, funcionaros de la policía y peritos serán responsables de la custodia tanto del contenedor como del elemento de prueba durante el tiempo que permanezca en su poder.

154   La Corte Suprema de Justicia (en adelante CSJ) sostiene que la cadena de custodia es una cuestión atinente a la valoración y ponderación judicial de la prueba y, por ende, su ruptura no comporta exclusión de la prueba en tanto que no afecta a la legalidad de los elementos probatorios. De ese modo, la CSJ afirma que es competencia del juez verificar el alcance de los eventuales defectos de la cadena de custodia y determinar en qué medida ello compromete la autenticidad de la prueba, en relación con su credibilidad y potencial persuasivo. *Vid.* Sentencia de 19 de febrero de 2009, rec. 30598, Sala de Casación Penal de la CSJ; en similares términos, la Sentencia de 15 de febrero de 2012, rec. 35173, Sala de Casación Penal de la CSJ rechaza también la posibilidad de que la cadena de custodia interfiera en la legalidad de la prueba, afirmando que tampoco se trata de una cuestión

No podemos obviar, sin embargo, la relevancia constitucional otorgada a la cadena de custodia en el ordenamiento jurídico colombiano. Con todo, al haber sido identificada como un procedimiento documentado, tanto la Corte Suprema de Justicia de Colombia (en adelante CSJ) como parte de la doctrina científica ha rechazado la posibilidad de que la cadena de custodia interfiera en los DDFF, aduciendo que lo verdaderamente relevante es acreditar la autenticidad de las pruebas (regulada en el art. 277 CPP)[155], más allá

---

de admisibilidad o pertinencia de la prueba, sino de valoración.

Al hilo de lo anterior, manifiesta LEMUS SOLER que la cadena de custodia responde al principio de mismidad, entendido éste como el fin de asegurar la evidencia física y evitar alteraciones, modificaciones o falseamiento y especialmente vinculado a la autenticidad de la prueba. *Vid.* LEMUS SOLER, D. J.: «Cadena de custodia en el ordenamiento jurídico colombiano a la luz de la Ley 906, ¿ficción o realidad?», op. cit., p. 127. El principio de mismidad al que aludía la autora es equivalente al conceto de mismidad empleado en el ordenamiento español, como puede observarse en el sentido empleado por la jurisprudencia de la CSJ de Colombia. Al efecto, *vid.* Sentencia de 30 de octubre de 2008, rec. 29351, Sala de Casación Penal de la CSJ, donde parece que el término mismidad todavía está en proceso de consolidación en el plano jurisprudencial; o, más recientemente, Sentencia SP5331/2019 de 4 de diciembre de 2019, rec. 52530, Sala de Casación Penal de la CSJ, en la que se observa como el término ya se encuentra totalmente afianzado.

La postura sostenida por la CSJ no ha sido, sin embargo, lineal. Sirva de ejemplo el criterio empleado por la Sala de Casación Penal de la CSJ en la Sentencia de 14 de abril de 2010 (Sentencia de 14 de abril de 2010, rec. 3691, Sala de Casación Penal de la CSJ), donde mantiene que la inobservancia de los protocolos de cadena de custodia —los cuales tienen el objetivo de asegurar la legalidad y la autenticidad de la prueba— ha de entenderse como un «error de derecho por falso juicio de legalidad» y, por tanto, como una violación indirecta de la ley sustantiva que conllevaría la exclusión de la prueba. La propia Corte admite haber incurrido en posturas contradictorias y pronto vuelve a mantener el rechazo hacia la idea de que los errores en la cadena de custodia deriven en la excusión de la prueba, afirmando que estos inciden en la «eficacia, credibilidad o asignación del mérito probatorio» *Vid.* DAZA GONZÁLEZ, A.: *Reglas de producción de las pruebas y regla de exclusión en sede de casación penal, op. cit.*, pp. 51-55, en relación con la Sentencia de 17 de abril de 2013, rec. 35127, Sala de Casación Penal de la CSJ.

155 En la sentencia SP160/2017, de 18 de enero, rec. 44741, Sala de Casación Penal de la CSJ, la postura de la CSJ se mantiene firme y vincula la cadena de custodia al ámbito de la valoración de la prueba, rechazando que su ruptura conlleve exclusión del elemento probatorio. Si bien defiende la importancia de mantener los protocolos de cadena de custodia, entiende,

de garantizar la cadena de custodia[156] (entendida ésta como un mero procedimiento documentado del recorrido de las evidencias)[157].

En relación con la relevancia constitucional de esta institución, es fundamental examinar la postura sostenida por la Corte Constitucional que, con ocasión de la sentencia C-496/15[158], ha tenido la oportunidad de profundizar en el tema. El debate llega a la Corte Constitucional a través de una demanda de inconstitucionalidad en la que se alega la vulneración de los arts. 29 y 250 CPC, en virtud de la vulneración de la cadena de custodia, entendiendo ésta como un

---

sin embargo, que la obligación constitucional de respetar la cadena de custodia se dirige al alcance de un objetivo específico: el de acreditar la autenticidad o la mismidad de la prueba. De ahí que entienda indiferente si la autenticidad de la prueba se acredita mediante los protocolos de cadena de custodia o a través de otros medios. En el caso concreto, la CSJ niega el valor probatorio de la prueba debido a que la autenticidad de la misma no ha sido acreditada (ni a través de los protocolos de cadena de custodia ni tampoco mediante otros medios de acreditación).

156 A propósito de este debate, la CSJ ha puesto sobre la mesa la distinción entre prueba ilícita —aquella que ha sido obtenida con violación de las garantías fundamentales— y prueba ilegal —la que ha sido practicada en ausencia de las formalidades requeridas por la ley—, exponiendo que los errores en la cadena de custodia deben ser graves para poder calificar una prueba como ilegal o ilícita. En este punto, sostiene LEMUS SOLER que la cadena de custodia únicamente es uno de los modos posibles de acreditar la autenticidad de la prueba, entre lo que también se encuentran los siguientes: la auto-autenticación, la marcación, el testimonio y la peritación. *Vid.* LEMUS SOLER, D. J.: «Cadena de custodia en el ordenamiento jurídico colombiano a la luz de la Ley 906, ¿ficción o realidad?», *op. cit.,* pp. 131 y ss.

157 Es oportuno destacar varios manuales procedimentales en el plano reglamentario. En particular, la Fiscalía General de la Nación, mediante Resolución 02770 de 2005, adoptó el actual Manual de procedimientos del Sistema de Cadena de Custodia como respuesta a la imposición del art. 254 CPP, en el que se le impone la tarea de reglamentar la cadena de custodia. Asimismo, también ostenta cierta repercusión el Manual único de Policía Judicial y el Manual de procedimientos de Fiscalía en el Sistema Penal Acusatorio Colombiano. DOLZ LAGO, M.J.: «La regulación normativa de la cadena de custodia en Latinoamérica: algunos ejemplos», *op. cit.,* pp. 201 y ss.; ENRÍQUEZ BURBANO, G.: «La eficiencia, eficacia y credibilidad de la cadena de custodia en delitos flagrantes», *Revista Skopein: la Justicia en manos de la ciencia,* núm. 16, 2017, pp. 42-53.

158 Sentencia C-496/15, de 5 de agosto de 2015, de la Corte Constitucional.

133

elemento esencial del debido proceso. Para dar respuesta a tales cuestionamientos, la Corte Constitucional expone que, en caso de ruptura de la cadena de custodia, no se ha de probar únicamente que no se cumplió el proceso de cadena de custodia, sino que el demandante habrá de acreditar que la autenticidad de la prueba no fue probada por ningún otro medio y, además, «que existen motivos razonables para pensar que la prueba no es genuina o que puedo ser alterada».

Asimismo, la Corte Constitucional defiende que, en virtud del inciso tercero del art. 277 CPP, se «permite la demostración de la autenticidad de los elementos materiales probatorios y la evidencia física a través de medios distintos a la cadena de custodia». Todo ello, entendiendo que el valor de la cadena de custodia es instrumental. En base a tales apreciaciones, la Corte Constitucional declara que la ruptura de la cadena de custodia no ocasiona vulneración de los arts. 29 y 250 CPC cuando la autenticidad de la prueba ha sido verificada mediante otros mecanismos. En tal sentido, sigue la línea de la CSJ y entiende la cadena de custodia desde su vertiente material.

Y en este contexto surgen regulaciones expresas en otros ordenamientos jurídicos. Éste es el caso de México. Su anterior regulación procesal penal se concretaba en el Código Federal de Procedimientos Penales del año 1934. Si bien este código no contemplaba la regulación de la cadena de custodia en un principio, con la reforma operada en el año 2009 se introducen ciertas previsiones en la materia[159]. En particular, se introdujo en el art. 123 bis CFPP una responsa-

---

159 La reforma se introduce el 23/01/2009 operada por el Decreto por el que se reforman, adicionan y derogan diversas disposiciones del Código Federal de Procedimientos Penales, de la Ley Federal contra la Delincuencia Organizada, de la Ley que Establece las Normas Mínimas sobre Readaptación Social de Sentenciados, del Código Penal Federal, de la Ley de la Policía Federal Preventiva, de la Ley Orgánica de la Procuraduría General de la República, de la Ley Federal de Responsabilidades Administrativas de los Servidores Públicos, y de la Ley Federal de Procedimiento Contencioso Administrativo. En concreto, las novedades en materia de cadena de custodia se producen a consecuencia de la introducción de los arts. 123 bis, 123 ter, 123 quater y 123 quintus CFPP.

bilidad directa de preservación de los indicios, huellas o vestigios del hecho delictivo, así como los instrumentos, objetos o productos del delito. Esta responsabilidad se dirige hacia los servidores públicos que entren en contacto con ellos y, asimismo, se materializa la obligación de hacer constar en un registro la identificación de las personas que intervienen en la cadena de custodia, por un lado, y la de quienes estén autorizados para trabajar con las evidencias, por otro. Dentro de este —en aquel entonces— novedoso precepto, reviste especial interés la delimitación de los eventos que dan inicio y fin la cadena de custodia: se inicia con el descubrimiento de la evidencia física y concluye por mandato de la autoridad competente. Seguidamente, los arts. 123 ter[160], 123 quater[161] y 123 quintus[162] CFPP recogen las obligaciones dirigidas a las unidades de policía, al Ministerio Público y a los peritos, respectivamente, de cara a la gestión y al aseguramiento de las evidencias.

Sin duda alguna, el panorama comparado se fortalece en el tiempo transcurrido desde el ámbito temporal correspondiente a la primera etapa. En tal sentido, los ordenamientos jurídicos europeos van quedándose estancados en tanto que diversos ordenamientos jurídicos iberoamericanos van incorporando nuevas precisiones normativas sobre la cadena de custodia. Con todo, este distanciamiento se pronunciará considerablemente en la época actual.

---

160 Entre las obligaciones dirigidas a la policía destacan el deber de identificación, recolección, embalaje y etiquetado de las evidencias, así como la tarea de describir minuciosamente tanto los vestigios como el modo en que se procedió a su recolección, con especial mención a las medidas ejecutadas en aras a asegurar la integridad de los mismos (art. 123 ter CFPP).

161 El Ministerio Público, por su parte, debe asegurarse de que se hayan seguido los protocolos para la preservación de las evidencias, ordenar la práctica de las pruebas periciales pertinentes y el aseguramiento de las evidencias (art. 123 quater CFPP).

162 Por último, la responsabilidad de los peritos se circunscribe al buen manejo de las evidencias en la práctica de sus peritajes, a la redacción del dictamen resultante con inclusión de las posibles irregularidades en el tratamiento de las evidencias y, finalmente, a la remisión tanto del dictamen como de las evidencias resultantes (art. 123 quintus CFPP).

4. ANEXO JURISPRUDENCIAL CORRESPONDIENTE A LA SEGUNDA ETAPA

SAP M 77/2003, de 29 de enero. ECLI:ES:APM:2003:1113.

Deber de documentación de la cadena de custodia. La regularidad de la cadena de custodia se acredita mediante la documentación de la cadena de custodia.

STS 1365/2003, de 17 de octubre. ECLI:ES:TS:2003:6395

Deber de documentación de la cadena de custodia. En la documentación de la trayectoria que sigue la sustancia intervenida se especifican los datos de identificación de las personas que tienen contacto con la misma, así como destino y salida de la sustancia, fechas y horas de las entregas.

ATS 640/2004, de 29 de abril. ECLI:ES:TS:2004:5408A

Consta debidamente documentados los actos relativos a la cadena de custodia y el trayecto seguido por las muestras, por lo que una diferencia de peso mínima no es capaz de desvirtuar la cadena de custodia teniendo en cuenta.

SAP BI 251/2004, de 15 de abril. ECLI:ES:APBI:2004:783

Se analizan «posibles dudas en la cadena de custodia», sin que se desarrolle el motivo.

SAP GI 320/2005, de 17 de marzo. ECLI:ES:APGI:2005:509

Primera referencia a la cadena de custodia como figura tomada de la realidad a la que se tiñe de valor jurídico.

SAP M 47/2008, de 1 de febrero. ECLI:ES:APM:2008:2744

Las irregularidades en la documentación de la cadena de custodia son subsanadas en virtud de las declaraciones de los agentes intervinientes en la misma.

SAP CA 103/2003, de 7 de noviembre. ECLI:ES:APCA:2003:2005

No es posible subsanar los errores en la cadena de custodia en aquellos casos en los que la cadena de custodia adolezca de toda clase de garantía.

STC 281/2006, de 9 de octubre

Confirma la vinculación entre cadena de custodia y el derecho a un proceso con todas las garantías, cuando se ha valorado una prueba cuya cadena de custodia adolece de toda garantía.

136

SAP H 13/2007, de 25 de junio. ECLI:ES:APH:2007:520

Expone el origen extrajurídico de la cadena de custodia, teniendo en cuenta que se trata de un figura tomada de la realidad a la que se tiñe de valor jurídico.

STC 199/2013, de 5 de diciembre

El TC no puede dilucidar si se produjo o no ruptura de la cadena de custodia, en tanto que se trata de una cuestión ajena a su competencia, cuestión que corresponde comprobar al tribunal sentenciador.

STC 13/2014, de 30 de enero

El TC no puede dilucidar si se produjo o no ruptura de la cadena de custodia, en tanto que se trata de una cuestión ajena a su competencia, cuestión que corresponde comprobar al tribunal sentenciador.

STC 14/2014, de 30 de enero

El TC no puede dilucidar si se produjo o no ruptura de la cadena de custodia, en tanto que se trata de una cuestión ajena a su competencia, cuestión que corresponde comprobar al tribunal sentenciador.

STC 15/2014, de 30 de enero

El TC no puede dilucidar si se produjo o no ruptura de la cadena de custodia, en tanto que se trata de una cuestión ajena a su competencia, cuestión que corresponde comprobar al tribunal sentenciador.

STC 16/2014, de 30 de enero

El TC no puede dilucidar si se produjo o no ruptura de la cadena de custodia, en tanto que se trata de una cuestión ajena a su competencia, cuestión que corresponde comprobar al tribunal sentenciador.

STC 23/2024, de 13 de febrero

El TC no puede dilucidar si se produjo o no ruptura de la cadena de custodia, en tanto que se trata de una cuestión ajena a su competencia, cuestión que corresponde comprobar al tribunal sentenciador.

STC 43/2014, de 27 de marzo

El TC no puede dilucidar si se produjo o no ruptura de la cadena de custodia, en tanto que se trata de una cuestión ajena a su competencia, cuestión que corresponde comprobar al tribunal sentenciador.

STC 25/2022, de 23 de febrero

La inadmisión de la prueba sobre una testifical solicitada como medio para acreditar la cadena de custodia no vulnera los DDFF del recurrente en tanto que la cadena de custodia no había sido impugnada en instancias anteriores.

STS 925/2008, de 26 de diciembre. ECLI:ES:TS:2008:7258
Entendida como una sucesión de actos que se inician con la obtención de la fuente de prueba y finalizan con su aportación al juicio oral y que afectan a la fiabilidad de la prueba pericial.

III.- TERCERA ETAPA:

LA CONSOLIDACIÓN DE LOS ELEMENTOS ESENCIALES DE LA CADENA DE CUSTODIA

1. CONSTRUCCIÓN JURISPRUDENCIAL EN EL CONTEXTO DE LA TERCERA ETAPA

1.1. La doctrina de la mismidad de la prueba

La introducción del concepto de *mismidad* en el entorno de la cadena de custodia supuso un enorme avance en la configuración de la misma como figura jurídica y, en concreto, en relación con la constitución de un concepto apropiado para la cadena de custodia. La introducción del término *mismidad* se efectúa sin titubeo alguno, considerándola desde el mismo inicio como una nota característica de la cadena de custodia.

La doctrina científica y jurisprudencial ha convenido en identificar la STS 1190/2009, de 3 de diciembre —por todos conocida—, como la precursora en la introducción del referido término. No obstante, y a pesar del mayúsculo e innegable esfuerzo efectuado a posteriori por el TS en acomodar el uso del término mismidad en la configuración de la cadena de custodia, lo cierto es que la primera sentencia localizada que hace uso de este término, en correlación con la corrección de la cadena de custodia, es la SAP B 132/2009, de 25 de febrero[163].

No obstante la importancia de la SAP para la introducción del término mismidad en la configuración jurispruden-

---

163 SAP B 132/2009, de 25 de febrero, ECLI:ES:APB:2009:1719. La SAP Barcelona reconoce, así, que es «precisamente la corrección de la cadena de custodia lo que satisface jurídicamente la garantía de la mismidad de la prueba».

cial de la cadena de custodia, ciertamente la STS 1190/2009, de 3 de diciembre, ha supuesto un antes y un después en el desarrollo de la definición creada por el TS en relación con la cadena de custodia. Ciertamente, a partir de esta resolución, el TS introduce el concepto en la definición ofrecida para esta figura, dotándolo de uno de los elementos principales en la caracterización de esta figura.

El inicio de la tercera etapa en la evolución jurisprudencial de la cadena de custodia, no cabe duda, debía delimitarse en un ámbito temporal cercano a este hito. Y ello debido, no solo a la importancia en la introducción del término mismidad en la definición misma de la cadena de custodia, sino también debido a la introducción del concepto cadena de custodia —por primera vez— en la LECrim.

En efecto, la figura de la cadena de custodia se introduce por primera vez en nuestro cuerpo normativo procesal penal con la reforma operada por la LO 5/2010. Este hecho de vital importancia, nos recuerda la creciente relevancia que la figura de la cadena de custodia está teniendo en nuestra jurisprudencia[164]. La presencia de la cadena de custodia en la jurisprudencia es cada vez mayor y más desarrollada, motivo que lleva al legislador español a fijarse en esta figura y, en consecuencia, introducirla en nuestro ordenamiento jurídico. No obstante, la alusión a la cadena de custodia en nuestra LECrim se efectúa de manera pobre y escasa (tan solo un artículo en toda la Ley hace referencia a la misma) y únicamente vinculada a la prueba de alcoholemia y detección de sustancias estupefacientes en el ámbito de los delitos contra la seguridad vial (y ello en el marco del procedimiento para el enjuiciamiento rápido de determinados delitos).

---

164 Hay que tener en cuenta que la primera vez que se incluye el término cadena de custodia en la LECrim es en el año 2010, con la reforma introducida por la LO 5/2010, de 22 de junio, de reforma del CP que introduce el término en el art. 796.1.7.ª LECrim (desde entonces este artículo no ha sido modificado), dentro del capítulo II De las actuaciones de la policía judicial —Libro IV De los procedimientos especiales, Título III Del procedimiento para el enjuiciamiento rápido de determinados delitos, Capítulo II de las actuaciones de la Policía Judicial—. Es la única mención expresa a la cadena de custodia en la LECrim.

Con todo, este interés por parte del legislador en la cadena de custodia en esos años también se observa en el hecho de que, por primera vez, el prelegislador español pretende introducir en nuestro ordenamiento procesal la figura de la cadena de custodia dedicándole todo un capítulo en el ALECrim de 2011.

1.1.1. Sentencia de la Audiencia Provincial de Barcelona 132/2009, de 25 de febrero

La SAP B 132/2009, de 25 de febrero, es de vital importancia en relación con la introducción del término *mismidad* al tratar la temática de la cadena de custodia. Y ello dado que es la primera resolución jurisprudencial localizada en introducir el citado término[165]. En efecto, la citada SAP emplea el término con anterioridad a la conocida STS 1190/2009. Por tanto, se puede concluir que es la SAP B 132/2009 la que acuña el término *mismidad* y le otorga el significado que actualmente se le confiere.

A pesar de lo anterior, la popularidad y consolidación del término obra del TS a través de las SSTS 1190/2009, de 3 de diciembre y la 6/2010, de 27 de enero, creando doctrina y consolidando la utilización del término *mismidad* en relación con la cadena de custodia. Se expone en la SAP B 132/2009, que un interno de un centro penitenciario entrega a otro (ambos acusados) un objeto, en principio sin haber visto lo que era. Tras ser registrado el interno que recibió el objeto, se hallan ciertas sustancias, sin que haya podido acreditarse ni la identidad de la persona que proporcionó al interno tales sustancias ni tampoco el carácter estupefaciente de las mismas.

En el concreto caso analizado, las defensas plantean diferentes estrategias defensivas: la primera, basa su estrategia en negar el conocimiento de que los objetos entregados

---

165 Así lo demuestra la fecha en la que ha sido dictada, que data con anterioridad a la STS 190/2009, de 3 de diciembre. Ésta última STS ha sido reconocida tanto doctrinalmente como jurisprudencialmente como la sentencia que introduce el término mismidad al vocablo jurídico en referencia al objeto de garantía de la cadena de custodia, habiendo sido citada posteriormente y en numerosas ocasiones por el TS al hacer referencia a la mismidad de la prueba.

al interno contenían tales sustancias; la segunda, plantea dudas acerca de la regularidad de la cadena de custodia de las sustancias aprehendidas.

En relación con las dudas planteadas sobre la regularidad de la cadena de custodia, la defensa se manifiesta en los siguientes términos (FJ 1.º, SAP B 132/2009):

> «La absolución venía obligada por no haberse acreditado que las sustancias ocupadas (...) fueran efectivamente sustancias estupefacientes o las sustancias estupefacientes que fueron objeto de pericia por el Laboratorio Territorial de Drogas de la Delegación del Gobierno en Cataluña y sobre cuyo resultado se sustentaba la acusación del Ministerio Fiscal, al no haberse cumplido las exigencias legales en su aprehensión, custodia y entrega al organismo legalmente habilitado para su análisis que permitirían que resultara probada la corrección de la cadena de custodia y por lo tanto la sujeción de los procesados a un proceso con todas las garantías».

La AP de Barcelona reconoce la relevancia de la cuestión planteada por la defensa, exponiendo que el cuestionamiento de una cuestión como tal, requiere el análisis acerca de la viabilidad jurídica de las alegaciones formuladas por la defensa, en primer lugar y con carácter previo a la valoración de la prueba practicada en el juicio oral, en orden a determinar (o negar) la viabilidad de la misma. Por ello, la AP de Barcelona considera oportuno exponer la posición jurídica de la Sala en relación con la cadena de custodia[166] (para, posteriormente, analizar si en el caso concreto se produjo ruptura de la misma).

---

166 Y no solo eso, pues la AP de Barcelona, en su SAP B 132/2009, de 25 de febrero, ECLI:ES:APB:2009:1719, hace un recorrido por la evolución del concepto jurídico de cadena de custodia. En este sentido —y tras aportar una definición de la cadena de custodia basada en la doctrina y jurisprudencia ya existente en la fecha—, expone que la relevancia de la cadena de custodia ha ido evolucionando, tanto legislativa como jurisprudencialmente, de forma paralela a la trascendencia de la prueba pericial en el proceso penal moderno (fundamentalmente adquirida debido a las nuevas formas de delincuencia y al avance de las técnicas de investigación), indicando que tales acontecimientos han determinado «que los criterios de las ciencias forenses hayan ido teniéndose cada vez más en cuenta a la hora de dar contenido a las fases de recabar, custodiar y analizar las piezas de convicción».

Partiendo de la premisa anterior, la AP ofrece (FJ 2.º) una definición de la cadena de custodia —basada en la doctrina y jurisprudencia ya existente a la fecha de la citada sentencia—, en los siguientes términos:

«Desde que se recogen los vestigios relacionados con el delito y hasta que llegan a devenir pruebas en el momento del Juicio, debe garantizarse que 'aquello' sobre lo que recaerá la inmediación, publicidad y contradicción de las partes y el juicio del Tribunal, es lo 'lo mismo' que fue aprehendido, siendo precisamente la corrección de la cadena de custodia lo que satisface jurídicamente la garantía de la 'mismidad' de la prueba».

Especialmente relevante —como ya se ha mencionado— es la introducción del término *mismidad*, por parte de la AP de Barcelona, en relación con la corrección de la cadena de custodia. Y ello se debe a que se trata de la primera vez que este término es jurisprudencialmente reflejado en relación con la misma. La mismidad hace referencia a la garantía de que aquello sobre lo que recaerá la inmediación, publicidad y contradicción de las partes es lo mismo que fue aprehendido; siendo, por tanto, la corrección de la cadena de custodia lo que satisface jurídicamente la garantía de la mismidad de la prueba.

Finalmente, la AP de Barcelona introduce una definición propia (inferida de todo lo expuesto en la SAP), entendiéndola de la siguiente manera:

«La 'cadena de custodia' es el procedimiento documentado a través del cual se garantiza que lo examinado por el perito es lo mismo que se recogió en la escena del delito y que, dadas las precauciones que se han tomado (sea por la policía judicial, sea por los peritos, sea por el Juez) no es posible el error o la 'contaminación' y así es posible el juicio científico del perito que, tras su ratificación en Juicio, adquirirá el valor de prueba».

Seguidamente añade el Tribunal que «la vinculación de la cadena de custodia a la verosimilitud de la prueba, determina la vinculación de la actividad probatoria del proceso penal con los grandes principios que lo inspiran, de manera que sin verosimilitud de la prueba no puede hablarse siquiera formalmente de juicio justo o proceso con todas las garantías». Todo ello en relación con la jurisprudencia constitucional en materia de cadena de custodia.

Una vez delimitado el ámbito conceptual de la cadena de custodia, la AP de Barcelona procede a analizar el concreto desarrollo de la cadena de custodia en el asunto que le compete. Al respecto, el Tribunal sostiene que la poca diligente actuación del Centro Penitenciario impide la valoración de la prueba, al no haber quedado probada la corrección de la cadena de custodia. Por ende, sostiene que se «genera objetivamente en Derecho una duda razonable sobre la indemnidad de la cadena de custodia», lo que se traduce por una duda razonable acerca de la identidad de las sustancias aprehendidas y analizadas.

En definitiva, la ausencia de acreditación de la cadena de custodia implica la ruptura de la misma y, en consecuencia, impide garantizar que las sustancias aprehendidas y las analizadas sean las mismas, esto es, impide garantizar la mismidad de la prueba. Por lo que, no habiendo suficiente prueba de cargo válida, se atiende al principio *in dubio pro reo* y consecuente absolución del acusado.

1.1.2. Sentencia del Tribunal Supremo 1190/2009, de 3 de diciembre

La STS 1190/2009, de 3 de diciembre[167] es considerada por la doctrina procesalista y por la jurisprudencia como la sentencia precursora del término *mismidad* en relación con la figura de la cadena de custodia. No obstante, tal y como hemos visto en el apartado precedente, la introducción del término se debe a la SAP Barcelona 132/2009, de 25 de febrero. Ahora bien, a pesar de que la producción del término no pueda ser atribuida a la STS 1190/2019, sí puede atribuírsele el mérito —compartido, principalmente, con la STS 6/2010, de 27 de enero— de asentar y consolidar la utilización del término en la jurisprudencia en materia de cadena de custodia.

A pesar de no ser la primera sentencia —en términos generales— en introducir el término mismidad al tratamiento jurisprudencial de la cadena de custodia, sí es la primera referencia al mismo por parte de la jurisprudencia

---

167   STS 1190/2009, de 3 de diciembre, ECLI:ES:TS:2009:7710.

de Alto Tribunal. La STS 1190/2009 resuelve un recurso de apelación interpuesto contra la Sentencia de la Audiencia Provincial de Zaragoza de fecha 17 de marzo de 2009, que condenaba al recurrente por un delito de asesinato. La referida STS declara no haber lugar al recurso de casación y confirma la sentencia recurrida.

Es fundamental exponer el modo en que el TS define la cadena de custodia:

> «En relación a la cadena de custodia el problema que se plantea es garantizar que, dado que se recogen los vestigios relacionados con el delito hasta que llegan a concretarse como pruebas en el momento del juicio, aquello sobre lo que recaerá la inmediación, publicidad y contradicción de las partes y el juicio de lo juzgado es lo mismo. Es a través de la cadena de custodia como le (sic) satisface la garantía de la 'mismidad' de la prueba».

Como se puede observar, el término *mismidad* es introducido en idénticos términos a lo expresado por la AP de Barcelona en su SAP 132/2009, de 25 de febrero, de modo que se configura —nuevamente— como el concepto que da nombre a la identidad entre lo recogido, lo analizado y lo, finalmente, aportado al juicio oral como medio de prueba.

1.1.3. Sentencia del Tribunal Supremo 6/2010, de 27 de enero

La STS 6/2010, de 27 de enero[168] es la segunda referencia del Alto Tribunal en hacer uso del término *mismidad* en una resolución dictada en materia de cadena de custodia[169]. La citada STS se dicta al término de un proceso seguido por un delito contra la salud pública, en resolución del recurso de casación contra la SAP TF de 19 de diciembre de 2008.

Los hechos, declarados probados por la citada SAP TF, identifican a los recurrentes como coautores de un delito

---

168 STS 6/2010, de 27 de enero, ECLI:ES:TS:2010:542.

169 Es especialmente destacable la proximidad temporal entre ésta y la primera STS en introducir el término mismidad en relación con la cadena de custodia (la STS 1190/2009, de 3 de diciembre). También resulta de interés y conviene subrayarlo que ambas SSTS (1190/2009 y 6/2010) comparten Magistrado ponente (Juan Ramón Berdugo Gómez de la Torre).

contra la salud pública en su modalidad de tráfico de drogas. Todo ello en atención a los hechos narrados, en los que se expone cómo los acusados habían acordado transportar —en un doble fondo de la maleta de viaje— un paquete que contenía un total de 2516,80 gramos de cocaína. El referido paquete fue localizado por la patrulla policial en la terminal de pasajeros del puerto de Santa Cruz de Tenerife, lugar al que arribó uno de los acusados, procedente de Agaete. La participación del segundo acusado en los hechos se determinó tras comprobar las conversaciones mantenidas con el primero de ellos, en donde le proporcionaba indicaciones sobre la entrega de la droga.

Con la intención de invalidar la prueba de cargo aportada frente a sus representados, la defensa alega, como motivo de casación basado en el error en la apreciación de la prueba, la ruptura de la cadena de custodia —con la finalidad de obtener la consiguiente invalidez del primer análisis de la sustancia intervenida—.

El propio TS, al hacer referencia a la cadena de custodia, se remite a su STS 1190/2009, de 3 de diciembre, reproduciendo de forma esencialmente idéntica la definición ofrecida en aquella. De modo que, una vez más, la mismidad de la prueba se identifica con la identidad entre lo recogido, lo analizado y lo, finalmente, aportado al juicio oral como medio de prueba. En este sentido, el TS se mantiene constante al afirma que «es a través de la cadena de custodia como se satisface la garantía de la 'mismidad' de la prueba».

Finalmente, el TS sostiene que la cadena de custodia no quebró, en tanto que estuvo controlada por los organismos oficiales en todo momento. En concreto, por la policía judicial desde su ocupación y traslado hasta la Dependencia de Sanidad por el funcionario policial.

1.2. La tesis de la cadena de custodia como sistema formal de garantía

No se puede negar la relevancia de la tesis desarrollada por nuestro Alto Tribunal, según la cual la cadena de custodia constituye un sistema formal de garantía. Aunque no se alude directamente a ella de este modo hasta el año 2014[170], lo cierto es que el TS ha ido configurando la cadena de custodia en este sentido desde los inicios de su tratamiento y muy especialmente desde el año 2010.

Como hemos visto hasta ahora, el origen de la construcción jurisprudencial de la cadena de custodia responde a su introducción en el proceso como una necesaria respuesta a los continuos cuestionamientos de las defensas respecto de la identidad de la prueba pericial, circunstancia que exige una respuesta adecuada y motivada por parte de nuestros juzgados y tribunales, siendo precisamente de esta forma como la cadena de custodia se va introduciendo en nuestro ordenamiento jurídico.

Desde el momento en que se introdujo el término *cadena de custodia* en la jurisprudencia hasta el momento actual, nuestros tribunales han ido perfilando el término hasta alcanzar su actual consideración de figura jurídico-procesal independiente y vinculada, principalmente, al ámbito del proceso penal. La construcción jurisprudencial de la cadena de custodia, como hemos visto, se inicia en el ámbito del tráfico de drogas y, en concreto, en el terreno de la investigación policial de estos tipos delictivos. De esta forma, el término *cadena de custodia* es, en realidad, un término inicialmente empleado por la policía judicial[171] en la investigación de los

---

170 Conviene aclarar que ni siquiera se trata de una expresión iniciada por la Sala Segunda del TS, sino que se trata de una expresión que el TS hace suya pero que deriva del Fiscal de Sala y que el tribunal refleja en la 587/2014, de 18 de julio, ECLI:ES:TS:2014:3086, conocida por ser la sentencia del mediático caso Bretón. Muy rápidamente esta expresión fue utilizado a continuación por la AP de A Coruña, con ocasión de la SAP C 795/2014, de 30 de septiembre, ECLI:ES:APC:2014:2522.

171 Por parte de la doctrina se habla también de *cadena de custodia policial*, en tanto que son los funcionarios de la policía judicial (y especialmente la policía científica) los encargados de custodiar aquello que ha sido localizado durante la investigación policial de los presuntos hechos delictivos. FIGUEROA NAVARRO, C.: «El aseguramiento de las pruebas y la cadena de custodia», *La Ley Penal*, núm. 84, 2011. Al respecto y entre otras, la SAP CA 103/2003, de 7 de noviembre, ECLI:ES:APCA:2003:2005, hace referencia a la cadena de custodia en los siguientes términos: «lo que policialmente se denomina cadena de custodia», lo que evidencia sus orígenes policiales.

delitos de tráfico de drogas, con el que se hacía referencia a la sucesión de actos por los que transcurre la sustancia intervenida hasta ser analizada para determinar su condición, pesaje, pureza y riqueza de la droga[172], así como su posterior incorporación como medio de prueba al juicio oral.

Así, se introduce el término en el proceso penal partiendo de una concepción inicial muy vinculada a la fiabilidad de la prueba pericial que, no obstante, ha ido evolucionando a lo largo de los años hasta alcanzar una construcción más rigurosa de la figura de la cadena de custodia, la cual ya ha dejado atrás esta primera vinculación en exclusiva a la prueba pericial derivada de los análisis de drogas tóxicas, sustancias estupefacientes y psicotrópicas. En la actualidad, sin embargo, se puede concluir que actualmente el concepto jurisprudencial de la cadena de custodia es independiente a cualquier tipo delictivo, guardando relación con las fuentes de prueba y las diligencias de investigación con carácter general.

Habiéndose alcanzado a día de hoy una adecuada conceptualización en el plano jurisprudencial, podemos sostener que ésta se ha desarrollado en torno a su identificación como sistema formal de garantía. En suma, la cadena de custodia puede definirse como el «conjunto de actos que tiene por objeto la recogida, el traslado y la conservación de los indicios o vestigios obtenidos en el curso de una investigación criminal, debiéndose cumplir una serie de requisitos con el fin de asegurar la autenticidad, inalterabilidad e indemnidad de las fuentes de prueba. La integridad de la cadena de custodia garantiza que desde que se recogen los vestigios relacionados con el delito hasta que llegan a concretarse como pruebas en el momento del juicio, aquello sobre lo que recaerá el juicio del tribunal es lo mismo»[173]. Esto es, garantiza la mismidad de la prueba[174].

---

172 Por ejemplo, la SAP M 77/2003, de 29 de enero, ECLI:ES:APM:2003:1113.

173 Al respecto y entre otras, STS 201/2022, de 3 de marzo, ECLI:ES:TS:2022:918.

174 SSTS 1190/2009, de 3 de diciembre, ECLI:ES:TS:2009:7710; 6/2010, de 27 de enero, ECLI:ES:TS:2010:542.

Y, por consiguiente, se trata de un «sistema formal de garantía que tiene por finalidad dejar constancia de todas las actividades llevadas a cabo por cada una de las personas que se ponen en contacto con las evidencias»[175]. No siendo prueba en sí misma, «la infracción de la cadena de custodia afecta a lo que se denomina verosimilitud de la prueba pericial»[176].

Por tanto, de la construcción jurisprudencial de la cadena de custodia pueden derivarse las siguientes características: en primer lugar, es una figura de carácter instrumental[177] que no goza de valor probatorio, siendo su objetivo el de garantizar la mismidad de la fuente de prueba desde que es recogida hasta que es analizada; en segundo lugar, no siendo prueba en sí misma, se configura como un presupuesto de fiabilidad y no de validez y, por consiguiente, afecta a la llamada verosimilitud de la prueba[178]; en tercer lugar, y partiendo de la pre-

---

175 Al respecto, la SAP B 132/2009, de 25 de febrero, ECLI:ES:APB:2009:1719, recoge ciertas recomendaciones para la toma de muestras de drogas incautadas y, en relación con la cadena de custodia, se establecen unas pautas que deben regir el correcto desarrollo de la cadena de custodia y, entre ellas, cabe destacar la necesidad de informe detallado (en el caso concreto, se habla de «descripción, numeración, pesaje, embalaje, origen, características externas, apariencia, fotos, etc.», así como de «adoptar las medidas oportunas para garantizar la cadena de custodia en la transmisión de la sustancia o muestras»). Se manifiesta, por tanto, a través de ese *informe detallado* la necesidad de documentar los actos que integran la cadena de custodia, a fin de facilitar su posterior acreditación.

176 Así se recoge en la sentencia del famoso Caso Bretón, la STS 587/2014, de 18 de julio, ECLI:ES:TS:2014:3086; SAP TF 325/2014, de 7 de julio, ECLI:ES:APTF:2014:1112.

177 STS 1190/2009, de 3 de diciembre, ECLI:ES:TS:2009:7710; STS 129/2011, de 10 de marzo, ECLI:ES:TS:2011:1308; STS 1/2014, de 21 de enero, ECLI:ES:TS:2014:53; SAP V 310/2015, de 30 de marzo, ECLI:ES:APV:2015:1944; SAP GR 23/2018, de 26 de enero, ECLI:ES:APGR:2018:256; SAP AV 69/2022, de 2 de junio, ECLI:ES:APAV:2022:159.

178 SAP B 132/2009, de 25 de febrero, ECLI:ES:APB:2009:1719; SAP M 70/2011, de 14 de julio, ECLI:ES:APM:2011:9546; SAP BI 17/2013, de 20 de marzo, ECLI:ES:APBI:2013:2054; STS 777/2013, de 7 de octubre, ECLI:ES:TS:2013:5677; STS 726/2017, de 8 de noviembre, ECLI:ES:TS:2017:3957; STS 1026/2021, de 17 de marzo, ECLI:ES:TS:2021:978; entre otras.

misa de que la cadena de custodia se manifiesta como una sucesión de actos desde la obtención de la fuente de prueba y hasta su incorporación como prueba al juicio oral, nace el deber (subsanable) de documentación del recorrido seguido por la fuente de prueba[179]; y, en último término, la irregularidad de la cadena de custodia no implica, por sí misma, ni vulneración de DDFF ni ilicitud de la prueba[180].

1.2.1. Sentencia del Tribunal Supremo 1045/2011, de 14 de octubre

La STS 1045/2011, de 14 de octubre[181] resuelve un recurso de casación, por infracción de Ley y vulneración de precepto constitucional, contra la SAP TF de fecha 5 de diciembre de 2010 que condenó al acusado como autor penalmente responsable de un delito continuado de usurpación del estado civil, de dos delitos continuados de abusos sexuales, de tres delitos contra la intimidad personal y de una falta continuada de estafa.

En relación con lo visto anteriormente, entiende el TS que el problema que plantea la cadena de custodia es garantizar que desde que se recogen los vestigios relacionados con el delito hasta que llegan a concretarse como pruebas en el momento del juicio, aquello sobre lo que recaerá la

---

179 Al respecto, la SAP B 132/2009, de 25 de febrero, ECLI:ES:APB:2009:1719, recoge ciertas recomendaciones para la toma de muestras de drogas incautadas y, en relación con la cadena de custodia, se establecen unas pautas que deben regir el correcto desarrollo de la cadena de custodia y, entre ellas, cabe destacar la necesidad de informe detallado (en el caso concreto, se habla de «descripción, numeración, pesaje, embalaje, origen, características externas, apariencia, fotos, etc.», así como de «adoptar las medidas oportunas para garantizar la cadena de custodia en la transmisión de la sustancia o muestras»). Se manifiesta, por tanto, a través de ese *informe detallado* la necesidad de documentar los actos que integran la cadena de custodia, a fin de facilitar su posterior acreditación.

180 Al respecto, resulta muy ilustrativa la STS 587/2014, de 18 de julio, ECLI:ES:TS:2014:3086, entre otras, donde se recogen las consecuencias que pueden derivarse de la ruptura de la cadena de custodia, en función de la gravedad de las irregularidades producidas en la misma.

181 STS 1045/2011, de 14 de octubre, ECLI:ES:TS:2011:6858.

150

inmediación, publicidad y contradicción de las partes y el juicio del tribunal es lo mismo; es decir, es necesario tener la seguridad de que lo que se traslada, analiza o, en este caso, se visiona, es lo mismo en todo momento, desde que se interviene hasta el momento final que se estudia y analiza. De esta forma, deben examinarse los momentos de recogida, custodia y examen de las piezas de convicción o cuerpo u objeto del delito a efectos de determinar la corrección de la cadena de custodia.

Sin duda, muchas de las características propias de la cadena de custodia aparecen reflejadas la STS 1045/2011. Y ello no debe resultar sorprendente: es consecuencia de la evolución sufrida a nivel jurisprudencial. Indudablemente, en el año 2011 el TS ya había delimitado gran parte de los elementos configuradores de la cadena de custodia.

En concreto, las diversas cuestiones de interés que refleja la citada STS, se exponen a continuación.

En primer lugar, se alude a la presunción de veracidad inherente a la cadena de custodia en nuestro ordenamiento jurídico y, en concreto, para la impugnación de la misma se exige efectuarla en base a motivos justificados. Al hilo de esto, el TS expone que debe exigirse prueba de manipulación efectiva[182].

---

182 Circunstancia que ha sido exigida, también, en las siguientes: SAP ML 30/2013, de 16 de mayo, ECLI:ES:APML:2013:95; STS 714/2016, de 26 de septiembre, ECLI:ES:TS:2016:4171, sentencia que alude a la Orden/JUS/1291/2010 en relación con la presencia de defectos en el proceso de custodia, en relación con las formalidades recogidas en la citada Orden del Ministerio de Justicia, sosteniendo el TS que esta circunstancia no puede significar, por sí sola, la ruptura de la cadena de custodia; SAP IB 252/2017, de 12 de junio, ECLI:ES:APIB:2017:1086; STSJ CV 22/2017, de 6 de julio, ECLI:ES:TSJCV:2017:8185; STSJ CV 23/2017, de 10 de julio, ECLI:ES:TSJCV:2017:9084; STSJ CAT 41/2018, de 22 de mayo, ECLI:ES:TSJCAT:2018:4971; SAP B de 28 de diciembre de 2018, ECLI:ES:APB:2018:15267; SAP PO 147/2019, de 29 de abril, ECLI:ES:APPO:2019:1087; SAP M 190/2020, de 18 de mayo, ECLI:ES:APM:2020:5337; STSJ BAL 25/2020, de 29 de julio, ECLI:ES:TSJBAL:2020:629.

En segundo lugar, afirma el TS que la irregularidad en la cadena de custodia no constituye por sí sola vulneración de derecho fundamental alguno, enfatizando el carácter instrumental de la misma[183].

En tercer lugar, incorpora una definición detallada de lo que se entiende por cadena de custodia, así como delimita el concepto de cuerpo del delito en relación con la misma.

1.2.2. Sentencia de la Audiencia Provincial de León 541/2017, de 12 de diciembre

Sirva de ejemplo la SAP LE 541/2017, de 12 de diciembre[184], para ilustrar cómo las AAPP ya están siguiendo la doctrina jurisprudencial del TS en relación con la cadena de custodia. En la citada SAP, se siguen las mismas líneas expuestas anteriormente en relación con la tesis del TS según la cual la cadena de custodia es un sistema formal de garantía.

En primer lugar, sostiene la AP que la continuidad de la cadena de custodia garantiza que «desde que se recogen los vestigios relacionados con el delito hasta que llegan a concretarse como pruebas en el momento del juicio, aquello sobre lo que recaerá la inmediación, publicidad y contradicción de las partes y el juicio de los juzgadores es lo mismo. Es a través de la corrección de la cadena de custodia como se satisface la garantía de univocidad de la prueba». Si bien alude a la univocidad de la prueba, lo cierto es que está haciendo referencia a la mismidad de la misma, tal y como expone unas líneas más arriba: «lo mismo».

Asimismo, la doctrina jurisprudencial ha reiterado en numerosas ocasiones y la AP de León insiste en ello:

> «La cadena de custodia es una figura tomada de la realidad a la que tiñe de valor jurídico con el fin en su caso, identificar en todo la unidad de la sustancia estupefaciente, pues al tener que pasar por distintos lugares para que se verifiquen los correspondientes exámenes, es necesario tener la completa seguridad de lo que se traslada, lo que se mide, lo que se pesa y lo que se analiza es lo

---

183 STS 241/2024, de 13 de marzo, ECLI:ES:TS:2024:1342.
184 SAP LE 541/2017, de 12 de diciembre, ECLI:ES:APLE:2017:1387.

mismo en todo momento, desde el instante mismo en que recoge del lugar del delito hasta el momento final en que se estudia y destruye».

En este sentido, la citada SAP recoge las siguientes consecuencias:

«Indudablemente es exigible con la legalidad procesal vigente asegurar y documentar la regularidad de la cadena para garantizar la autenticidad e inalterabilidad de la fuente de prueba. Cuando se comprueban deficiencias en la secuencia que despiertan dudas razonables, habrá que prescindir de esa prueba, no porque el incumplimiento de alguno de esos medios legales de garantía la convierta en nula, sino porque su autenticidad queda cuestionada.

No se pueden confundir los dos planos de la irregularidad en los protocolos establecidos como garantía para la cadena de custodia y nulidad de un medio de averiguación para surtir prueba en juicio. Habrá que valorar si esa irregularidad es idónea para despertar dudas sobre la autenticidad o indemnidad de la fuente de prueba. Ese es el alcance que se atribuía a la regularidad de la cadena de custodia».

1.3. El desarrollo jurisprudencial sobre las consecuencias de la ruptura de la cadena de custodia: la sentencia del Tribunal Supremo 587/2014, de 18 de julio

1.3.1. Aspectos esenciales de la cadena de custodia en la Sentencia del Tribunal Supremo 587/2014, de 18 de julio

La STS 587/2014, de 18 de julio[185] es una de las sentencias clave de nuestro TS en el desarrollo jurisprudencial de la cadena de custodia. Esta sentencia resuelve el conocido caso Bretón[186]: un caso de violencia vicaria en el que el acusado (José Bretón Gómez) asesinaría a sus dos hijos meno-

---

185 STS 587/2014, de 18 de julio, ECLI:ES:TS:2014:3086.

186 DOLZ LAGO, M. J.: «Caso Bretón: asesinato de sus hijos en Córdoba y simulación de delito», *Diario la Ley*, núm. 8389, 2014; RICHARD GONZÁLEZ, M.: «Reflexiones sobre la práctica y valor de la prueba científica en el proceso penal (a propósito del asunto de los niños desaparecidos en Córdoba)», *Diario la Ley*, núm. 7930, 2012.

res (Ruth y José, de seis y dos años, respectivamente)[187]. La citada STS 587/2014 confirma la STSJ Andalucía 35/2013, de 5 de noviembre, sentencia que, a su vez, es desestimatoria del recurso de apelación entablado contra la SAP Córdoba, Sección Tercera, de 22 de julio de 2013 (sentencia de instancia del caso Bretón).

De forma previa a entrar en el análisis procesal que aquí interesa —el relativo al tratamiento jurisprudencial de la cadena de custodia—, se procederá a resumir brevemente los hechos probados que contiene la SAP derivada del Caso Bretón (hechos que reproduce en forma idéntica la STS 587/2014). De acuerdo con el veredicto del Jurado, se han declarado probados una serie de hechos que, en síntesis, se corresponden con los que se relatarán a continuación.

El día 8 de octubre de 2011, el acusado —a quien le correspondía la visita de sus dos hijos menores—, y tras haber efectuado una serie de preparativos previos (adquirió unos medicamentos tranquilizantes que le habían sido recetados por un médico psiquiatra; hizo acopio de leña en una parcela familiar —lugar donde se producirían los hechos— y adquirió durante los días previos un total de 271,11 litros de gasoil), suministró a sus dos hijos un número indeterminado de pastillas tranquilizantes «para facilitar su adormecimiento total y/o su muerte», mientras se dirigía con ellos a la finca familiar. Una vez allí, preparó «una especie de pira funeraria cuyos elementos esenciales ya tenía dispuestos» en un lugar que no era visible desde el exterior, y donde colocó los cuerpos de sus dos hijos menores (sin que se haya podido comprobar si todavía se mantenían con vida o no) para, finalmente, prender «una gran hoguera que avivó rápidamente gracias al uso de leña —unos 250 kilogramos— y gasoil —alrededor de 80 litros—». Esta hoguera «llegó a

---

187   La citada STS 587/2014 resuelve el recurso de casación interpuesto por la representación procesal de José Bretón contra la STSJ AND 35/2013, de 5 noviembre, ECLI:ES:TSJAND:2013:13960, que, a su vez, resolvía el recurso de apelación interpuesto contra la SAP CO de 22 de julio de 2013, Rollo Tribunal del Jurado 1/2013. En ambas sentencias la defensa de José Bretón pone el acento en la ruptura de la cadena de custodia de los restos óseos localizados junto a la hoguera de la finca familiar.

alcanzar temperaturas de hasta 1.200 grados centígrados, logrando un efecto similar a un horno crematorio».

El acusado permaneció durante varias horas junto a la hoguera, asegurando la elevada temperatura de la misma, con la finalidad de alcanzar, de esa forma, «la total calcinación y desaparición de los cuerpos de sus hijos». Tal y como expone la STS, «ante la magnitud de la temperatura, las partes blandas de los cuerpos de los citados niños desaparecieron rápidamente, quedando únicamente unos restos óseos». De esta forma, el acusado terminó con la vida de sus dos hijos.

A continuación de los hechos relatados anteriormente, el acusado simuló la desaparición de sus dos hijos a través de llamadas tanto a familiares como a los servicios de emergencias y llegando a presentar una denuncia ante la Policía Nacional.

Durante las investigaciones realizadas, los restos óseos y dentarios fueron localizados en la hoguera de la finca familiar donde ocurrieron los hechos. Tras los correspondientes informes forenses se determinó que los restos óseos pertenecen a los cuerpos de dos niños de seis y dos años de edad.

Finalmente, la AP de Córdoba, en su sentencia de 22 de julio de 2013, condenaba a José Bretón como autor de dos delitos de asesinato y como autor un delito de simulación de delito. Tal y como se ha dicho líneas arriba, esta sentencia fue confirmada por la sentencia núm. 35/2013, dictada con fecha 5 de noviembre de 2013 por la Sala de lo Civil y lo Penal del TSJ de Andalucía, habiendo sido recurrida esta última (y posteriormente confirmada) en casación ante el TS.

Los motivos de casación —catorce, en su totalidad— alegados por la representación procesal de José Bretón pueden sintetizarse en los siguientes: en primer lugar, diversos motivos por infracción de precepto constitucional, alegando la vulneración de los DDFF a la presunción de inocencia, a la tutela judicial efectiva y a un proceso público con todas las garantías consagrados en los arts. 24.1 y 24.2 CE; la vulneración del principio de interdicción de la arbitrariedad del art. 9.3. CE; la vulneración del derecho a la inviolabilidad del domicilio del art. 18.2 CE; la vulneración del art. 117.1 CE en relación con la independencia de Jueces y Tribunales; por quebrantamiento de forma, en atención a los arts. 850.3 y 850.4 LECrim —por la actuación del Magistrado Presidente al desestimar preguntar de la defensa e impedir la contestación de preguntas pertinentes por parte de testigos— y en base al art. 849.2 LECrim —por error en la apreciación de la prueba—; y, finalmente, por infracción de ley, por aplicación indebida de los arts. 139.1, 457 y 109 CP.

En este punto, se puede afirmar que la STS 587/2014 proporciona varias soluciones a los interrogantes que se plantean respecto a la cadena de custodia, recogiendo de forma muy detallada todas aquellas características actuales de la misma, las cuales han ido desarrollándose jurisprudencialmente a lo largo de los años. Por ello, para el análisis de las cuestiones procesales de la STS 587/2014, nos centraremos en aquellas cuestiones relacionadas con la materia que aquí nos concierne: la cadena de custodia.

Partimos de la premisa alegada por la parte recurrente y que se refiere, en concreto, a la idea de que los restos óseos obtenidos y analizados en el curso de la investigación no constituyen prueba constitucionalmente válida. En este sentido, conviene subrayar que el análisis pericial de los restos óseos constituye la principal prueba de cargo del concreto proceso seguido contra José Bretón.

Entiende la parte recurrente que la obtención de los restos óseos «no se llevó a cabo con regularidad procesal, ni accedió lícitamente al juicio», sosteniendo que, en consecuencia, tampoco son válidas todas aquellas pruebas que derivan de los mismos. Esto es, cuestiona la validez de los informes periciales derivados del análisis de los restos óseos. Insiste la parte recurrente en que la introducción en plenario de dichas pruebas para su valoración ha sido «el desenlace de toda una serie de cadena de quebrantos que no constituyen sólo meras irregularidades procesales salvables a través de manifestaciones en juicio de testigos y peritos».

Llama especialmente la atención el empleo de la expresión «cadena de quebrantos», como contrapunto a la cadena de custodia, circunstancia que se observa no solo en las afirmaciones anteriormente citadas sino también en las siguientes: «Además ha sido irracionalmente valorada a través de una inferencia tan alejada de la lógica y de las máximas de experiencia en el sentido común que, en modo alguno, puede sustentar una convicción sobre la mismidad de la prueba, que cercena la presunción de inocencia».

Recurrir a la expresión «cadena de quebrantos» otorga una cierta dimensión de mayor calado en la irregularidad de la cadena de custodia, en tanto que pretende enfatizar la falta de corrección en la cadena de custodia, sustituyendo el término *custodia* —esto es, el aseguramiento y conservación— por el de *quebrantos*, haciendo referencia, de esta forma, a la continua ausencia de regularidad en el desarrollo de la misma. La alusión a la mismidad de la prueba avala la referencia directa a la cadena de custodia —recordemos que, desde los años 2009/2010 el término mismidad se viene empleando como un elemento caracterizador de la cadena de custodia[188]—.

Otra circunstancia a tener en cuenta es la vinculación que la parte recurrente efectúa entre la ausencia de garantía en la mismidad de la prueba y la posible vulneración del derecho fundamental a la presunción de inocencia. Ello es una muestra más de la intencionalidad de las defensas de relacionar la ruptura de la cadena de custodia con la vulneración de DDFF que, en consecuencia, permitan la exclusión, sin ningún tipo de reservas, de la prueba obtenida.

Volviendo a las argumentaciones ofrecidas por la parte recurrente, no cabe duda de que ya en este primer momento centra parte de sus argumentaciones en una cadena de custodia irregular —aun cuando todavía no haya empleado el concreto término de *cadena de custodia*— que no puede, desde su punto de vista, garantizar la identidad e integridad de la prueba.

---

188 Todo ello gracias a la SAP B 132/2009, de 25 de febrero; y las STS 1190/2009, de 3 de diciembre, y STS 6/2010, de 27 de enero; siendo éstas las precursoras en el uso del término mismidad en materia de cadena de custodia, tal y como se ha dicho anteriormente.

Tal y como expone el TS, la parte recurrente «centra su atención en los momentos iniciales de la investigación, en la hoguera en la que se recogió la principal prueba de cargo contra el recurrente, los restos óseos» atribuidos a los dos niños asesinados. A tal efecto, la defensa alude «a la total y absoluta ausencia de vigilancia» de la hoguera «durante las primeras 24 horas de investigación, así como a la alteración y manipulación que la hoguera sufrió previamente a la recogida de dichos restos óseos», todo ello en relación con la cadena de custodia[189].

La defensa alude a una ruptura objetiva de la cadena de custodia «en su mismísima raíz», esto es, desde los momentos iniciales de la investigación. Y ello en virtud de la ausencia de control de la hoguera durante las primeras 24 horas de la investigación, tal y como se manifestó en líneas anteriores, lo que —en opinión de la parte recurrente— plantea dudas fundadas sobre la verdadera existencia de los restos óseos «en el momento en que se realizaron las pesquisas iniciales», todo ello teniendo en cuenta que no fueron apreciados en la primera inspección de la hoguera. Insiste la defensa en que la ruptura de la cadena de custodia puede apreciarse, además, a través de diversos errores acontecidos durante la investigación de los hechos[190] que revelan la «la manipulación y desplazamiento de los restos» óseos, lo que enfatiza «la idea que anima el recurso, esto es, la de la ilicitud pro-

---

189   En este punto, la parte recurrente reprocha tanto a la Sala de lo Civil y Penal del TSJ de Andalucía como al Magistrado-Presidente encargado de redactar la sentencia de la AP de Córdoba (resultado directo del veredicto del Tribunal Jurado), por las respectivas resoluciones ofrecidas a las alegaciones sobre la cadena de custodia, vertidas en instancias anteriores, y que reitera en el recurso de casación interpuesto ante el TS.

190   En relación con la existencia de estos errores en la investigación, la defensa argumenta que varios objetos presentes en el lugar de los hechos mantienen posiciones distintas en las diversas imágenes fotográficas examinadas; sostiene la relevancia de las diferencias horarias mantenidas «entre los agentes y la Secretaria Judicial respecto del momento en que se llevaron a la práctica las diligencias iniciales»; «las pisadas que reflejan las fotografías de la hoguera» y «la manipulación y desplazamiento de los restos».

batoria». Concluye, de esta forma, que la principal prueba de cargo «es nula de pleno derecho, ilícita e ilegal, y jamás debería haber sido valorada por el Jurado».

La línea seguida por la defensa —respecto a la necesidad de mantener un control del lugar de los hechos desde el momento de comisión del delito—, en palabras del Tribunal, «carece de toda fuerza persuasoria» y «de apoyo normativo». Expone el TS, además, que «la experiencia indica que son muchos los casos en los que el análisis de los restos materiales o biológicos que se encuentran en el escenario del crimen tiene lugar meses —en algunos casos, años— después de que el delito se haya cometido». Asimismo, en el concreto caso analizado, «fue a raíz de la segunda inspección ocular, practicada horas después, cuando se detectaron vestigios de interés para la investigación y se establecieron los correspondientes controles para delimitar el perímetro».

La idea expuesta por la defensa de José Bretón en su recurso de casación, muestra de forma clara e inequívoca la intencionalidad de vincular cadena de custodia y prueba prohibida. En concreto, al expresar que aquellas circunstancias «expresivas de esa ruptura en las garantías de la custodia de los restos óseos que tanto relieve probatorio han tenido en la condena del recurrente (...) abonan la idea que anima el recurso, esto es, la ilicitud probatoria».

A pesar de lo argumentado por la defensa, la Sala Segunda del TS se muestra contundente al rechazar los motivos argüidos por el recurrente[191] y sostiene que «ninguna de las dudas que la defensa pretende arrojar sobre la cadena de custodia

---

191 En este sentido y en palabras del TS: «El acusado no ha visto limitadas sus posibilidades de alegación y prueba. El principio de contradicción ha inspirado todas las fases del proceso. Ha contado con una doble vía de impugnación de la decisión del Jurado —apelación y casación— en la que ha podido argumentar sin cortapisas las razones de su discrepancia con los fundamentos fácticos y jurídicos de la condena. No ha existido, desde luego, ninguna ilicitud probatoria que obligara a excluir las pruebas construidas a partir de los restos hallados en la finca de *Las Quemadas*. Tampoco constatamos una valoración irracional o extravagante de la fiabilidad de unas pruebas que, a juicio de la defensa, nunca debieron haberse integrado en el caudal probatorio».

conducen a la ilicitud probatoria». Ahora bien, el TS pone de relieve la posibilidad de que la ruptura de la cadena de custodia pueda ejercer cierta influencia en la vulneración de DDFF (en concreto, de los derechos a un proceso con todas las garantías y a la presunción de inocencia). En cualquier caso, entiende «imprescindible descartar la posibilidad de que la falta de control administrativo o jurisdiccional sobre las piezas de convicción del delito pueda generar un equívoco acerca de qué fue lo realmente analizado», sosteniendo que «lo contrario podría implicar una más que visible quiebra de los principios que definen el derecho a un proceso con todas las garantías».

En cualquier caso, el TS establece un sistema gradual de irregularidades con unas consecuencias jurídicas concretas en función de la gravedad de las irregularidades, y que habrán de ser valoradas en relación con la cadena de custodia. Así las cosas, habrá que valorar si la irregularidad presente en el desarrollo de la cadena de custodia «es idónea para despertar dudas sobre la autenticidad o indemnidad de la fuente de prueba». De este modo, se subraya uno de los caracteres fundamentales de la cadena de custodia: «no es una cuestión de nulidad o inutilizabilidad, sino de fiabilidad»[192] o verosimilitud de la prueba.

En este punto, la Sala Segunda del TS introduce una definición de cadena de custodia (haciendo suyas las palabras del Fiscal), definiéndola en los siguientes términos:

> «La cadena de custodia constituye un sistema formal de garantía que tiene por finalidad dejar constancia de todas las actividades llevadas a cabo por cada una de las personas que se ponen en contacto con las evidencias. De ese modo la cadena de custodia sirve de garantía formal de la autenticidad e indemnidad de la prueba pericial. No es prueba en sí misma. La infracción de la cadena de custodia afecta a lo que se denomina verosimilitud *de la prueba pericial* y, en consecuencia, a su legitimidad y validez para servir de prueba de cargo en el proceso penal. Por ello la cadena de custodia constituye una garantía de que las evidencias

---

192 STS 195/2014, de 3 de marzo, ECLI:ES:TS:2014:1349; STS 506/2012, de 11 de junio, ECLI:ES:TS:2012:4544, y STS 884/2012, de 8 de noviembre, ECLI:ES:TS:2012:8293, citadas por el propio TS en la STS analizada.

que se analizan y cuyos resultados se contienen en el dictamen pericial son las mismas que se recogieron durante la investigación criminal, de modo que no existan dudas sobre el objeto de dicha prueba pericial. A este respecto resulta evidente la relación entre la cadena de custodia y la prueba pericial, por cuanto la validez de los resultados de la pericia depende de la garantía sobre la procedencia y contenido de lo que es objeto de análisis».

La definición aportada contiene varios de los puntos esenciales de la cadena de custodia que, en la actualidad, han germinado tanto a nivel jurisprudencial como doctrinal. Al respecto, conviene subrayar la idea de la cadena de custodia como sistema formal de garantía que, no siendo prueba en sí misma, sirve de garantía formal de la autenticidad e indemnidad de la prueba, identificándose como una cuestión vinculada a la llamada verosimilitud de la prueba y no a su licitud.

A pesar de la presencia de ciertos elementos esenciales de la cadena de custodia, lo cierto es que la definición ofrecida por la Sala Segunda del TS también adolece de ciertos inconvenientes. Así, la vinculación entre cadena de custodia y prueba pericial es, en mi opinión, desacertada. Ciertamente en el caso Bretón se está analizando la cadena de custodia en relación con una prueba pericial —los análisis de los restos óseos localizados en el lugar de los hechos— y éste pudiera ser el motivo por el que el TS establece esta vinculación entre la figura de la cadena de custodia y la validez de la prueba pericial. No es ésa la imagen que ofrece, no obstante, pareciendo que tal vinculación se efectúa de una manera generalizada —así parece manifestarse al establecer tan vinculación en el momento en el que ofrecen una definición de la cadena de custodia, con carácter general—.

1.3.2. El desarrollo jurisprudencial de un sistema gradual de irregularidades en la cadena de custodia en la Sentencia del Tribunal Supremo 587/2014, de 18 de julio

A lo largo de la sentencia analizada de lo que se trata es de dilucidar si se ha producido o no quebranto de la cadena de custodia de las piezas de convicción, por lo que el TS ofrece diversas respuestas acerca de los requisitos que sostienen la regularidad de la cadena de custodia, así como las consecuencias que se producen por la ruptura de la misma.

En primer lugar, si bien la Sala admite que la ruptura de la cadena de custodia puede tener influencia en la vulneración de los DDFF a un proceso con todas las garantías y a la presunción de inocencia —tal y como se ha expuesto en el punto precedente—, rechaza, no obstante, la idea de que la ausencia de control administrativo o jurisdiccional sobre las piezas de convicción del delito genere, por sí solo, dudas respecto a la identidad de lo que ha sido analizado por los expertos.

Se insiste, en efecto, en que la irregularidad en la cadena de custodia no equivale a nulidad, sino que se debe valorar si dicha irregularidad es «idónea para despertar dudas sobre la autenticidad o indemnidad de la fuente de prueba». Por tanto, se acepta la posibilidad de injerencia en los DDFF de contenido procesal de las personas afectadas, si bien para ello habrá que atender a la entidad de las irregularidades producidas durante el desarrollo de la cadena de custodia.

Por tanto, la infracción de la cadena de custodia afecta a la llamada verosimilitud de la prueba y, en consecuencia, a su legitimidad y validez para servir de prueba de cargo en el proceso penal. Por ello la cadena de custodia constituye una garantía de que las evidencias que se analizan y cuyos resultados se contienen en el dictamen pericial son las mismas que se recogieron durante la investigación criminal, esto es, constituye una garantía de la mismidad de la prueba.

En segundo lugar, se insiste en que la integridad de la cadena de custodia no puede supeditarse al estricto cumplimiento de normas reglamentarias, tales como los protocolos de actuación policiales[193] o de los institutos encargados de

---

193 El, y respecto al debido control judicial de las muestras, se manifiesta en los siguientes términos: «En cuanto a la ruptura de la cadena de custodia, conviene señalar que su efecto sobre el valor probatorio solo surge cuando se acredita que existe un lapso de tiempo, más o menos largo, en el que los efectos o instrumentos del delito (en este caso la droga) han estado fuera del control policial o judicial, lo que pudiera crear dudas sobre la realidad e identidad de los objetos intervenidos y

efectuar los análisis científicos, como el Instituto Nacional de Toxicología y Ciencias Forenses. La Sala indica que la nulidad probatoria no puede hacerse depender del cumplimiento de una norma reglamentaria, pues tales normas, por su propia naturaleza, en ningún caso son determinantes de la validez o nulidad de los actos procesales de la prueba.

En este sentido, el TS insiste en que el distanciamiento de los requerimientos formales exigidos por los protocolos policiales en la obtención de las piezas de convicción no conduce de forma necesaria a la nulidad de los informes periciales elaborados a partir de esas piezas.

Es indudable que el respeto a las normas contenidas en los protocolos de actuación contribuye al buen desarrollo de los análisis y al mantenimiento de la cadena de custodia, no obstante, la infracción de alguna de las previsiones no puede resolverse de forma irremediable a la nulidad probatoria. Esa norma reglamentaria impone uniformidad en las labores administrativas de recogida, envío de muestras, pero no tiene por objeto integrar el régimen de nulidades probatorias.

---

los que se exhiben como pieza de convicción o elemento probatorio. Los protocolos de actuación que responden incluso a «estándares» internacionales, se preocupan de acreditar de forma indubitada que desde que se ocupa la droga por la policía o servicios de investigación, hasta que se entrega a los laboratorios oficiales para su análisis y pesaje, se tiene constancia de su existencia, lugar en que se deposita, autoridades que la custodia y pasos sucesivos que se dan hasta que llega a los organismos científicos.

Hemos de dejar sentadas, desde este momento inicial, dos precisiones de importancia indudable, a saber, que la irregularidad de la cadena de custodia, de ser ese el caso, no constituye, de por sí, vulneración de derecho fundamental alguno, que tan sólo vendría dado por el hecho de admitir y dar valor a una prueba que se hubiera producido sin respetar las garantías esenciales del procedimiento y, especialmente, el derecho de defensa; y, en segundo lugar, que las "formas" que han de respetarse en las tareas de ocupación, conservación, manipulación, transporte y entrega en el laboratorio de destino de la sustancia objeto de examen, que es el proceso al que con propiedad denominamos genéricamente "cadena de custodia", no tiene sino un carácter meramente instrumental, es decir, que tan sólo sirve para garantizar que la analizada es la misma e íntegra materia ocupada, generalmente, al inicio de las actuaciones (STS 838/2013, de 12 de noviembre, ECLI:ES:TS:2013:5418, entre otras)».

En tercer lugar, respecto a la necesidad de documentación de los actos que integran la cadena de custodia, tampoco se puede vincular su incumplimiento con la invalidez de la prueba[194]. Este requisito puede ser subsanado mediante la declaración en sala de los implicados en los actos que configuran la cadena de custodia. La conclusión acerca de la integridad de la prueba tampoco puede descansar de forma incondicional en la opinión de los peritos, sino que cuando se produce una infracción menor en el cumplimiento de documentación de los actos que integran la cadena de custodia, la declaración de los peritos es capaz para colmar las lagunas procedentes de la falta de documentación.

Así, la garantía sobre la mismidad de las piezas de convicción no puede vincularse exclusivamente en ciertas formalidades[195], aludiendo a omisiones formales para desvir-

---

194 En relación con la necesidad de documentar los actos que integran la cadena de custodia, cabe resaltar la STC 170/2003, de 29 de septiembre, donde la prueba debe ser rechazada debido a un error en la documentación. No obstante, no se trata aquí de meras defectos formales o pequeñas lagunas a la hora de documentar los actos de la cadena de custodia, sino que el error se produce cuando, al intervenir una cantidad elevada de CD's a varios investigados, no se procede a identificar a quién pertenecía cada uno de ellos, realizándose una atribución indiscriminada posteriormente. En este caso, es evidente que el error en la documentación es lo suficientemente grave para impedir la validez de las pruebas.

195 La STS 90/2021, de 3 de febrero, ECLI:ES:TS:2021:319, también en materia de tráfico de drogas, recoge lo siguiente: «Cuando se denuncia la ruptura de la cadena de custodia, ha de aportarse los datos objetivos que racionalmente puedan llevar a esa convicción, argumentando con datos que fundamenten la denuncia» (y lo vincula a una sentencia anterior del mismo TS, de fecha de 22 de enero 2019). El TS, en su STS, entiende que «la irregularidad de la cadena de custodia no supone por sí misma vulneración de derecho fundamental alguno. En el planteamiento de la irregularidad de la cadena de custodia no vale partir de una presunción en contra de su irregularidad, si no que se precisa al menos de algún indicio que apunte en este sentido». No se puede alegar irregularidad en la cadena de custodia por alegar, sin argumentación alguna que despierte la duda en cuanto a la regularidad de la misma. Las defensas se tienen que trabajar sus recursos alegando irregularidad, deben probar la irregularidad. Inversión de la carga de la prueba. En esta STS se aprecia ya una gran evolución en la consideración jurídica de la cadena de custodia. Se trata de una STS del año 2021, por lo que recoge

tuar la cadena de custodia, sino que puede obtenerse a partir de otros datos.

Finalmente, también se pone de manifiesto la necesidad de que la alegación de la ruptura de la cadena de custodia se efectúe desde el primer momento en que se tiene oportunidad para ello[196], de modo que no es admisible que dicha ruptura sea alegada inicialmente en casación.

1.4. El estado actual: algunos datos

A modo de resumen de lo analizado en las páginas precedentes, a lo largo de las siguientes se expondrán una serie de datos con la finalidad de mostrar una visión más nítida del camino evolutivo que ha seguido la figura de la cadena de custodia desde sus inicios hasta la actualidad, a nivel jurisprudencial.

A continuación se refleja el innegable crecimiento que ha experimentado la presencia de la cadena de custodia en la jurisprudencia de nuestros juzgados y tribunales, desde su primera aparición en el año 1998 hasta el pasado año 2023[197]:

---

la concepción actual de esta figura y delimita de forma más clara qué se identifica con la cadena de custodia, cuáles son las razones para poder aceptar la irregularidad de la cadena de custodia y sus efectos en la prueba.

196   En la STS 46/2021, de 21 de enero, ECLI:ES:TS:2021:38, la parte recurrente alega alteración de la cadena de custodia. El TS no entra a valorar dicho aspecto, ya que estos planteamientos han sido obviados en recurso de apelación. Por lo que, tratándose de cuestiones nuevas traídas ahora al proceso y sobre las que no hubo alegaciones en instancias anteriores, éstas no pueden ser analizadas por primera vez en casación. Lo cual, en palabras del alto tribunal, conduce directamente a su desestimación. Necesidad de que la ruptura de la cadena de custodia sea alegada en instancias anteriores para que el TS pueda pronunciarse al respecto, en caso contrario, se debe desestimar de forma directa el motivo en el que se alega la posible ruptura de la cadena de custodia. La ruptura de la cadena de custodia debe ser alegada en instancias anteriores al TS.

197   Se ha decidido deliberadamente excluir los datos disponibles —hasta el momento— respecto del año en curso, pues queremos reflejar la tendencia jurisprudencial y la introducción de los resultados de una anualidad incompleta implicaría una representación parcial de la realidad.

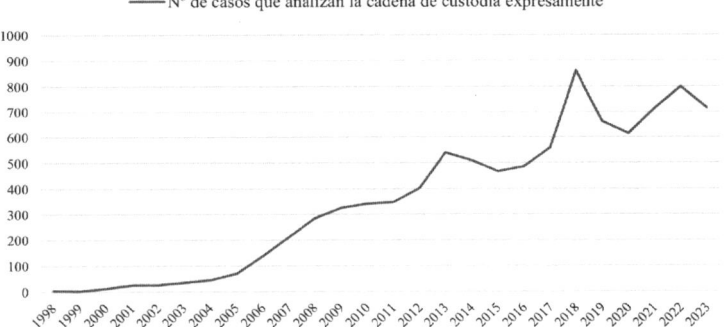

Figura 1. Fuente: elaboración propia. Datos extraídos de la base de datos CENDOJ[198].

De lo reflejado en la figura anterior, son varias las conclusiones que se desprenden.

En primer lugar, se puede observar —en líneas generales— que la tendencia en el uso del término ha ido incrementándose considerablemente desde sus inicios hasta la actualidad. Aunque el número concreto de resoluciones en las que se analiza alguna cuestión jurídica derivada de la cadena de custodia no es relevante en sí mismo, plasma un hito esencial: la consolidación de la cadena de custodia como figura jurídica.

---

198 Todo ello en relación con el análisis jurisprudencial efectuado en las páginas precedentes. Para la elaboración de esta gráfica se han empleado únicamente los datos extraídos de la base de datos CENDOJ, no obstante, para la elaboración de la parte relativa a la elaboración jurisprudencial se han acudido a las siguientes bases de datos: CENDOJ, Aranzadi Instituciones, Tirant Online y Vlex. Los datos extraídos hacen referencia únicamente a sentencias dictadas en el orden jurisdiccional penal, con independencia del juzgado o tribunal de procedencia.

Otra de las cuestiones de relevancia que muestran los datos reflejados en la gráfica de arriba es el distanciamiento entre las distintas etapas de la evolución jurisprudencial en cuanto a la relevancia alcanzada por la cadena de custodia en cada una de ellas. Ya lo hemos visto en las páginas precedentes, tras el análisis del contenido de estas resoluciones, y ahora se confirma también con los datos relativos a su presencia jurisprudencial.

Cierto es que, *grosso modo,* la presencia de la cadena de custodia en la jurisprudencia ha ido en constante crecimiento desde su aparición. Con todo, existen diferencias sustanciales en función de la concreta etapa evolutiva a analizar. Para empezar, la práctica ausencia de datos en la primera etapa —en comparación con las subsiguientes— refleja la poca entidad de la cadena de custodia durante sus primeros años de 'existencia'. Con la llegada de la segunda etapa evolutiva, percibimos el primer gran despegue —y quizá la etapa de crecimiento más constante—, lo que refleja la importancia que va adquiriendo en esos años.

Finalmente entramos en el ámbito temporal de la tercera etapa evolutiva y se inicia una época de crecimiento algo más pronunciado, pero también con mayores altibajos. Ahora bien, estos 'altibajos' no son más que el reflejo del funcionamiento común de una figura ya consolidada en la práctica habitual de nuestros tribunales. Como he afirmado anteriormente, los números concretos no tienen mayor importancia. Baste con observar que no hay un verdadero desplome en el tratamiento de la cadena de custodia, máxime cuando ya hemos analizado el contenido de las resoluciones jurisprudenciales y hemos podido comprobar el avanzado estado de su tratamiento jurisprudencial en la actualidad.

En definitiva, resulta revelador que, desde su primera aparición en el año 1998, la cadena de custodia ha ido tomando fuerza —especialmente a partir de la segunda etapa evolutiva y con un punto de inflexión de gran trascendencia en la tercera—.

Si realizamos este mismo análisis, pero empleando únicamente los datos relativos a la jurisprudencia del TS, el resultado de la gráfica obtenida es notablemente distinto de la anterior (figura 1). Lo vemos en la figura reflejada a continuación:

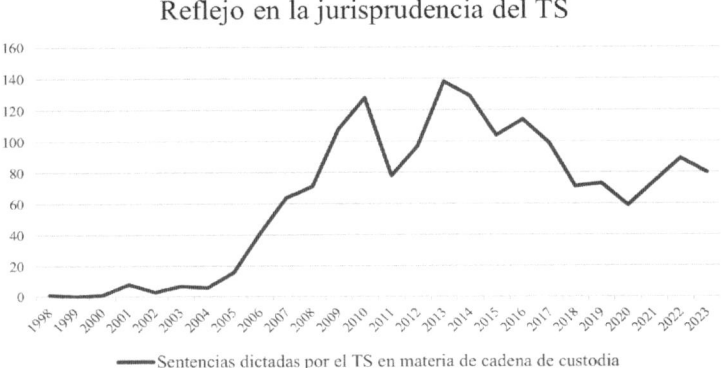

Reflejo en la jurisprudencia del TS

Sentencias dictadas por el TS en materia de cadena de custodia

Figura 2. Fuente: elaboración propia. Datos extraídos de la base de datos CENDOJ.

En efecto, si observamos la tendencia en los datos extraídos en relación con la actividad del TS, ésta ya no presenta una tendencia enteramente creciente. Esta circunstancia no debe causar sorpresa al lector. Es consecuencia del propio cometido del TS, con funciones esencialmente distantes de las de los demás tribunales. Primero, porque no todos los casos llegan al Alto Tribunal; segundo, porque las cuestiones allí planteadas difieren de lo planteado ante los juzgados de lo penal o las AAPP. De lo que no cabe duda, observando la gráfica ofrecida, es que la relevancia de la cadena de custodia despega en la segunda etapa de evolución jurisprudencial.

Otro aspecto de obligada reflexión es el relativo a la evolución de la cadena de custodia en relación con el ámbito delictivo-material en el que se desarrolla. Tal y como se vio en las páginas precedentes, su nacimiento y tratamiento inicial estuvo muy vinculado al ámbito delictivo del tráfico de drogas. No obstante, en las subsiguientes etapas evolutivas se fue desprendiendo poco a poco de este ámbito y, finalmente, se reconoció su vinculación con las fuentes de prueba y las diligencias de investigación con carácter general, sin ostentar vinculación alguna a un determinado ámbito material.

Así, partíamos de una primera etapa en el que la práctica totalidad de las resoluciones se producían en supuestos de tráfico de drogas, no obstante, con la llegada de la segunda etapa esa circunstancia fue disminuyendo, dando paso al análisis de la cadena de custodia en nuevos ámbitos delictivos. Finalmente, en la tercera etapa se consigue romper con esta vinculación y la cadena de custodia, en la actualidad, se vincula a las fuentes de prueba y las diligencias de investigación con carácter general, con independencia de ámbito delictivo alguno.

2. LA PERSPECTIVA DOCTRINAL EN EL CONTEXTO DE LA TERCERA ETAPA: ESTADO ACTUAL DE LA DELIMITACIÓN DOGMÁTICA DE LA CADENA DE CUSTODIA

2.1. El camino hacia la construcción de un concepto doctrinal conveniente

A pesar de lo analizado en las anteriores etapas en relación con la construcción doctrinal, la construcción dogmática del concepto *cadena de custodia* despunta notablemente en esta etapa. Hoy en día es especialmente notable el reconocimiento que la doctrina procesalista otorga a la institución de la cadena de custodia, que alcanza la aquiescencia de su papel fundamental en el proceso y, en particular, en relación con la actividad probatoria. Es oportuno señalar, además, que la progresiva trascendencia de la cadena de custodia está ligada, sin duda, a la creciente notoriedad de la prueba científica en los últimos años[199]. El alcance de

---

199 FIGUEROA NAVARRO, C.: «El aseguramiento de las pruebas y cadena de custodia», *op. cit.* Por ese motivo, resulta lógico que en un principio la cadena de custodia se encontrase vinculada a la prueba pericial en exclusiva.

169

un concepto doctrinal adecuado es el principal objetivo de los estudios doctrinales en la materia, así como el desarrollo doctrinal del específico proceso propio de la cadena de custodia: esto es, desde la obtención de la fuente de prueba y hasta, finalmente, su valoración como medio de prueba correctamente practicado durante el juicio oral, pasando por su aportación en juicio oral como medio de prueba pertinente, útil y lícita[200].

Volviendo sobre la base de la construcción dogmática de la cadena de custodia, hay que decir en este sentido que surgen definiciones dispares que, si bien todas respaldan unas mismas líneas generales, lo cierto es que difieren en algunos aspectos específicos de la terminología empleada. De esta forma, conviene señalar que doctrinalmente se ha seguido la concepción de la cadena de custodia desde una doble perspectiva[201].

En primer lugar, puede ocurrir que las definiciones ofrecidas resuelvan poner el acento sobre la vertiente material

---

200 Señala ZAFRA que la pertinencia consiste en la «adecuación o correspondencia entre el medio propuesto y el tema controvertido» —esto es, en otras palabras— «en la idoneidad de aquél para acreditar éste», mientras que el concepto de utilidad parte de la pertinencia de la prueba, de modo que, una vez presupuesta la pertinencia, estriba «en la eficacia del medio para acreditar en cada caso concreto la alegación, necesitada de prueba, respecto a la cual ha sido propuesto». *Vid.* ZAFRA, J.: «La pertinencia de la prueba civil», *Revista de Derecho* Procesal, núm. 3, 1960, p. 419. La definición aportada por ZAFRA —naturalmente, dado el ámbito temporal— ha sido ofrecida en atención a la antigua LEC, sin embargo, tal y como afirma GARCIANDÍA GONZÁLEZ, las acepciones aportadas se adaptan perfectamente a la regulación de nuestra actual LEC del año 2000. *Vid.* GARCIANDÍA GONZÁLEZ, P. M.: «Los juicios de admisibilidad y de suficiencia de la prueba propuesta: extensión y límites al amparo de la doctrina de los Tribunales», *Revista General de Derecho Procesal*, núm. 46, 2018, p. 17.

201 GUTIÉRREZ SANZ, M. R.: *La cadena de custodia en el proceso penal español, op. cit.*, pp. 25 y ss., plantea esta doble perspectiva al identificar la cadena de custodia, por un lado, con el «proceso técnico específico de ocupación, custodia y análisis para asegurar la indemnidad e identidad de la trazabilidad de las fuentes de prueba» y por otro, como un «instrumento procesal imprescindible para otorgar verosimilitud a la prueba pericial y por tanto determinante en su valoración».

de la cadena de custodia. Desde este enfoque, la cadena de custodia es entendida como una sucesión de actos procedimentales[202], donde todas las actuaciones integrantes de este proceso deben de permanecer interconectadas entre sí[203] (en virtud del principio de tracto sucesivo). Resulta común, desde el prisma material, que se identifiquen los actos que integran esta vertiente como inherentes a la propia definición[204] y, asimismo, que se subraye su condición de procedimiento documentado[205]. De modo que se concibe como una reconstrucción cronológica de la historia de una prueba

---

202 Por ejemplo, puede ser entendida, en palabras de FIGUEROA NAVARRO, como un «procedimiento, oportunamente documentado, que permite constatar la identidad, integridad y autenticidad de los vestigios o indicios delictivos, desde que son encontrados hasta que se aportan al proceso como pruebas». *Vid.* FIGUEROA NAVARRO, C.: «El aseguramiento de las pruebas y cadena de custodia», *op. cit.* O, en términos similares, como un «conjunto de medidas que se deben adoptar a fin de preservar la identidad e integridad de las muestras, huellas o vestigios que pueden ser fuente de prueba de la comisión de un delito, como requisito esencial para su posterior validez probatoria». *Vid.* DEL OLMO DEL OLMO, J. A.: «Las garantías jurídicas de la toma de muestras biológicas para la identificación de la persona imputada mediante el ADN», en *op. col.* Abel Lluch, Picó I Junoy, y Richard González (dirs.), *La prueba judicial: desafíos en las jurisdicciones civil, penal laboral y contencioso-administrativa*, La Ley, Madrid, 2011, pp. 1550-1552.

203 MESTRE DELGADO, E.: «La cadena de custodia de los elementos probatorios obtenidos de dispositivos informáticos y electrónicos», en *op. col.* Figueroa Navarro (dir.), *La cadena de custodia en el proceso penal*, Edisofer, Madrid, 2015, p. 69.

204 GUTIÉRREZ SANZ, M. R.: *La cadena de custodia en el proceso penal español, op. cit.,* pp. 25 y ss. define la vertiente material de la misma como el «conjunto de prácticas de carácter material que tienen como finalidad recoger vestigios o efectos materiales dejados en el lugar del delito, custodiarlos, analizarlos y garantizar su mismidad». Es especialmente importante la referencia a la mismidad, muy propia de la vertiente formal.

205 En similares términos a las definiciones anteriores, RICHARD GONZÁLEZ, M.: «La cadena de custodia en el proceso penal», *Diario la Ley,* núm. 8187, 2013; y FIGUEROA NAVARRO, C.: «El aseguramiento de la pruebas y cadena de custodia», *op. cit.,* aportan una definición que otorga el carácter de documentado al procedimiento de la cadena de custodia.

171

material, desde el origen de la misma hasta su incorporación al juicio oral, y ello como manifestación de la credibilidad de su identidad[206].

Aunque ciertamente estas definiciones no son desacertadas en ningún caso, sí encuentro algunos inconvenientes a la hora de ofrecer acepciones de este tipo. Inconvenientes, no obstante, que derivan de la idea de cadena de custodia que se propondrá en este trabajo y que no es otra que su identificación como garantía de la prueba —volveremos sobre ello más adelante—. Lo determinante aquí es que, partiendo de la percepción garantista de esta institución, la identificación de la noción principal de la cadena de custodia como un «procedimiento» o un «conjunto de medidas» devalúa su esencia como figura jurídica. Como he señalado, no se pueden calificar como enteramente desacertadas en tanto que identifican la finalidad de la cadena de custodia y contemplan su contenido procedimental de un modo acertado. Sin embargo, el inconveniente reside en la exaltación de la vertiente material de la cadena de custodia como elemento definidor, no siendo ésta la dimensión de mayor relevancia a nivel procesal.

Desde una segunda perspectiva se contempla la vertiente formal o procesal (en una línea muy similar a la elaboración jurisprudencial[207]), entendiendo la cadena de custodia como un instrumento procesal indudablemente vinculado y al servicio de la fiabilidad de la prueba[208]. Lo característico de la dimensión procesal de la cadena de cus-

---

206 Similares apreciaciones efectúa MERKEL, L.: *Derechos humanos e investigaciones policiales. Una tensión constante,* Marcial Pons, Madrid, 2022, p. 71, donde sostiene que el término cadena de custodia hace referencia a la «reconstrucción del origen y la historia de una prueba física, después de su identificación».

207 Recordemos que jurisprudencialmente se ha venido entendiendo la cadena de custodia como un sistema formal de garantía que tiene por finalidad dejar constancia de todas las actividades llevadas a cabo por cada una de las personas que se ponen en contacto con las evidencias y que afecta directamente a la verosimilitud de la prueba.

208 GUTIÉRREZ SANZ, M. R.: *La cadena de custodia en el proceso penal español, op. cit.,* pp.26-30.

todia reside en la identificación del elemento definidor central con uno de los rasgos propios de su ámbito formal, esto es, orientar el concepto de cadena de custodia, ante todo, con su vertiente garantista. Con frecuencia se identifican aspectos de su vertiente formal —la identificación de su finalidad procesal, principalmente[209]— que giran en torno a su también enfoque material, muy en particular sobre la base de la sucesión de actos que integran la cadena de custodia. Ahora bien, no se ha de considerar lo anterior como una desventaja en absoluto. Al contrario, pues lo ideal es integrar, de forma interdependiente, ambas perspectivas —material y formal— en la definición de la institución, ya que ambos prismas conforman la cadena de custodia como ha de ser entendida hoy en día[210].

---

209 Por poner algún ejemplo, RICHARD GONZÁLEZ la ha definido como el «conjunto de actos que tienen por objeto la recogida, el traslado y la custodia de las evidencias obtenidas en el curso de una investigación criminal, que tienen por finalidad garantizar la autenticidad, inalterabilidad e indemnidad de la prueba». *Vid.* RICHARD GONZÁLEZ, M.: «La cadena de custodia en el proceso penal español», *op. cit.*; en similares términos, DEL POZO PÉREZ sostiene que es el «procedimiento, convenientemente documentado, controlado, que se aplica a los indicios, trazas, objetos y vestigios materiales relacionados con el delito, desde su localización hasta su valoración por los encargados de administrar Justicia y que tiene como fin constatar la identidad, integridad y autenticidad de los mismos, garantizando y acreditando que lo recogido y analizado es lo mismo que lo que se somete a juicio». *Vid.* DEL POZO PÉREZ, M.: «La cadena de custodia: tratamiento jurisprudencial», *op. cit.*

En una línea algo diferenciada respecto de las anteriores, todavía puede apreciarse cierta vinculación con la prueba pericial. En este sentido, CASTILLEJO MANZANARES define la cadena de custodia como un «procedimiento documentado a través del cual se garantiza que lo examinado por el perito es lo mismo que se recogió en la escena del delito y que, dadas las precauciones que se han tomado, no es posible el error o la contaminación y así, es posible el juicio científico del perito que, tras su ratificación en juicio, adquirirá el valor de prueba». *Vid.* CASTILLEJO MANZANARES, R.: «La prueba de ADN en el borrador de código procesal penal», *Diario La Ley*, núm. 8213, 2013.

210 Así lo defiende, postura que comparto, GUTIÉRREZ SANZ afirma que «para poder elaborar un concepto de cadena de custodia, habremos de partir de una doble perspectiva. Por un lado, la de proceso técnico específico de ocupación, custodia y análisis para asegurar la indemnidad e identidad de la trazabilidad de las fuentes de prueba y por otro, como instrumento

173

Muy sucintamente, puede sostenerse que la producción doctrinal, en general, pone el acento en los siguientes caracteres: en primer lugar, se vincula al proceso penal y, en concreto, a la obtención de fuentes de prueba durante la investigación criminal; en segundo lugar, se trata de un instrumento procesal al servicio de la identidad, integridad y autenticidad de las fuentes de prueba[211]; en tercer lugar, se manifiesta como un conjunto de actos[212] iniciados con la obtención de

---

procesal imprescindible para otorgar verosimilitud a la prueba pericial y por tanto determinante en su valoración». El mayor inconveniente de estas afirmaciones es que vincula nuevamente cadena de custodia y prueba pericial. Más adelante y con mayor profundización, la autora concreta una definición propia y sostiene que la cadena de custodia es una «concatenación de actos de recogida, custodia y análisis de los vestigios obtenidos en una investigación penal, realizados por personal cualificado con la diligencia debida para garantizar la indemnidad y la identidad entre los vestigios aprehendidos y los que son la fuente de prueba sobre las que lleva a cabo la actividad probatoria. La integridad de la cadena de custodia debe estar suficientemente documentada o poder ser acreditada mediante cualquier medio que fehacientemente manifiesta que en ningún momento se ha producido una quiebra en esa conexión interna entre los diversos actos que la conforman». *Vid.* GUTIÉRREZ SANZ, M. R.: *La cadena de custodia en el proceso penal español, op. cit.,* p. 30.

211 MORENO CATENA, V. y CORTÉS DOMÍNGUEZ, V.: *Derecho Procesal Penal,* 10.ª ed., *op. cit.,* pp. 454-455, relaciona la cadena de custodia con las garantías en la conservación de las pruebas. En este sentido, sostiene que la cadena de custodia implica «una descripción del objeto, del lugar donde se encontró, la identificación de quienes lo han tenido en su poder, las operaciones que se han realizado con él, etc.», debiendo igualmente determinarse «con precisión los lugares en que ha estado depositado o custodiado y la persona o institución bajo cuya responsabilidad se ha encontrado». De esta forma, se vuelve a la misma consideración ofrecida, y detallada ya en este trabajo, por otros autores que han estudiado la materia. Se vuelve a hablar de los actos e información que hará de documentarse. Relevancia sobre la documentación de la cadena de custodia como método para asegurar el buen desarrollo de la misma.

212 DEL POZO PÉREZ ha diferenciado el procedimiento de la cadena de custodia en dos etapas (muy vinculadas a la prueba pericial): un primera etapa que transcurre desde la obtención de la fuente de prueba hasta su traslado al laboratorio encargado de su posterior análisis, e integrada por las fases de recogida, embalaje y transporte de la fuente de prueba; y una segunda etapa que transcurre desde la recepción en el laboratorio y hasta su remisión a la autoridad judicial, abarcando la

la fuente de prueba y que finalizan con su introducción al proceso como medio de prueba; y, finalmente, su innegable vínculo con la valoración de la prueba.

En último término, también se ha de señalar la actitud crítica adoptada por la doctrina procesalista. Como no puede ser de otro modo, son muchos los autores que exponen la necesidad de una regulación sistematizada y completa sobre la recogida, custodia y análisis de las evidencias[213], que contemple las exigencias propias para el correcto desarrollo de la cadena de custodia, así como las consecuencias derivadas de la ruptura de la misma. Este sector doctrinal —en el que me incluyo— insiste en la necesidad de propiciar una regulación que permita asentar los principios y características de la cadena de custodia en nuestro sistema procesal, de forma que se evite perjudicar la seguridad jurídica, —y añado— profundizando en la dualidad que la configura, de modo que sea definida y tratada en función de sus dos manifestaciones (formal y material), pero siempre enfatizando su identidad procesal.

Una adecuada propuesta conceptual clara y concisa ha de excluir algunos aspectos que, si bien han de ser tenidos en cuenta como caracteres específicos de la cadena de custodia, no entran, sin embargo, dentro de su concepto. Y ha de incorporar los siguientes enunciados: la cadena de custodia es una garantía del derecho a la prueba, propia del proceso del siglo XXI. Desde su vertiente formal, constituye la garantía de la mismidad de la prueba, cuya acreditación

---

fases de recepción, tratamiento para la investigación (donde se realizan los oportunos estudios y análisis que se incluirán en el informe pericial), embalaje y transporte hasta la sede judicial (teniendo como objetos vinculados el oficio de remisión a la autoridad judicial y el informe pericial resultante). *Vid.* DEL POZO PÉREZ, M.: *Diligencias de investigación y cadena de custodia,* Sepín, Madrid, 2014.

213 EIRANOVA ENCINAS, E.: «Cadena de custodia y prueba de cargo», *op. cit.;* FIGUEROA NAVARRO, C.: «El aseguramiento de las pruebas y la cadena de custodia», *op. cit.;* RICHARD GONZÁLEZ, M.: «La cadena de custodia en el proceso penal español», *op. cit.;* ESPÍN LÓPEZ, I.: «La cadena de custodia en el proceso penal. Propuestas en relación con el análisis y custodia de la prueba digital», *La Ley Penal,* núm. 151, 2021.

se alcanza —precisamente— mediante la corrección de la cadena de custodia; desde su vertiente material, la cadena de custodia constituye el conjunto de actos que se inician con la obtención de la fuente de prueba material y finalizan con su introducción en el juicio oral a través del medio de prueba oportuno.

Se desprenden de la definición aportada, ciertos caracteres que integran el concepto de cadena de custodia y que, necesariamente, han de ser desarrollados separadamente. Me estoy refiriendo a los términos *mismidad de la prueba* y *corrección de la cadena de custodia.*

El término *mismidad* requiere de explicación detallada dada su relevancia. Como se ha adelantado en el apartado dedicado a la tercera etapa de la construcción jurisprudencial, en efecto, se trata de un término asentado y consolidado por el TS. La mismidad hace referencia a la garantía de la incolumidad de la prueba, esto es, la garantía de que la prueba no ha sufrido daños ni alteraciones, que se mantiene incólume desde su obtención, lo que se traduce en que la prueba es lo *mismo* desde su obtención y hasta su posterior análisis e introducción en juicio. La constante de «ser lo mismo» es, precisamente, lo que jurisprudencialmente se ha venido denominando como mismidad de la prueba. En segundo lugar, también requiere especial atención la expresión *corrección de la cadena de custodia.* Se ha afirmado ya que la cadena de custodia, en su vertiente formal, es una sucesión de actos y que la corrección de la misma garantiza la mismidad de la prueba. Con corrección de la cadena de custodia se hace referencia, por tanto, al correcto desarrollo de la cadena de custodia, es decir, a que la vertiente material de la misma —la sucesión de actos de recogida, custodia y análisis— se ha seguido de manera correcta sin que se haya roto la cadena de custodia, es por ello que, al haberse observado una correcta cadena de custodia se ha garantizado la mismidad de la prueba y, por tanto, no hay afección a la verosimilitud de la prueba.

Explicaremos más detalladamente cada uno de estos términos en los apartados que siguen.

176

2.2. Exposición de los elementos esenciales que componen el concepto de cadena de custodia

2.2.1. La mismidad de la prueba como elemento definidor de la cadena de custodia: la mismidad formal frente a la mismidad material

En el punto dedicado al efecto ya hemos visto que el término *mismidad* tiene origen en la jurisprudencia de nuestros juzgados y tribunales. Siendo un concepto asentado y consolidado por el TS, éste ha sido definido en los siguientes términos:

«En relación a la cadena de custodia el problema que plantea (...) es garantizar que desde que se recogen los vestigios relacionados con el delito hasta que llegan a concretarse como pruebas en el momento del juicio, aquello sobre lo que recaerá la inmediación, publicidad y contradicción de las partes y el juicio de los juzgadores es lo mismo. Es a través de la cadena de custodia como se satisface la garantía de la "mismidad" de la prueba»[214].

Hoy en día, la mismidad de la prueba ha alcanzado una extraordinaria relevancia en materia de cadena de custodia, pues el concepto jurisprudencial gira en torno a ésta. De ahí que el concepto aportado en este trabajo proyecte la cadena de custodia como la garantía de la mismidad de la prueba, de modo que la mismidad se materializa como un elemento indispensable para el entendimiento esta institución procesal. Todo ello queda patente en el tratamiento ofrecido a este elemento a nivel jurisprudencial, donde cada vez va resultando más insólita la ausencia del término en aquellas resoluciones judiciales que examinan en profundidad la problemática habida en la cadena de custodia de una prueba.

Afirmado lo anterior, sorprende el hecho de que la doctrina científica ha obviado en numerosas ocasiones la especial trascendencia del término *mismidad* al analizar la figura de la cadena de custodia[215]. Ahora bien, ello no implica que

---

214 STS 1119/2009, de 3 de diciembre, ECLI:ES:TS:2009:7710, entre otras.

215 Se ha visto en el punto anterior, donde escasos autores aludían a la mismidad al delimitar conceptualmente la figura de la cadena de custodia.

177

los procesalistas españoles hayan ignorado las cuestiones inherentes a la mismidad, sino que han acudido a éstas a través de otros términos (autenticidad, identidad, integridad, inalterabilidad, indemnidad, inmutabilidad o incolumidad acostumbran a ser los más comunes). Todos ellos son manifestaciones de la llamada mismidad de la prueba. Así las cosas, partimos de un escenario doctrinal algo confuso. Por un lado, diversos autores han recibido el concepto jurisprudencial sin reservas, adoptando una idea lo suficientemente literal como para generar fisuras en el término a nivel procesal[216]. Otros muchos autores han otorgado relevancia a la mismidad en relación con la cadena de custodia digital, sin embargo, sorprende en este punto el afán por precisar esta cuestión, muchas veces, de forma exclusiva con la vertiente tecnológica de la cadena de custodia.

En este contexto, ha de tenerse en cuenta que, a la hora de entender este concepto, es obligado otorgarle al mismo un significado jurídico y, en particular, vinculado con la cadena de custodia, esto es, atendiendo a su finalidad. Por ende, muy sucintamente, partimos de que la cadena de custodia busca acreditar la equivalencia procesal entre las fuentes de prueba material obtenidas en la investigación criminal y los medios de prueba aportados al juicio oral en su virtud.

---

216 Al respecto de lo anterior, LÓPEZ VALERA define la mismidad de la prueba como la «garantía o certeza de que lo que se traslada y analiza es idéntico en todo momento, o que las evidencias sujetas a los principios procesales de inmediación, publicidad y contradicción de las partes para constituirse en prueba a juicio de los juzgadores, es lo mismo en todo momento». *Vid.* LÓPEZ VALERA, M.: *La cadena de custodia de las pruebas de ADN,* Dykinson, Madrid, 2019, pp. 24-25. También GARCÍA MATEOS, J. A.: «Cadena de custodia vs. mismidad», en *op. col.* Oliva León y Valero Barceló (coords.), *La prueba electrónica: validez y eficacia procesal,* Juristas con futuro, Zaragoza, 2016, pp. 131 y ss., quien rechaza la tesis de que la cadena de custodia garantiza la mismidad de la prueba o, en palabras del autor, «el principio de mismidad». Esta aseveración la defiende en base a la idea de que la mismidad de la prueba quiebra automáticamente cuando la evidencia se altera, con independencia del tipo de alteración sufrida, incluso tratándose de una modificación derivada del análisis pericial y perfectamente documentada.

Es preciso matizar que analizamos esta equivalencia exclusivamente a efectos procesales. Esto se traduce en que resulta indiferente si el concreto objeto que va a ser introducido al juicio oral a través del oportuno medio de prueba ha mutado a lo largo del proceso (ya sea su aspecto, su peso, el estado en el que se encontraba, etc.), siempre que se haya garantizado que —a pesar de las modificaciones o alteraciones sufridas por el devenir de las actuaciones procesales pertinentes— el medio de prueba se corresponde con la fuente obtenida durante la investigación criminal. El ejemplo más evidente es la muestra de droga que varía su pesaje tras el correspondiente análisis pericial sobre la misma. Dicho de otro modo, la fuente de prueba no debe forzosamente mantenerse invariable e idéntica en el tiempo, pues ésta no es la finalidad de la actividad probatoria, en términos generales, ni de la cadena de custodia, en particular. En suma, es irrelevante que la fuente de prueba haya sufrido alteraciones materiales por causa de las actuaciones procesales a las que haya sido sometida, cuando se ha podido acreditar su mismidad a través de la corrección de la cadena de custodia. Por lo que la mismidad de la prueba se corresponde con la acreditación formal de los aspectos arriba señalados (autenticidad, identidad, integridad, inalterabilidad, indemnidad, inmutabilidad o incolumidad), en tanto que los entendemos como manifestaciones específicas de la misma. Implica, en consecuencia, la contraposición entre la mismidad material y la mismidad formal de la prueba.

2.2.2. La cadena de custodia como garantía del derecho a la prueba

El punto de partida en este punto lo ofrece la delimitación conceptual del término *mismidad* de la prueba, tal y como se ha expuesto en el punto anterior, se trata de un término que la jurisprudencia ha introducido y concretado en relación con la cadena de custodia[217]. En particular, nuestro

---

217 Con anterioridad, el TS ya había empleado el término mismidad en un sentido muy diferenciado al ofrecido en materia de cadena de custodia. Este hecho se produce en el orden jurisdiccional civil, donde el término mismidad conecta con el derecho al honor y alude a una de las

Alto Tribunal produce el concepto de mismidad en atención a una constante: la identidad entre la fuente de prueba y el medio de prueba.[218]. En suma, la definición jurisprudencial parte de la equivalencia, del «ser lo mismo».

A pesar de que la producción jurisprudencial del término se produce en el año 2009, GUZMÁN FLUJA ofrece ya en el año 2006 una primera aproximación a lo que, posteriormente, la jurisprudencia acuñará como la mismidad de la prueba. El citado autor afirmaba que la cadena de custodia alcanza su objetivo «mediante la garantía de que es la misma [la prueba aprehendida] la que está en el juicio oral que la que se halló durante la instrucción, que es el mismo original»[219].

Con el paso del tiempo, el TS ha pulido el diseño de este concepto. Uno de los grandes aciertos fue establecer directamente un nexo consecuencial entre la corrección de la cadena de custodia y la garantía de la mismidad de la prueba[220]. Lo que deriva directamente en la concesión de un reconocimiento sobre la finalidad de la cadena de custodia como garantía de la mismidad[221]. Dicho de otro modo, la postura

---

características inherentes a éste. Al efecto, en el contexto señalado el TS entendió la mismidad como la representación de la «(...) estimación que cada persona hace de sí misma». *Vid.* STS 173/1987, de 23 de marzo, ECLI:ES:TS:1987:2029.

218   STS 6/2010, de 27 de enero, ECLI:ES:TS:2010:542, citando expresamente a la conocida STS 1190/2009, de 3 de diciembre, ECLI:ES:TS:2009:7710. Siguiendo las líneas de las sentencias citadas anteriormente, puede observarse una continuidad y la consolidación de la mismidad de la prueba —en relación con la cadena de custodia— en términos muy similares: STS 147/2015, de 17 de marzo, ECLI:ES:TS:2015:1097; STS 486/2018, de 18 de octubre, ECLI:ES:TS:2018:3546; STS 174/2023, de 9 de marzo, ECLI:ES:TS:2023:1280.

219   GUZMÁN FLUJA, V. C.: *Anticipación y preconstitución de la prueba en el proceso penal, op. cit.,* p. 312.

220   Al efecto, sostiene el Alto Tribunal que «es a través de la corrección de la cadena de custodia como se satisface la garantía de la 'mismidad' de la prueba». *Vid.,* por ejemplo, la STS 53/2011, de 10 de febrero, ECLI:ES:TS:2011:355.

221   Si bien es cierto que este reconocimiento se efectúa, en diversas ocasiones, en relación con la prueba pericial. Así, el TS sostiene que «la cadena de custodia sirve para acreditar la 'mismidad' del objeto analizado, la correspondencia entre el efecto y el análisis o informe, su autenticidad».

del TS respalda la formulación del carácter garantista de la cadena de custodia en cohesión con su finalidad: acreditar la mismidad de las pruebas. Es oportuno señalar que la equivalencia como elemento definidor de la mismidad de la prueba no es una cuestión controvertida, en tanto que los diferentes planteamientos doctrinales en su conjunto son coincidentes al admitir la mismidad de la prueba como la equivalencia entre la fuente de prueba obtenida y el medio de prueba introducido al proceso. Dicho de una u otra manera, lo cierto es que la doctrina asume el principio de equivalencia como uno de los pilares esenciales de la mismidad de la prueba[222].

Vid. STS 777/2013, de 7 de octubre, ECLI:ES:TS:2013:5677; STS 597/2022, de 15 de junio, ECLI:ES:TS:2022:2348 —resolución que cita a la ya mencionada STS 777/2013—. En la citada STS, el Alto Tribunal reconoce la equivalencia entre mismidad y autenticidad, todo ello muy en sintonía con lo expuesto en el apartado anterior: sin ninguna duda, el TS alude a una mismidad formal, no a una identidad integral y material, como asimismo se desprende de las diversas resoluciones del TS en la materia. Aunque la conexión entre mismidad y autenticidad era patente previamente, esta directa aseveración del TS afianza el vínculo, de modo que, si ya antes difícilmente podía argumentarse la desconexión entre ambos, ahora resulta inviable ese pensamiento. No hay duda de que el TS emplea el término mismidad en ese sentido desde los inicios del mismo en materia de cadena de custodia. Con todo, la fijación de la finalidad de la cadena de custodia se concluye muy próxima —una vez más— a la prueba pericial. Ciertamente este vínculo no debe causar sorpresa, puesto que se trata de una cuestión que ocurre con frecuencia, tanto en la doctrina científica como en la jurisprudencia. Ello sin perjuicio de que, en la actualidad, nos encontremos en el camino de superar esta vinculación y reconocer la condición que ostenta la cadena de custodia como garantía vinculada a las fuentes de prueba con carácter general, como hemos tenido oportunidad de sostener a lo largo de la presente obra.

222 Lo ilustra GUTIÉRREZ SANZ cuando afirma que «con la integridad de la cadena de custodia se garantiza que lo que se analiza es justamente lo ocupado y que no ha sufrido alteración alguna». *Vid.* GUTIÉRREZ SANZ, M. R.: *La cadena de custodia en el proceso penal español, op. cit.,* p. 39. Mismo encaje ofrece la opinión de PÉREZ-CRUZ MARTÍN, quien señala que la cadena de custodia «constituye una garantía de que las evidencias que se analizan y cuyos resultados se contienen en el dictamen pericial, son las mismas que se recogieron durante la investigación criminal». Vinculando la institución, en concreto, con la prueba pericial, el citado autor añade que «la validez de los resultados de la pericia depende de la garantía sobre la procedencia y contenido de lo que es objeto de análisis». *Vid.* PÉREZ-CRUZ MARTÍN, A. J.: «Técnicas especiales de investigación:

En definitiva, no se puede negar que *de facto* es la postura mantenida por la doctrina científica mayoritaria, aun cuando no se diga expresamente. Desde luego, aludir a la cadena de custodia desde una óptica garantista implica el aseguramiento de que —a nivel procesal— los elementos materiales obtenidos y los valorados como pruebas son los mismos[223].

La cuestión que se plantea, por tanto, es la siguiente: ¿por qué se circunscribe la cadena de custodia a la garantía de la mismidad de la prueba? Y la justificación es sencilla: la producción del término *mismidad* viene respaldada por la propia jurisprudencia del TS, en tanto que nuestro Alto

---

primera parte», en VV.AA., *Derecho procesal penal: aspectos probatorios,* Universidad Espíritu Santo, Guayaquil, 2022, p. 179. Opinión similar puede observarse en LÓPEZ VALERA, M.: *La cadena de custodia de las pruebas de ADN, op. cit.,* p. 24, autor que entiende la mismidad de la prueba como la «garantía o certeza de que lo que se traslada y analiza es idéntico en todo momento, o que las evidencias sujetas a los principios procesales de inmediación, publicidad y contradicción de las partes para constituirse en prueba a juicio de los juzgadores, es lo mismo en todo momento».

223 Otro ejemplo de lo anterior se detecta asimismo en la postura sostenida por SÁNCHEZ RUBIO, quien afirma que «la necesidad de establecer una cadena de custodia es exigible a cualquier prueba susceptible de manipulación, bien para autentificar o identificar que aquello adquirido durante la investigación es lo mismo que se presenta en juicio oral, bien para dejar constancia de que la fuente de prueba ha sufrido algún tipo de modificación o alteración». *Vid.* SÁNCHEZ RUBIO, A.: «Cadena de custodia y prueba electrónica: la mismidad del hash como requisito para la fiabilidad probatoria», en *op. col.* Bueno de Mata (dir.), *Fodertics 7.0: Estudios sobre Derecho Digital,* Comares, Granada, 2019, pp. 290 y ss. La autora va un paso más allá e identifica la finalidad de la cadena de custodia con la acreditación de la ausencia de manipulación de las pruebas o, en caso contrario, como acreditación de la presencia de algún tipo de modificación o alteración justificada. Esto es, en definitiva, la mismidad de la prueba a nivel formal. En contraposición a la tesis aquí mantenida, autores como GARCÍA MATEOS sostienen que la cadena de custodia no garantiza la mismidad de la prueba o, en palabras del autor, «la cadena de custodia no garantiza el principio de mismidad». La anterior aseveración la defiende el autor en base a una idea relativamente estricta y literal de la mismidad de la prueba, en tanto que entiende el autor que el principio de mismidad quiebra cuando la evidencia se altera —aun cuando esta alteración no tiene gran relevancia en el ámbito forense—. *Vid.* GARCÍA MATEOS, J. A.: «Cadena de custodia vs. mismidad», *op. cit.,* pp. 131 y ss.

Tribunal ha producido el término en atención a las características de la institución. El término ha sido creado al efecto y, por tanto, engloba todos aquellos escenarios procesales que han de ser garantizados en virtud de la corrección de la cadena de custodia.

En este punto es fundamental delimitar qué escenarios engloba la acreditación de la mismidad de la prueba, a través de la corrección de la cadena de custodia. Son los siguientes[224]: en primer lugar, que la fuente de prueba obtenida se encuentra correctamente reflejada en el medio de prueba, garantizando así su identidad procesal; en segundo lugar, que no ha habido contaminación accidental ni manipulación consciente de las evidencias que haya viciado la efectividad de la prueba; en tercer lugar, que las alteraciones o modificaciones sufridas por la evidencia han sido consecuencia de las actuaciones llevadas a cabo a lo largo del proceso (por ejemplo, derivadas del examen pericial), estando correctamente justificadas.

Dicho de otro modo, cuando alguno de los escenarios anteriores quiebra, se produce la ruptura de cadena de custodia en tanto que la mismidad de la prueba no ha sido acreditada.

2.2.3. La corrección de la cadena de custodia y las consecuencias jurídicas derivadas de su quiebra

La expresión *corrección de la cadena de custodia*, como su propia literalidad indica, hace referencia al correcto desarrollo de la cadena de custodia. A nivel jurídico significa que no ha habido problemas procesales en su desarrollo y, por tanto, se ha garantizado la mismidad de la prueba. La apreciación de este escenario procesal implica, en suma, que la prueba ha alcanzado un grado de fiabilidad adecuado que

---

224 Todo ello teniendo en cuenta, además, que los conceptos empleados por la doctrina para aludir a la finalidad de la cadena (autenticidad, identidad, integridad, inalterabilidad, indemnidad, inmutabilidad o incolumidad) son manifestaciones propias de la mismidad, como hemos visto. También resulta relevante que se ha identificado como una garantía en la conservación de la prueba. MORENO CATENA, V. y CORTÉS DOMÍNGUEZ, V: *Derecho Procesal Penal*, 10.ª ed., *op. cit.*, p. 454.

tendrá su reflejo en sede de valoración. Éste es el escenario procesal idílico, al menos, desde el punto de vista de la Administración de Justicia, pues implica que la investigación ha transcurrido con normalidad.

Basándonos en la presunción *iuris tantum* de veracidad que afecta a la cadena de custodia, oportuno es destacar que acreditar su corrección es, en principio, innecesario para las partes procesales[225]. Distinto escenario se produce ante la impugnación de la misma, sobre motivos fundados, pues ante esta situación sí resulta pertinente —para la parte interesada— concentrar sus esfuerzos en acreditar su corrección. De modo que la dificultad se encuentra en acreditar, en su caso, la ruptura de la cadena de custodia como método para cuestionar la fiabilidad de la prueba y, en consecuencia, afectar a su valoración.

Nuevamente se observa como punto negativo la ausencia de normativa expresa, en este caso, que regule las exigencias mínimas que ha de cumplir la corrección de la cadena de custodia. A pesar de no ser preceptiva la verificación de este escenario, es fundamental concretar estas condiciones de cara a ofrecer un escenario procesal que cumpla con unos estándares mínimos de seguridad jurídica[226].

---

225 ÁLVAREZ DE NEYRA KAPPLER, S.: «La cadena de custodia en materia de tráfico de drogas», en *op. col.* Figueroa Navarro (dir.), *La cadena de custodia en el proceso penal*, Edisofer, Madrid, 2015, p. 83.

226 A pesar de la ausencia de normativa al respecto, tanto doctrina como jurisprudencia han construido todo un «*corpus* jurídico» que sintetiza las cuestiones expuestas *supra* y que, en palabras de GUTIÉRREZ SANZ, «es asumido como *cuasi* vinculante por la comunidad jurídica», de modo que los diversos operadores jurídicos que entran en contacto con la cadena de custodia tienden a respetarlo. Con todo, la normativa a la que alude la autora hace referencia esencialmente a la vertiente material de la cadena de custodia. No podemos negar —y de hecho no lo negamos— el valor que la vertiente material de la cadena de custodia proyecta en la corrección de la misma, entendiendo que la adecuada sucesión de los actos integrantes de la perspectiva material ofrece una alta seguridad en la dimensión procesal y, en concreto, en el alcance de la corrección de la cadena de custodia. Sin embargo, a lo largo de este trabajo se ha venido sosteniendo que la vertiente material no debe condicionar en extremo la prosperidad de la vertiente formal, esto es, de la corrección de la cadena de custodia. Es por ello que, en este punto, merece nuestra atención la formulación

En definitiva, el cumplimiento de la corrección de la cadena de custodia implica la acreditación de la mismidad de la prueba, esto es, la identidad procesal entre fuente y medio de prueba (que, en efecto, se traduce en la ausencia de alteraciones —o justificación de las mismas— en la prueba analizada, en línea con lo expuesto en los puntos precedentes). Lo anterior significa que la prueba adquiere un grado de fiabilidad elevado y, por consiguiente, extensible a la verosimilitud de la misma.

Mayor atención hemos de proporcionar a la aparición de escenarios que reflejen irregularidades en el desarrollo de la cadena de custodia, y por dos motivos. Por un lado, porque es fundamental mantenerse alerta ante estas posibilidades al preverse la presunción de corrección en la cadena; por otro, porque la ruptura de la cadena repercute negativamente en la actividad probatoria y, en función de cómo se actúe frente a esta ruptura, puede —incluso— incidir en DDFF de contenido procesal.

El abordaje de la posibilidad de que surjan ciertas contingencias que comprometan la corrección de la cadena de custodia debe analizarse en líneas generales desde tres planos diferenciados: dos de ellos en virtud del riesgo de alterar o modificar el elemento de prueba, primero, desde la óptica de la contaminación accidental de la evidencia, y segundo, desde la perspectiva de la manipulación consciente de la misma; el tercer plano se circunscribe a los defectos habidos en el deber de documentación de la cadena de custodia, ya sea por ausencias o errores.

A pesar de lo que pudiera parecer, la contaminación accidental de las evidencias puede ocurrir con mayor frecuencia de la que, en principio, cabría esperar[227]. Empero, no hay que

---

de unas condiciones mínimas que se orienten a la vertiente formal. *Vid.* GUTIÉRREZ SANZ, M. R.: *La cadena de custodia en el proceso penal español, op. cit.,* pp. 61 y ss. En concreto, la autora alude a una serie de normativa internacional que enlaza directamente con la Recomendación del Consejo de Europa de 30 de marzo de 2004 sobre directivas para la toma de muestras de drogas incautadas (2004/C 86/04).

227 De primeras, la contaminación accidental de la evidencia parece algo difícil de producirse, habida cuenta la trascendencia que los protocolos de cadena de custodia han adquirido hoy en día. Sin embargo, no necesitamos retroceder mucho tiempo atrás para localizar errores de

volverse alarmistas, pues en la actualidad, el nivel de concienciación al respecto es sensiblemente mayor que en años anteriores y los organismos que entran en contacto con las evidencias tienden a cumplir unos protocolos de actuación orientados a la búsqueda de garantías frente a la posibilidad de contaminaciones accidentales en el tratamiento que se ofrece a los elementos de prueba material[228]. En definitiva, la seguridad en la gestión de las evidencias es elevada.

este tipo en el contexto de un caso probablemente conocido por todos. Ejemplo de ello es lo ocurrido en el año 2013 en relación con el asunto mediático del conocido como Caso Asunta. Ocurre aquí que se localizan en la ropa de la víctima restos orgánicos coincidentes con el perfil genético de una persona ajena al crimen que se estaba investigando. Empero, esta persona acredita que se encontraba en Madrid en el momento de los hechos, ocurridos estos en Galicia. Descartada toda posibilidad de relación con los hechos investigados, saltan las alarmas, muy presentes a nivel mediático, en cuanto a la contaminación de las evidencias y la posibilidad de una ruptura de la cadena de custodia en el referido Caso Asunta. Sin embargo, la cuestión no se suscita a lo largo del procedimiento habida cuenta que la hipótesis de una agresión sexual fue descartada en virtud de la autopsia realizada. El error se justifica en que este ciudadano estaba siendo investigado por un delito de violación, por lo que la contaminación de la evidencia se produce en los laboratorios centrales de Madrid, donde se estaban realizando los análisis forenses de las fuentes de prueba derivadas de ambos casos. Aunque lo cierto es que los peritos negaron la posibilidad de que la contaminación se produjese en el laboratorio, ésta se formula como la hipótesis más fiable. En tal sentido, la contaminación habida no produce consecuencias al haberse producido sobre elementos materiales que no configuraban, finalmente, prueba de cargo en el caso analizado. *Vid.* https://www.elconfidencial.com/sociedad/2013-12-12/la-defensa-de-los-padres-pedira-desestimar-la-ropa-de-asunta-contaminada-de-semen_65340/ (fecha de consulta: 23/02/2024). La propia STSJ GAL 2/2016, Sala de lo Civil y Penal, de 15 de marzo, ECLI:ES:TSJGAL:2016:1522, resta importancia a la cuestión de la contaminación de la camiseta al no haber sido este aspecto sometido a valoración por el Tribunal del Jurado, además expone la existencia de unos análisis tanto de la Guardia Civil como de la Universidad de Santiago que dirimen la cuestión de la contaminación.

228 A lo anterior hay que añadir que, en el contexto de los laboratorios oficiales, la seguridad viene dada en virtud de una doble vía: por la oficialidad del laboratorio, por un lado, lo que supone el cumplimiento de los «estándares de calidad necesarios para que no existan dudas sobre las labores que en ellos se realizan»; así como por la alta capacitación y especialización del personal que maneja las evidencias, por otro. *Vid.* GUTIÉRREZ SANZ, M. R.: *La cadena de custodia en el proceso español, op. cit.*, p. 77.

No podemos, sin embargo, descartar enteramente la posibilidad de contaminación, pues la posibilidad de errores, aunque sea cada vez menor, siempre se mantiene presente[229]. El problema que se afronta es que ésta puede ocasionar consecuencias fatales, pudiendo llegar —incluso— a rechazarse la valoración de una prueba debido a su escasa fiabilidad. Con todo, de producirse la contaminación de la fuente de prueba, habrá que estar al caso concreto para —finalmente— conocer si tal contaminación ha supuesto una quiebra en la cadena de custodia, de modo que la decisión estriba en la discrecionalidad del juez, quien analizará y ponderará la gravedad de estas irregularidades en sede de valoración de la prueba. Obvio resulta decir que es una exigencia del sistema la tenencia de una diligencia adecuada en el desarrollo de las investigaciones a fin de evitar posibles contaminaciones en la cadena de custodia y, por supuesto, a fin de evitar cualquier tipo de error accidental en cada uno de las fases del proceso de investigación en general.

El segundo de los planos analizados alude a la manipulación consciente de la evidencia, que es, sin lugar a dudas, el escenario más grave[230]. En primer lugar, porque se da una ruptura efectiva de la cadena de custodia; y, en segundo lugar, porque se trata de una circunstancia intencionada. En este punto, se plantean abundantes interrogantes que traspasan los límites de la cadena de custodia, tales como la responsabilidad que pueda derivarse para quien haya realizado la manipulación de la evidencia. En efecto, debemos señalar que lo característico en este supuesto es la intencionalidad. No se trata ya de un descuido o error humano producido durante la investigación o en los análisis efectuados en los laboratorios, sino que se trata de la posibilidad de que una

---

229 LEAL MEDINA, J.: «Ruptura de la cadena de custodia y desconexión de las fuentes de prueba. Supuestos concretos. Reflexiones que plantea», *Diario la Ley*, núm. 8846, 2016.

230 Al respecto, NIEVA FENOLL expone que, aun a pesar de la profesionalidad y buen hacer de la policía judicial, puede ocurrir que se introduzca indicios falsos en la escena del crimen. NIEVA FENOLL, J.: «Algunas sugerencias acerca de la práctica y valoración de la prueba de ADN», *La Ley Penal*, núm. 93, 2012.

persona haya manipulado intencionadamente la evidencia. Aunque el resultado puede ser equivalente en materia de cadena de custodia, lo cierto es que la premisa que facilita uno u otro escenario es muy diferente.

Esta circunstancia es, además, especialmente plausible en atención a la prueba tecnológica. Sin embargo, cuando la prueba se encuentra ya en poder de las autoridades u organismos oficiales, no parece especialmente accesible para poder ser manipulada. Es por ello que no basta con que la parte plantee la posibilidad, sino que habrá de introducir motivos justificados que generen desconfianza.

Finalmente, y según lo anunciado previamente, la presencia de meros errores burocráticos en la documentación de la cadena de custodia constituye el escenario más laxo en cuanto a posibles contingencias en la misma. Ello porque los meros errores burocráticos, como hemos visto, no determinan la ruptura de la cadena de custodia de forma determinante, sino que la jurisprudencia ha avalado en cuantiosas ocasiones la posibilidad de subsanar estas ausencias mediante las declaraciones de las personas implicadas en la custodia de las evidencias. En este sentido y a pesar de que se trata de una de las exigencias que viene recogiendo la jurisprudencia, de cara a la acreditación de la cadena de custodia, el TS es claro al sostener que no puede —ni debe— formularse como una exigencia de estricto cumplimiento. Se trata de no excluir la prueba por una simple irregularidad formal en la cadena de custodia.

Así, la jurisprudencia del TS ha consolidado una doctrina que se basa, por un lado, en la no exigencia de uniformidad en la documentación y, por otro, en que las irregularidades en la cadena no tendrán como consecuencia directa la nulidad de la prueba. En lo que se refiere a la uniformidad en la documentación, el TS considera que la documentación no puede convertirse en un requisito formalista cuyo incumplimiento invalide la prueba. En estos casos, habrá que comprobar si la irregularidad detectada genera o no dudas sobre la mismidad de la fuente de prueba a efectos de valoración. La finalidad se justifica en evitar que una simple irregularidad formal en la cadena de custodia concluya en la exclusión de la prueba, siendo necesario que exista forma alguna de acreditar que se ha producido ruptura de la cadena de custodia. A pesar de no ser un requisito esencial, resulta evidente su relevancia en tanto que, si una cadena de custodia ha sido perfectamente documentada a lo largo de todo el procedimiento, resulta mucho más sencillo acreditar su corrección. De este modo, el mantenimiento de una documentación adecuada se plantea como uno de los mecanismos más eficaces de cara a la garantía de la corrección de la cadena de custodia.

Todos los escenarios anteriores pueden conducir a la presencia de ciertas incorrecciones en la cadena de custodia. Precisamente, como se ha visto, la jurisprudencia del TS ha elaborado un sistema gradual de incorrecciones con sus consiguientes consecuencias jurídicas.

La existencia de ciertas irregularidades leves[231] —y subsanables— es, sin duda, el escenario más amable en cuanto a la posibilidad de contingencias surgidas en la cadena de custodia. Se trata de meras irregularidades que no causan perjuicio grave a la verosimilitud de la prueba. Dicho de otro modo, la mismidad de la prueba puede ser acreditada aun cuando la cadena de custodia presente en su desarrollo este tipo de irregularidades. Por tanto, no arroja dudas sobre la fiabilidad de la prueba y, en consecuencia, sigue siendo óptima para ser valorada por el juez sentenciador. Sin embargo, un ejemplo de irregularidad leve se produce cuando no se ha documentado el manejo de la evidencia, por ejemplo, por parte de la policía judicial. En este caso, el agente de policía puede acudir a juicio a prestar declaración a fin de subsanar la irregularidad cometida. SÁNCHEZ RUBIO diferencia, así, entre la posibilidad de comisión de errores técnicos —como por ejemplo en laboratorios forenses y en el lugar de los hechos— y de errores burocráticos[232]. Misma

---

231 O irregularidad no invalidante, llamada así por LÓPEZ VALERA, M.: *La cadena de custodia de las pruebas de ADN, op. cit.,* pp. 162 y ss.

232 SÁNCHEZ RUBIO, A.: «Sobre el tratamiento procesal de los errores cometidos en la obtención y conservación de las fuentes de prueba», *Revista Vasca de Derecho Procesal y Arbitraje,* núm. 2, 2017, pp. 241 y ss.

opinión expresa LÓPEZ VALERA, quien sostiene que los errores en la documentación de la cadena de custodia deben considerarse errores no invalidantes[233].

Mayores problemas presenta el análisis de la irregularidad grave con perjuicio a la verosimilitud de la prueba[234]. En este caso, los errores en la cadena de custodia han adquirido una entidad mayor, con capacidad para perjudicar la fiabilidad de la prueba. Aunque ello no quiere decir que esta prueba deba ser excluida del proceso, el juez habrá de valorar hasta qué punto estas circunstancias arrojan dudas sobre la fiabilidad de la prueba que está valorando. En este sentido, autores como MESTRE DELGADO y GUTIÉRREZ SANZ exponen la tendencia de los tribunales a evitar la nulidad de la prueba como consecuencia de la ruptura de la cadena de custodia[235], todo ello en atención a que los errores en la cadena de custodia afectan a la fiabilidad de la prueba. Sin embargo, también hay autores que sostienen que las irregularidades graves deben impedir el acceso de la prueba al proceso[236]. En definitiva, queda a discreción del juez si la prueba ostenta fiabilidad suficiente para ser valorada.

Finalmente, se ha aludido por parte del TS a la posibilidad de vulneración de DDFF de contenido procesal. A pesar de que existe la posibilidad, no se trata del escenario más común. Para que se cumpla tal posibilidad, es necesario que se haya acreditado la ruptura de la cadena de custodia, generando dudas razonables acerca de la mismidad de la prueba y, aun así, el juez sentenciador haya valorado la prueba en sentencia. En ese caso, la parte perjudicada podrá impugnar

---

233 LÓPEZ VALERA, M., *La cadena de custodia de las pruebas de ADN, op. cit.,* pp. 168 y ss.

234 Llamada irregularidad invalidante por LÓPEZ VALERA. *Vid. Ibidem,* pp. 169 y ss.

235 MESTRE DELGADO, E.: «La cadena de custodia de los elementos probatorios obtenidos de dispositivos informáticos y electrónicos», *op. cit.,* p. 75; GUTIÉRREZ SANZ, M. R.: *La cadena de custodia en el proceso penal español, op. cit.,* p. 93.

236 LÓPEZ VALERA, M.: *La cadena de custodia de las pruebas de ADN, op. cit.,* p. 170; DEL POZO PÉREZ, M.: D*iligencias de investigación y cadena de custodia, op. cit.*

190

la prueba en segunda instancia, alegando esta vulneración al haber sido empleada una prueba que adolecía de todo tipo de garantías acerca de su mismidad.

A pesar de lo expuesto en las líneas precedentes, la diferenciación que hace la doctrina del TS respecto a las simples irregularidades y las infracciones de mayor gravedad no es suficientemente concreta, haciendo alusión a conceptos subjetivos que no despejan las dudas respecto a las situaciones en las que se aprecia uno u otro tipo de irregularidad en la cadena.

2.3. La problemática específica de la cadena de custodia tecnológica

En los últimos años y con relativa frecuencia, la doctrina procesalista ha ido exponiendo la idea de que la cadena de custodia alcanza una importancia sin precedentes en el contexto tecnológico. Partiendo de la veracidad de tal afirmación, me parece conveniente realizar una leve matización. Esta relevancia que adquiere la cadena de custodia tecnológica atiende, muy particularmente, a la desconfianza que genera la prueba tecnológica en los distintos operadores jurídicos.

De cara a afianzar la más reciente aseveración, es imperativo iniciar la reflexión sobre la base del fin inherente a la cadena de custodia. Finalidad que ha sido expresada desde los inicios de este trabajo y que no es otra que la de garantizar la mismidad de la prueba material. Tomando como base lo anterior, la desconfianza a la que hacíamos referencia previamente afecta directamente a la fiabilidad de la prueba tecnológica y deriva de los caracteres propios de ésta —ante todo, en virtud de su carácter volátil y su presunta fácil manipulación[237]—.

---

237 Así lo afirma, entre otros, SÁNCHEZ RUBIO al señalar que «(...) antes de confiar en la veracidad del contenido de una prueba electrónica han de adoptarse numerosas cautelas». *Vid.* SÁNCHEZ RUBIO, A.: «Cadena de custodia y prueba electrónica: la mismidad del *hash* como requisito para la fiabilidad probatoria», *op. cit.,* p. 289; mientras ARIZA COLMENAREJO afirma que, en el ámbito informático, «la modificabilidad hace de los documentos digitales una fuente de prueba susceptible de ser impugnada». *Vid.* GONZÁLEZ GRANDA, P. y ARIZA COLMENAREJO, M. J.: *Justicia y proceso: una revisión procesal contemporánea bajo el prisma constitucional,* Dykinson, Madrid, 2021, pp. 484 y ss.

La reiteración de estos caracteres hizo que saltasen todas las alarmas e impulsó una preocupación generalizada en la doctrina acerca de cómo se habrá de acreditar la autenticidad de una fuente de prueba tecnológica[238]. Pero, además, esta confianza continúa en detrimento con la aparición de las tecnologías disruptivas. Este nuevo contexto tecnológico exhibe problemáticas que van más allá de la mera facilidad de manipulación y que reflejan ahora la posibilidad de creación *ad hoc* de pruebas que, aunque falsas, lucen auténticas[239].

Volviendo sobre la idea reflejada líneas arriba, la desconfianza en la prueba tecnológica se traduce en una baja graduación de su fiabilidad. Pero lo cierto es que esta desventaja emana de un aspecto lógico: la fuente de prueba tecnológica contiene ciertos datos (datos que pretenden ser valorados como prueba) que, comúnmente, se han incorporado al dispositivo tecnológico de forma previa a su localización durante la investigación criminal[240]. Por ello las posibilidades de alteración o creación *ad hoc* de las pruebas se perciben mayores.

---

238 Precisamente ésta es la verdadera consecuencia de la ausencia de confianza, si bien es importante tener en cuenta en este punto, tal y como afirma ARRABAL PATERO, que, a pesar de que reiteradamente se ha resaltado la posibilidad de alteración de las pruebas de carácter tecnológico, lo cierto es que esta circunstancia también ocurre en las pruebas más tradicionales. *Vid.* ARRABAL PLATERO, P.: *La prueba tecnológica: aportación, práctica y valoración*, Tirant lo Blanch, Valencia, 2020, p. 45.

239 Esta circunstancia se concreta muy en particular respecto de la posibilidad de valerse de una IA que genera imágenes, vídeos, sonidos... que emulan al original y que son de muy difícil o imposible diferenciación. Son hechos que ya hemos visto en la realidad: IAs que imitan las voces de los famosos, que modifican imágenes reales transformándolas por completo o crean imágenes desde cero a partir de una descripción, etc. Las posibilidades son infinitas y la utilización de este tipo de herramientas se vuelve cada vez más accesible y cómoda para el usuario, lo cual acrecienta exponencialmente la peligrosidad de estas herramientas de cara a una incorrecta aplicación. Ahora bien, la creación de imágenes falsas no es una novedad que haya introducido la IA, no obstante, la sencillez que ofrece la IA a la hora de manipular imágenes o vídeos es abrumadora.

240 Diferencia fundamental con respecto a, por ejemplo, los análisis periciales efectuados por organismos oficiales.

Es oportuno señalar que también en el contexto tecnológico nos encontramos ante un escenario de vacío legal en materia de cadena de custodia. Hecho éste ciertamente coherente con el estado actual de su regulación procesal, pues no existiendo tal regulación de la cadena de custodia *per se*, una regulación de su vertiente tecnológica luciría incongruente[241]. Y ésta es, sin duda, la visión que se defiende en este trabajo: es fundamental regular la cadena de custodia tradicional, como garantía procesal, para después abordar la problemática específica de la cadena de custodia tecnológica.

Asentadas las anteriores premisas, son tres los aspectos esenciales a valorar en materia de cadena de custodia tecnológica: en primer lugar, la acreditación de la mismidad de la prueba tecnológica; en segundo lugar, la impugnación de la cadena de custodia tecnológica; y, en tercer lugar, la fiabilidad de la prueba tecnológica en virtud de su cadena de custodia.

En relación con la acreditación de la mismidad de la prueba tecnológica y una vez planteadas las diferentes problemáticas, se ha iniciado una búsqueda constante de nuevas formas de garantizar la mismidad de la prueba en el terreno tecnológico[242]. Aunque acreditar la corrección de la

---

241 Sin perjuicio de lo expresado en texto, no se puede obviar la sorpresa causada por la ausencia de previsiones al respecto tras la reforma operada por la LO 13/2015, mucho más teniendo en cuenta que el propio legislador manifestó entonces la facilidad de alteración que podría sufrir la prueba tecnológica. A pesar de ello, el legislador optó por incorporar únicamente vagas referencias a la necesidad de adoptar las garantías para asegurar la integridad de las fuentes de prueba obtenidas tras la práctica de algunas y concretas medidas de investigación. *Vid.* ESPÍN LÓPEZ, I.: «La cadena de custodia en proceso penal. Propuestas en relación con el análisis y custodia de la prueba digital», *op. cit.* En el ámbito de la UE, por otro lado, tiene especial consideración el Reglamento 2023/1543, relativo a las órdenes europeas de producción y conservación de prueba electrónica en los procesos penales, si bien tampoco aporta novedades relevantes en materia de cadena de custodia.

242 ARELLANO, L. E. y CASTAÑEDA, C. M.: «La cadena de custodia informático-forense», *Cuaderno informático-forense*, Vol. 3, núm. 1, 2012, pp. 67-81, exponen un modo de proceder bastante detallado para la preservación

193

cadena de custodia de una prueba de carácter tecnológico puede efectuarse —al igual que ocurre cuando se trata de una prueba más tradicional[243]— por diferentes vías[244], la posición más compartida sostiene que la pericial informática[245] es el mejor modo de acreditar la mismidad de una

---

de la cadena de custodia digital, siguiendo las fases de detección, identificación y registro, recolección de los elementos y recolección de la evidencia digital.

243 En síntesis, la diferencia fundamental es que la confianza que depositamos en una y en otra, y tratándose la cadena de custodia de una garantía que impacta directamente en la fiabilidad que el juzgador otorga a la prueba en fase de valoración, ciertamente la cadena de custodia adquiere una relevancia sin precedentes en el plano digital, ello porque partimos de un grado de desconfianza mayor en la fuente de prueba aportada.

244 Por ejemplo, ciertas propuestas doctrinales consideran que una forma de garantizar la mismidad de la fuente de prueba tecnológica consiste en que la obtención o el acceso a la fuente de prueba se efectúe en presencia de un fedatario público —ya se sea un notario o ante el LAJ—, de modo que el fedatario sea quien garantice el contenido de dicha fuente de prueba electrónica, dando fe del contenido de la misma. Es conveniente recordar que existe unanimidad doctrinal al respecto de que lo verdaderamente determinante es el contenido/información y no el dispositivo en sí mismo. En este caso concreto, se habla de la presencia de fedatarios públicos en el «primer momento del acceso al contenido de la prueba», en tanto que «podrían presenciar el momento del acceso, bloqueo y clonado». *Vid.* CALAZA LÓPEZ, S. y MUINELO COBO, J. C.: «La digitalización y custodia de la prueba pericial electrónica sobre evidencias virtuales», en *op. col.* Picó i Junoy (dir.), *La prueba pericial a examen: propuestas de «lege ferenda»*, J. M. Bosch Editor, Barcelona, 2020, pp. 473 y ss.

245 ARRABAL PLATERO expone los beneficios de acudir a este tipo de medios, afirmando la utilidad de la pericia para el caso de que se requiera un análisis sobre los metadatos de la prueba tecnológica que se ha accedido al proceso, ello lo expone en referencia a los modos de introducir la información contenida en un dispositivo tecnológico, sin embargo, tales afirmaciones son trasladables al ámbito de la cadena de custodia. *Vid.* ARRABAL PLATERO, P.: «El valor probatorio de la información contenida en un dispositivo tecnológico», en *op. col.* Bujosa Vadell (dir.), *Derecho procesal: retos y transformaciones*, Atelier, Barcelona, 2021, p. 536; CALAZA LÓPEZ sostiene que la pericial informática puede servir para acreditar la autenticidad e integridad de la prueba electrónica. *Vid.* CALAZA LÓPEZ, S.: «Cadena de custodia y prueba tecnológica», en *op. col.* Villegas Delgado y Martín Ríos (dirs.), *El derecho en la encrucijada tecnológica: Estudios sobre derechos fundamentales, nuevas tecnologías e inteligencia artificial,* Tirant lo Blanch, Valencia, 2022, pp. 39 y ss.

prueba tecnológica. Para ello, un perito informático deberá analizar el dispositivo tecnológico a fin de comprobar que su contenido no haya sido adulterado.

Existen otras opciones, no obstante, que están alcanzado mucha fuerza en el terreno de las tecnologías disruptivas[246]. Se trata de la conocida tecnología *blockchain* —o cadena de bloques—[247]. En particular, la notoriedad de la tecnología *blockchain* viene dada a consecuencia de la popularidad que adquirió el modo en que esta tecnología gestiona la informa-

---

También SANJURJO RÍOS, E. I.: «Proceso penal y volatilidad/mutabilidad de las fuentes de pruebas electrónicas: sobre la conveniencia y el modo de asegurarlas eficazmente», *op. col.* González Granda (dir.), *Exclusiones probatorias en el entorno de la investigación y prueba electrónica*, Reus Editorial, Madrid, 2020, p. 206; DE URBANO CASTRILLO, E.: *La valoración de la prueba electrónica*, Tirant lo Blanch, Valencia, 2009, p. 69, aunque no en relación con la acreditación de la mismidad en concreto, el autor expone que la pericia informática puede resultar muy conveniente; MARTÍNEZ GALINDO, G.: «Problemática jurídica de la prueba digital y sus implicaciones en los principios penales», *op. cit.*, pp. 15 y ss.; FUENTES SORIANO, O.: «El valor probatorio de los correos electrónicos», en *op. col.* Asencio Mellado (dir.), *Justicia penal y nuevas formas de delincuencia*, Tirant lo Blanch, Valencia, 2017, pp. 202 y ss., en relación con la forma de acreditar la autenticidad de un correo electrónico. También RUBIO ALAMILLO, J.: «Cadena de custodia y análisis forense de smartphones y otros dispositivos móviles en procesos judiciales», *Diario la Ley*, núm. 9300, 2018, quien alude a la importancia de que el perito firmante sea informático.

246 Tecnologías que se enmarcan en el contexto de la llamada cuarta revolución industrial o industria 4.0. Término introducido por el economista SCHWAB, K.: *La cuarta revolución industrial*, Debate, Barcelona, 2016, pp. 19 y ss.

247 La *blockchain* se formula como una categoría propia de la *Distributed Ledger Technology* o tecnología de registro distribuido y, en concreto, se perfila como un modo de aplicar este tipo de tecnología. Muy sucintamente, la tecnología *blockchain* opera como un libro mayor de carácter digital, distribuido e inmutable, garantizado a través de sistemas de criptografía avanzada mediante una red *peer-to-peer* en la que los nodos (usuarios) validan la transacción en virtud de un mecanismo de consenso, puesto que el control de la operación está descentralizado. *Vid.* IBÁÑEZ JIMÉNEZ, J. W.: *Blockchain: primeras cuestiones en el ordenamiento español*, Dykinson, Madrid, 2018, pp. 15 y ss.; GIMENO BEVIÁ, J.: «Blockchain y resolución de conflictos: algunas reflexiones», en *op. col.* Martín Pastor y Juan Sánchez (dirs.), *El Derecho Procesal: entre la Academia y el Foro*, Atelier, Barcelona, 2022, p. 608.

ción, justamente en aras a garantizar la confianza y credibilidad sobre la misma[248]. Precisamente los debates doctrinales giran en torno a su eventual aprovechamiento en el proceso con especial consideración en el ámbito probatorio, dado que ofrece la posibilidad de aplicar una serie de mecanismos que permiten afianzar la confianza en la información tecnológica que pretende acceder al proceso como prueba[249].

248 Esta confianza sobre el origen y el contenido de los datos es decisiva para el éxito de los sistemas de información y comunicación, no obstante, la tecnología *blockchain* —basada en sistemas de criptografía— ofrece soluciones aptas para asegurar esta confianza. Los sistemas de criptografía se basan en unos mecanismos de carácter matemático que hacen viable la identificación, por un lado, del origen de las informaciones y, por otro, el control sobre las posibles modificaciones y alteraciones. *Vid.* ARROYO GUARDEÑO, D.; DÍAZ VICO, J. Y HERNÁNDEZ ENCINAS, L.: *Blockchain*, Editorial CSIC, Madrid, 2019, pp. 6 y ss.

249 Ello se debe a su propia configuración, según la cual ésta se materializa como una cadena de bloques, en la que los «bloques» constituyen el conjunto de datos que incorporan las transacciones ejecutadas en la red *peer-to-peer* por parte de los nodos que la integran; y la «cadena» representa el enlace criptográfico que mantiene unidos unos bloques con otros. En concreto, este enlace se ejecuta por vía de código *hash*. Esto es, funciones resumen. Se trata de una función con la capacidad de transformar una información o mensaje a una longitud o tamaño en bits determinado, con independencia de su longitud o tamaño original. Al resultado de la operación se le denomina *hash*. Es importante señalar que las funciones *hash* «no cifran ni descifran mensajes, pero son las herramientas indispensables para comprobar la integridad de determinada información». *Vid.* ARROYO GUARDEÑO, D.; DÍAZ VICO, J. Y HERNÁNDEZ ENCINAS, L.: *Blockchain, op. cit.*, pp. 21 y ss.; IBÁÑEZ JIMÉNEZ, J. W.: *Blockchain: primeras cuestiones en el ordenamiento español, op. cit.*, pp. 20 y ss.
A grandes rasgos, PÉREZ CAMPILLO expone los caracteres principales de la tecnología *blockchain*, que identifica como el «ADN» de esta tecnología: primero, la integridad de los datos y de la información, en tanto que los datos —una vez incorporados a la cadena— no son susceptibles de modificaciones en ningún caso; segundo, la confidencialidad; tercero, la autenticación de usuario, como complementario a la confidencialidad; cuarto, la autenticación del remitente y del destinatario, de modo que garantiza la seguridad entre las transacciones, evitando posibles suplantaciones; y quinta, la descentralización de internet e identidad digital, siendo ésta una de las características básicas de la *blockchain*. *Vid.* PÉREZ CAMPILLO, L.: «Blockchain: ¿Amenaza o solución en la protección de datos personales y privacidad? Especial mención al e-health», en *op. col.* Bueno de Mata (dir.), *Fodertics 7.0: estudios sobre derecho digital*, Comares, Granada, 2019, pp. 263-264.

En concreto, se trata de un mecanismo de encriptación de datos mediante el empleo de códigos *hash*. El código *hash* se obtiene a través de la aplicación de un algoritmo que traduce una cantidad de datos informáticos, con independencia de su tamaño, en un valor alfanumérico compuesto por un número determinado de bits[250]. Ocurre aquí que, una vez obtenido el código *hash*, si se modifica un único bit del conjunto de datos, el valor del *hash* será diferente[251]. Del mismo modo, una modificación de los datos en una *blockchain* supondría la alteración de todos los *hashes* que integran la cadena y, en consecuencia, cualquier alteración sería perfectamente verificable[252]. De ahí que el grado de credibilidad que ofrece la tecnología *blockchain* se perciba elevado[253].

---

250 Los códigos *hash,* en concreto, se obtienen «mediante la aplicación de un algoritmo que convierte una gran cantidad de datos, de un tamaño variable, en un valor pequeño y de tamaño uniforme, por eso los valores hash también son conocidos como números resúmenes». Esto es, la función *hash* convierte una serie de datos (correo electrónico, disco duro, documento ofimático, etc.) en una función matemática a fin de obtener un valor alfanumérico: el *hash*. *Vid.* SÁNCHEZ RUBIO, A.: «Cadena de custodia y prueba electrónica: la mismidad del *hash* como requisito para la fiabilidad probatoria», *op. cit.,* p. 297.

251 *Ibidem,* p. 297. También BARRIA NIEVAS, S.: «Introducción al Blockchain: análisis del play to earn», *Revista Blockchain e Inteligencia Artificial,* Vol. 3, núm. 4, 2022, pp. 5 y ss., quien expone que el enlace de un bloque con otro mediante código *hash* implica que cada bloque se encuentra «criptográficamente vinculado al anterior y encriptado», de modo que cada bloque contiene una referencia al bloque anterior, de modo que la totalidad de la información contenida queda garantizada con la inclusión de un nuevo bloque a la cadena.

252 A este respecto, conviene señalar que, si bien la modificación de los datos de contenidos en la cadena de bloques es técnicamente posible, no se advierte como probable. Esto deriva de la propia configuración de este tipo de tecnología DLT, puesto que los nodos tienen la capacidad de controlar e impedir los intentos de modificación de los datos, ya que la introducción de modificaciones en la red P2P únicamente es posible contando con el acuerdo de la mayoría de los nodos que la integran, todo ello en virtud del llamado protocolo de consenso. *Vid.* IBÁÑEZ JIMÉNEZ, J. W.: *Blockchain: primeras cuestiones en el ordenamiento español, op. cit.,* pp. 22 y ss.

253 Al hilo de lo anterior, expone IBÁÑEZ JIMÉNEZ en relación con la blockchain: «Es, de este modo, una cadena de hashes o identificadores, porque los hashes tienen, junto a la función identificadora de los datos, la de conectar o ligar bloques, haciendo virtualmente irrompible la

En definitiva, éste es el fundamento de la hipótesis según la cual el empleo de tecnología *blockchain* es útil en aras a garantizar la corrección de la cadena de custodia de los datos digitales aportados al proceso como prueba[254]. Pero no solo encuentra su encaje en los análisis doctrinales, sino que también en la LECrim podemos localizar el fundamento para la integración de la tecnología *blockchain* como método para garantizar la cadena de custodia. Éste deriva de la reforma operada por la LO 13/2015 y, en concreto, de la introducción del art. 588 octies LECrim, el cual establece que el MF o la policía judicial «podrán requerir a cualquier persona física o jurídica la conservación y protección de datos o informaciones concretas incluidas en un sistema informático de almacenamiento que se encuentren a su disposición hasta que se obtenga la autorización judicial correspondiente para su cesión». En virtud del citado precepto se reconoce la posibilidad de establecer un mecanismo de protección y conservación de pruebas electrónicas cuya aplicación podría tener encaje con arreglo a tecnología *blockchain*[255].

---

cadena, y, por ende, dotándola de seguridad material o tecnológica. De esta suerte, la cadena de identificadores de bloques (...) facilita el rastreo, seguimiento, persecución, investigación y (...) trazabilidad de todos los datos; a la par que, merced al mecanismo de la encriptación, veda la posibilidad de alterar la información engarzada». *Ibidem*, p. 22.

254 En los últimos años son diversos los autores que han formalizado la propuesta de emplear sistemas *blockchain* y funciones *hash* como método para garantizar la inalterabilidad de la fuente de prueba de carácter digital. *Vid.* SÁNCHEZ RUBIO, A.: «Cadena de custodia y prueba electrónica: la mismidad del *hash* como requisito para la fiabilidad probatoria», *op. cit.*, pp. 289 y ss.; GONZÁLEZ GRANDA, P. Y ARIZA COLMENAREJO, M. J.: *Justicia y proceso: una revisión procesal contemporánea bajo el prisma constitucional, op. cit.*, pp. 484-487; PEREIRA PUIGVERT, S.: «Sistema de hash y aseguramiento de la prueba informática. Especial referencia a las medidas de aseguramiento adoptadas inaudita parte», *Fodertics II: Hacia una justicia 2.0*, Ratio Legis Librería Jurídica, Salamanca, 2014, pp. 75 y ss. Al hilo de lo anterior, sostiene GARCÍA MATEOS que la única forma de garantizar, a nivel informático, que la evidencia digital no ha sufrido alteración alguna a lo largo de su existencia es a través de su huella digital, esto es, su *hash* (GARCÍA MATEOS, J. A.: «Cadena de custodia vs. mismidad», *op. cit.*, p. 136).

255 BUENO DE MATA, F.: «Blockchain, identidad autosoberana y prueba electrónica transfronteriza», en *op. col.* Hernández López y Laro

Al igual que ocurre con su vertiente tradicional, uno de los puntos más conflictivos de su dimensión tecnológica se encuentra en su impugnación. A pesar de la presencia de peculiaridades propias, la premisa de partida se fija en idénticos parámetros que los analizados anteriormente, principalmente teniendo en cuenta que la impugnación ha de efectuarse en el primer momento en que se tenga conocimiento de la circunstancia que perjudica el desarrollo de la cadena de custodia.

También las diversas posibilidades que podrían poner en jaque la mismidad de la prueba pueden sintetizarse en las mismas posibilidades. A saber, la contaminación accidental de la evidencia, la manipulación consciente de la evidencia y la ausencia o errores burocráticos en la documentación de la cadena de custodia. Con todo, en el caso de la prueba tecnológica las preocupaciones se centran especialmente en la posibilidad de manipulación consciente de la evidencia, si bien también se le otorga cierta relevancia a la contaminación accidental de la misma.

Una vez más, la cuestión orbita alrededor de la desconfianza que desprende la prueba tecnológica. Los operadores jurídicos acostumbran a desconfiar de la autenticidad de este tipo de pruebas, aduciendo su fácil manipulación o alteración, motivo por el cual es común impugnar la autenticidad de las mismas[256].

Al hilo de esto y una vez impugnada la prueba de carácter tecnológico[257], la consecuencia estriba en que se ha de acreditar su mismidad para alcanzar la confianza del juzga-

---

González (dirs.), *Proceso penal europeo: últimas tendencias, análisis y perspectivas,* Aranzadi, Navarra, 2023, pp. 82 y ss.

256 PÉREZ DAUDÍ, V.: «La prueba electrónica: naturaleza jurídica e impugnación», en *op. col.* Asencio Mellado (dir.), *Derecho probatorio y otros estudios procesales. Liber Amicorum: Vicente Gimeno Sendra*, Ediciones Jurídicas Castillo de Luna, Madrid, 2020, pp. 1560 y ss.

257 Señala ESPÍN LÓPEZ que no hay previsión normativa al respecto, sin embargo, ésta podrá ser impugnada al igual que cualquier otra prueba. ESPÍN LÓPEZ, I.: *Investigación sobre equipos informáticos y su prueba en el proceso penal,* Aranzadi, Navarra, 2021, p. 270.

dor[258]. Es lo que se ha denominado como la «prueba sobre la prueba», en tanto que el objeto de ésta es acreditar la autenticidad del contenido del medio probatorio, pero no el objeto del proceso[259].

La diferencia fundamental entre la impugnación de la cadena de custodia tecnológica y la tradicional reside en que ésta última viene acompañada de una presunción de veracidad, en tanto que el seguimiento de la fuente de prueba desde que es obtenida lo efectúan organismos oficiales[260]. En

---

258 En este sentido, y a propósito de la impugnación de la prueba tecnológica, ARRABAL PLATERO expone que, una vez superado el trámite de admisión de la prueba, ésta podrá ser impugnada por la otra parte «por considerar que no concurre en ellas los requisitos de autenticidad e integridad». Y añade la autora que las partes impugnarán las pruebas de contrario ante su eventual falsedad, sobre la base de la inautenticidad —«la prueba ha sido creada *ex novo* para el proceso»— o de la manipulación —la alteración de la prueba por medio de la supresión o modificación de datos— de las mismas. *Vid.* ARRABAL PLATERO, P.: *La prueba tecnológica: aportación, práctica y valoración, op. cit.,* pp. 335 y ss.

259 SÁNCHEZ RUBIO, A.: «Cadena de custodia y prueba electrónica: la mismidad del *hash* como requisito para la fiabilidad probatoria», *op. cit.,* pp. 292 y ss. Al respecto de la impugnación de la prueba tecnológica, afirma la autora que la carga sobre 'la prueba sobre la prueba' se sitúa en la parte que pretende beneficiarse de los efectos probatorios de la prueba. En opinión de SÁNCHEZ RUBIO, al contrario de lo que ocurre con la prueba tradicional, será la parte contraria quien deba probar la ausencia de fiabilidad de la prueba. Una vez más, esta cuestión deriva directamente de la falta de confianza en este tipo de pruebas.

260 Tiene interés el Dictamen 1/2016 de la unidad de Criminalidad Informática de la FGE, donde se expone que las distintas herramientas TIC ofrecen diversas posibilidades de cara a la manipulación de la prueba tecnológica, en tanto que posibilitan la simulación total o parcial del contenido de las fuentes de prueba. El citado dictamen, concreta estas posibilidades en las siguientes: hacerse con la cuenta de usuario de otra persona, suplantar la identidad de terceras personas, simular o crear rastros ficticios de una comunicación o transmisión, modificar los contenidos de las comunicaciones, alterar mensajes por medio de la supresión o adición de frases o archivos adjuntos, alteración de fechas, etc. *Vid.* RODRÍGUEZ ÁLVAREZ, A.: «¿Sobran las palabras?: Los emojis como prueba en el proceso judicial», en *op. col.* Bujosa Vadell (dir.), *Derecho Procesal: retos y transformaciones,* Atelier, Barcelona, 2021, pp. 505-519. Asimismo, el Dictamen 1/2016 ya puso sobre la mesa la cuestión del desplazamiento de la carga de la prueba ante la impugnación de la prueba tecnológica y, en concreto, en relación a la valoración de

definitiva, se trata —como ya se ha afirmado— de una cuestión de confianza.

Finalmente, de impugnarse un documento cuya autenticidad fue acreditada mediante tecnología *blockchain*, para acreditar la mismidad del documento impugnado se podrá acudir, también, a una prueba pericial de carácter instrumental que arroje luz acerca de la autenticidad de los datos. Al tratarse de un documento encriptado, ocurre en este caso que el informe pericial que se efectúe sobre la mismidad del documento plasmará el valor *hash* de la información contenida en él[261]. Por tanto, si la prueba hubiese sido alterada, esta manipulación se reflejaría en una alteración del valor *hash*.

Previamente hemos afirmado que el último punto a valorar es relativo a la fiabilidad de la prueba tecnológica en virtud de su cadena de custodia. Una vez más, la desconfianza que genera la prueba tecnológica vuelve a ser protagonista. Lo crucial en este punto es reparar el bajo grado de fiabilidad del que partimos, por lo que se habrá de acudir a las herramientas procesales que nos permitan incrementar esta fiabilidad de cara a su valoración. En definitiva, si una parte introduce una prueba de carácter digital y —además— introduce al proceso los medios suficientes para acreditar la corrección de la cadena de custodia, esto repercutirá muy positivamente en la valoración de la prueba tecnológica[262].

---

las evidencias, ya sean en soporte papel o en soporte electrónico, que acceden al proceso como medio de prueba de comunicaciones electrónicas. Al respecto, la postura de la FGE rechaza el desplazamiento automático, entendiendo que se determinará en virtud de la seriedad y razonabilidad del planteamiento impugnatorio que habrá de ser analizado en cada caso.

261 RUBIO ALAMILLO, J.: «Conservación de la cadena de custodia de una evidencia informática», *op. cit.*

262 En este punto, es fundamental aludir al Dictamen 1/2016 de la Unidad de Criminalidad Informática, sobre la valoración de las evidencias en soporte papel o en soporte electrónico aportadas al proceso penal como medio de prueba de comunicaciones electrónicas. Se trata de una reflexión acerca de las posibilidades de manipulación del contenido o simulación ad hoc de este tipo de evidencias, de modo que se presentan una serie de criterios de actuación para garantizar su autenticidad e

En este sentido, la relación entre valoración de la prueba y corrección de la cadena de custodia es idéntica que cuando se trata de pruebas más tradicionales.

3. VALORACIÓN PERSONAL

La repercusión que ha alcanzado la cadena de custodia en esta última etapa es fruto del recorrido evolutivo que ha seguido a lo largo de los años y que ha sido expuesto en los apartados correspondientes. De igual modo que ocurría con la valoración de anteriores etapas, ésta se efectuará bajo la óptica de tres planos (legal, doctrinal y jurisprudencial) y en dos niveles (ámbito interno y de Derecho comparado).

integridad y, consecuentemente, su validez como medio de prueba. Ahora bien, la primera cuestión que habremos de tener en cuenta es que el Dictamen 1/2016 alude a medios de prueba que son aportados directamente por las partes procesales, y no a las evidencias obtenidas en el curso y a consecuencia de la investigación criminal. A pesar de ello se reconoce la posibilidad de que, incluso en el segundo supuesto, las evidencias puedan haber sido alteradas con carácter previo a la intervención policial o el inicio de la investigación. Y reconoce que, una vez producida la intervención policial o judicial, las posibilidades de manipulación de una evidencia merman considerablemente, ya que los organismos oficiales deben seguir las pautas de cadena de custodia para garantizar la autenticidad e integridad de la evidencia desde su intervención, de modo que el tratamiento de la misma siga las recomendaciones habidas en materia de cadena de custodia.

En síntesis, el Dictamen aporta una serie de criterios para la valoración de este tipo de pruebas en función del canal informático en el que se genera la comunicación electrónica, de modo que los individualiza en función de los caracteres que identifican cada modo de comunicarse.

Además, la Unidad de Criminalidad Informática de la FGE sostiene que, una vez impugnado el medio de prueba que pretende introducir al proceso el contenido de comunicaciones electrónicas, podrá ser necesaria la práctica de nuevas diligencias de prueba que acrediten la existencia de la comunicación, su origen, destino o contenido. Afirmando, no obstante, que no en todos los casos será necesario un informe pericial informático, sosteniendo que éste únicamente podrá ser imprescindible cuando no sea posible acreditar la autenticidad de las comunicaciones por otros medios. En definitiva, las oportunas diligencias a realizar dependerán del medio tecnológico por el que se haya canalizado la comunicación, ello en virtud de las específicas características técnicas de unos y otros sistemas de comunicación.

En el ámbito interno, nos encontramos ante la primera etapa con novedades en el plano legal. A pesar de que todavía no se ha alcanzado una regulación expresa y unitaria de la figura de la cadena de custodia, sí se produjeron dos intentos de introducir en nuestro ordenamiento una regulación procesal en la materia a través de los ALECrim de 2011 y 2020[263]. Iniciamos, por tanto, la valoración a propósito de la más reciente de las propuestas. A finales del año 2020 se presenta un nuevo ALECrim que incorpora, como ha sido dicho, una propuesta de regulación expresa de la institución de la cadena de custodia. A pesar de los años transcurridos desde la propuesta anterior, éste mantiene una propuesta esencialmente idéntica[264] a la contenida en su predecesor

---

263 En cambio, el Borrador de Código Procesal Penal del año 2013 no proyectaba ninguna regulación en tal sentido. A pesar de las diferencias obvias que inspiran la redacción de ambos textos, resulta curioso el distinto enfoque ofrecido a esta institución en estos años. Lo curioso se infiere del diferente reconocimiento otorgado a la cadena de custodia habida cuenta la trascendencia práctica de esta figura y, en particular, considerando que ésta ya había sido revelada en el año 2013 y no sólo por el prelegislador del 2011, sino también por la doctrina científica y, desde luego, por nuestros juzgados y tribunales. Con la redacción del Borrador de 2013, sin embargo, se diluía notablemente el interés mostrado en el plano legislativo. A pesar de la presencia de algunas previsiones que otorgaban cierta relevancia, mayoritariamente indirecta, a la institución de la cadena de custodia, este borrador presentaba la gran desventaja de no contar con una regulación unitaria y explícita. El único contacto directo con la cadena de custodia se proyectaba sobre el precepto dedicado a regular el atestado policial (art. 84 Borrador 2013), aludiendo a la misma en los siguientes términos «especialmente se relacionarán los instrumentos, efectos y fuentes de prueba recogidos y las salvaguardas adoptadas para asegurar la integridad de la cadena de custodia». No se puede negar la relevancia de ello, no obstante, cubrir las necesidades legislativas de la cadena de custodia demanda una regulación expresa de la misma como institución procesal autónoma, y no meras referencias en preceptos aislados. Adicionalmente, el borrador refleja una regulación indirecta a propósito de ciertas garantías que han de mantenerse en la práctica de algunas diligencias de investigación, muy especialmente en relación tanto con la conservación de las fuentes de prueba como con el deber de documentar el modo en que se llevaron a cabo las distintas actuaciones (arts. 342; 356 y 287 Borrador 2013).

264 Teniendo en cuenta que la única diferencia responde a un ajuste terminológico (la sustitución de una palabra por otra sinónima), no existe modificación real entre las regulaciones proyectadas en ambos.

del año 2011[265], sin que el nuevo texto refleje alguna de las novedosas cuestiones que se han ido construyendo a lo largo de estos casi diez años de evolución jurisprudencial.

Resulta evidente que, en ambos casos, el primer acierto en la regulación proyectada en materia de cadena de custodia es, precisamente, la propia incorporación de ésta. Y es que, a pesar de las carencias o puntos débiles que puedan reflejarse en los distintos preceptos dedicados al efecto, la inclusión de una regulación expresa merece ser aplaudida en línea de principio, en vista del escenario procesal de partida.

Ahora bien, habrá que analizar el texto de cara a ofrecer una valoración crítica sobre el contenido de la regulación proyectada.

Sorprende la ubicación que el prelegislador decide otorgar al capítulo de la cadena de custodia, pues la incardina dentro de las diligencias de investigación y, en particular, en relación con los medios de investigación relativos al cuerpo del delito[266]. Esta ubicación parece indicar que la cadena de custodia es una diligencia de investigación, siendo esto, por

---

265 Es oportuno señalar que la regulación proyectada en el frustrado ALECrim 2011ha tenido cierta repercusión en la jurisprudencia de nuestros tribunales, habiendo sido aludida en la STS 679/2019, de 23 de enero de 2020, ECLI:ES:TS:2020:166.

266 A pesar de la sorpresa que nos produce la equiparación de la cadena de custodia con las diligencias de investigación, es preciso señalar que esta igualación no es exclusiva del prelegislador español, sino que en algunos ordenamientos jurídicos ha sido regulada previamente en modo similar. Un ejemplo de ello es el sistema jurídico mexicano, en el cual la cadena de custodia es regulada en el Código Nacional de Procedimientos Penales dentro de un capítulo dedicado a las técnicas de investigación. El sistema jurídico colombiano, en cambio, a pesar de que la regulación de la cadena de custodia en el Código de Procedimiento Penal se contiene en el Libro II —técnicas de indagación e investigación de la prueba y sistema probatorio—, Título I —la indagación y la investigación—, en el Capítulo V —dedicado específicamente a la cadena de custodia— no parece contener la cadena de custodia en el contexto exclusivo de las técnicas de investigación.

supuesto, un error. Pues en realidad, tal y como se sostiene a lo largo de este trabajo, la cadena de custodia debe ser entendida como una garantía de la prueba.

Partimos de un precepto rubricado *Garantías de las fuentes de prueba*, el cual establece lo siguiente:

«1. Todas las actuaciones tendentes a la localización, recogida, obtención, análisis, depósito y custodia de las fuentes de prueba deberán realizarse en la forma prevista en esta ley y en las demás disposiciones que resulten aplicables.

2. Todas las fuentes de prueba obtenidas durante la investigación de los hechos delictivos serán debidamente custodiadas, a fin de asegurar su disponibilidad en el acto del juicio oral con los efectos que esta ley establece».

Dos son los elementos a destacar positivamente: en primer lugar, la inclusión de una enumeración de las actuaciones que conforman la cadena de custodia, teniendo en cuenta que todas ellas participan del recorrido de la prueba desde su obtención hasta su incorporación al proceso; y en segundo lugar, la identificación de su finalidad. Sin embargo, es el propio título del precepto el que aporta el aspecto de mayor interés: reconoce el carácter garantista de la cadena de custodia.

El siguiente precepto, bajo la rúbrica *Cadena de custodia,* precisa el momento en que se inicia la cadena de custodia entendiendo que «(···) se inicia en el lugar y momento en los que se obtiene o encuentra la fuente de prueba». Seguidamente establece la obligación, frente a todos los intervinientes, de constituir, aplicar y mantener la cadena de custodia, en aras de garantizar la inalterabilidad de la fuente de prueba. Finalmente, expone la necesidad de dejar constancia de las posibles alteraciones que pudieran producirse en el estado original de las evidencias.

Continúa la regulación proyectada con un precepto dedicado al *procedimiento de gestión de muestras,* incorporando algunas reglas procedimentales cuyo fin es asegurar el buen desarrollo de la cadena de custodia. Además, reconoce la conveniencia de establecer reglamentariamente los procedimientos a seguir y enumera una serie de circunstancias que, en todo caso, habrán de ser documentadas.

El último precepto, *efectos de la cadena de custodia*, regula tres aspectos fundamentales:

«1. El cumplimiento de los procedimientos de gestión y custodia determinará la autenticidad de la fuente de prueba llevada al juicio oral y, en su caso, justificará sus alteraciones o modificaciones. 2. El quebrantamiento de la cadena de custodia será valorado por el tribunal a los efectos de determinar la fiabilidad de la fuente de prueba. 3. La cadena de custodia podrá ser impugnada en el trámite de admisión de la prueba alegando el incumplimiento de los procedimientos de gestión y custodia de las muestras».

En suma, el ALECrim 2020 pretende introducir en nuestro ordenamiento procesal una regulación en la que se establecen unas características y principios mínimos y generales que orienten el correcto desarrollo de la cadena de custodia. Es obvio que la regulación proyectada refleja, en parte, la doctrina elaborada por el TS, configurando la cadena de custodia como una garantía formal de la autenticidad de la prueba.

Sin embargo, son también apreciables las ausencias, debiendo destacar muy especialmente la ausencia de concepto. Además se omite, por un lado, referencia alguna a los términos corrección de la cadena de custodia y mismidad de la prueba, tan sumamente significativos en su construcción jurídica; por otro, las previsiones relativas a la impugnación de la cadena de custodia y las consecuencias jurídicas derivadas tanto de su ruptura como de su corrección continúan siendo deficientes. En cuanto a la delimitación de la cadena de custodia, si bien su planteamiento es suficientemente positivo en general, tampoco es enteramente satisfactorio.

En definitiva, la regulación de la cadena de custodia proyectada en el ALECrim 2020 no satisface las necesidades actuales de una regulación adecuada[267]. Distinta valoración merece, en cambio, el ALECrim 2011.

---

267 Aun cuando parte de la doctrina otorga una valoración positiva a la misma. *Vid.* ORTEGO PÉREZ, F.: «Los medios de investigación relativos al cuerpo del delito», en *op. col.* Jiménez Conde y Fuentes Soriano (dirs.), *Reflexiones en torno al Anteproyecto de Ley de Enjuiciamiento Criminal de 2020,* Tirant lo Blanch, Valencia, 2022, pp. 744 y ss.

Esto ocurre porque, al tiempo de pronunciar una opinión sobre las regulaciones proyectadas, es preciso atender al marco temporal en el que se encuadran. Con contenido sustancialmente idéntico en ambas propuestas, ciertamente merecen valoraciones dispares a consecuencia, justamente, del marco temporal. En el año 2011, la regulación proyectada merecía una valoración especialmente positiva, no obstante, la misma propuesta a finales del 2020 es poco satisfactoria. De uno a otro año el avance en materia de cadena de custodia es notorio, con consolidación de algunos de los elementos esenciales que siguen sin verse reflejados en la propuesta. En base a tales consideraciones, puede afirmarse que la regulación proyectada en el ALECrim 2020 es susceptible de múltiples mejoras.

En el ámbito interno han destacado singularmente el plano doctrinal y el jurisprudencial, tal y como se ha ido exponiendo en el desarrollo dedicado al efecto. En la actualidad nos encontramos ciertamente en un momento excepcional y muy destacado de la configuración jurídica de la cadena de custodia. El avance y el estado actual alcanzado es muy positivo, sin duda, pero todavía queda bastante camino por recorrer. Aunque esto último no tiene por qué ser negativo en sí mismo, nos encontramos en un momento muy oportuno para lograr la culminación de la construcción jurídica de la cadena de custodia, y es por ello que los trabajos de carácter doctrinal que examinen la cuestión y que auxilien al legislador en la complejidad de su tarea son fundamentales a día de hoy.

Decíamos que el hito jurisprudencial que da inicio a esta tercera etapa es la construcción del término *mismidad de la prueba* en el contexto de la cadena de custodia. Ocurría esto en el año 2010. Muy próximamente, en el año 2011, el prelegislador proponía un primer intento de regulación expresa de esta figura, hecho que se repitió el pasado año 2020. Se trata de una etapa, en efecto, muy activa y con mucho progreso desde sus inicios en el año 2010 y hasta la actualidad. Por ello, nos encontramos a la espera del nacimiento de una nueva etapa en la configuración jurídica de la cadena de custodia, contemporánea, y que naturalmente, se producirá cuando exista una regulación expresa y unitaria vigente de esta figura procesal. Hasta ese momento, lo característico de esta etapa es la reflexión profunda, la consolidación de elementos y el asentamiento de la relevancia de esta figura, pero sin que se llegue a dar el siguiente paso lógico: su inclusión en la legislación. Ése es el motivo fundamental por el que esta tercera etapa sigue en curso y no arranca una cuarta y fundamental etapa.

No podemos finalizar la alusión al ámbito interno sin aludir a dos cuestiones de gran interés: por un lado, su tratamiento jurisprudencial en la esfera extrapenal; por otro, el vínculo entre la cadena de custodia y la prueba prohibida.

En el orden jurisdiccional civil es posible localizar alguna referencia ya en el año 2000[268], sin embargo, no ofrece una configuración sobre ésta. En la actualidad continúa sin desarrollarse lo suficiente (ni doctrinal ni jurisprudencialmente). Partiendo de esta primera referencia en la jurisprudencia civil, la cadena de custodia en este ámbito se ha ido introduciendo en resoluciones con contenido material muy diverso, aunque de manera dispersa y sin que, en general, alberguen demasiada ambición en cuanto al propio contenido y desarrollo de la figura de la cadena de custodia a nivel procesal. Precisamente en virtud de lo expuesto en líneas arriba, se desprende cierta complejidad a la hora de delimitar los caracteres que la jurisprudencia ha ido trasladando al ámbito civil en materia de cadena de custodia —aunque ciertamente sí se ha podido subrayar su función de garantía respecto de la identidad, integridad e inalterabilidad de las fuentes de prueba en este ámbito[269]—.

No obstante, sí resulta de interés reseñar aquellos ámbitos o circunstancias en las que se ha ido desarrollando la cadena de custodia con mayor interés o aplomo: en primer lugar, en los procesos de filiación respecto de las muestras

---

268   SAP SG 140/2000, de 18 de mayo, ECLI:ES:APSG:2000:221.

269   SAP MA 664/2017, de 29 de diciembre, ECLI:ES:APMA:2017:3651; SAP GC 793/2021, de 21 de diciembre, entre otras.

biológicas analizadas para determinar la paternidad[270]; en segundo lugar, respecto de los informes periciales de objetos con supuestas imperfecciones, donde se ha reconocido la ruptura de la cadena de custodia por el transcurso del tiempo desde la toma de la muestra hasta su análisis pericial[271]; en tercer lugar, respecto del análisis pericial de equipos informáticos —aquí se propone el seguimiento del proceso por un notario o por el LAJ (si se ha iniciado el procedimiento) como medida de control desde la obtención del equipo hasta su análisis—[272]; o también, en sentido contrario, respecto del informe pericial informático sin control procedimental por parte del LAJ o notario[273]; y, en último término, respecto de la admisión de la prueba tecnológica en sede judicial. Respecto de este último, la jurisprudencia ha delimitado cuatro requisitos: licitud, integridad, autenticidad y claridad[274], enten-

---

270 SAP CA 202/2009, de 27 de abril, donde se especifica el recorrido de la muestra biológica desde su obtención en un hospital público hasta su remisión al Instituto Oficial encargado de emitir dictamen pericial sobre las mismas, como prueba de la regularidad de la cadena de custodia para la garantía de la autenticidad de las muestras. También la SAP TF 385/2009, de 21 de septiembre, donde expresamente se recoge que el Secretario Judicial ha estado presente en la toma de la muestra biológica, como garantía de la cadena de custodia. A mayores, SAP B 331/2011, de 8 de junio; SAP IB 158/2011, de 9 de mayo; ATS de 8 de abril de 2014; SAP CO 392/2015, de 28 de septiembre; SAP M 439/2017, de 26 de mayo; ATS de 20 de octubre de 2021; SAP T 485/2021, de 30 de junio; SAP MU 32/2022, de 1 de febrero; SAP T 39/2022, de 21 de enero. Con menor desarrollo de la cadena de custodia, también se han localizado en este ámbito las siguientes: SAP BU 464/2005, de 21 de octubre; SAP BU 491/2007, de 18 de diciembre, entre otras.

271 SAP C 242/2014, de 26 de septiembre; SAP CC 319/2005, de 27 de julio, en relación con un pleito por indemnización por desperfectos del producto adquirido, la muestra se toma 2 años después, motivo por el que se alega que el peritaje no tiene valor científico alguno y no se ha respetado la cadena de custodia por transcurso del tiempo.

272 *Vid*. SAP M 56/2014, de 17 de febrero.

273 Entiende el Tribunal que, no habiendo dudas de la falta de verdad de la prueba, no puede insinuarse que el perito ha faltado a su verdad y conocimiento aun cuando no se haya dado fe pública del acceso al equipo informático con todas las garantías por parte de notario o LAJ. *Vid*. SAP SA 490/2019, de 10 de octubre.

274 SAP GC 793/2021, de 21 de diciembre; ECLI:ES:APGC:2021:2356, en relación con el valor probatorio de las conversaciones de WhatsApp.

209

diendo la autenticidad como exigencia de la cadena de custodia, de modo que actúa como garantía de que la prueba no ha sido manipulada «mediante la documentación del proceso de acceso, obtención, transferencia y almacenamiento de los datos contenidos en la fuente de prueba electrónica». Pero mayor presencia ha obtenido mayor presencia en el proceso contencioso-administrativo[275], ámbito en el cual presenta un desarrollo adecuado en cuanto a su contenido —a pesar de que, efectivamente, es muy posible localizar resoluciones donde el contenido de la cadena de custodia puede resultar cuestionable en ciertos aspectos[276]—.

En atención al orden jurisdiccional contencioso-administrativo, se han trasladado varios de los caracteres que, en el orden penal, entendemos como propios de la cadena de custodia. Al efecto, en cuanto a la conceptualización de la misma, la cadena de custodia se ha identificado en diversas sentencias, en primer lugar, con el procedimiento documentado que se inicia en el momento de la obtención de la evidencia[277] y que garantiza la identidad de las muestras obtenidas[278]; y, asimismo, se concibe como una figura de carácter instrumental que afecta a la verosimilitud de la prueba pericial[279]. Otro de los caracteres ya reconocidos en el orden penal y que también se ha trasladado al orden contencioso, se refiere a la necesidad de que, para alegar irregularidad o ruptura de la cadena de custodia, las partes aporten indicios

---

275 La primera referencia localizada data del año 2000, localizada en la STSJ GAL 42/2000, de 19 de enero, ECLI:ES:TSJGAL:2000:211.

276 Por ejemplo, la SAN de 20 de abril de 2005 vincula la cadena de custodia con el deber de protección de los datos personales. Resulta curiosa esta vinculación, pues al proponer tal vínculo se desvincula completamente de lo que hasta ahora se está entendiendo por cadena de custodia.

277 STSJ MU 451/2015, de 10 de junio; SAN 145/2017, de 17 de abril; SJCA SE 7/2022, de 19 de enero (sentencia de gran importancia por su desarrollo de la cadena de custodia), entre otras.

278 STSJ M 500/2015, de 16 de julio; STSJ MU 91/2017, de 16 de febrero; STSJ GAL 21/2022, de 21 de enero, entre otras, estima la ruptura de la cadena de custodia de unas muestras sobre las cuales no pude acreditarse la identidad entre lo analizado y lo obtenido.

279 STSJ M 1106/2001; STSJ Madrid 723/2003, de 9 de julio; SAN de 14 de octubre de 2021; SJCA Palencia 9/2022, de 14 de enero, entre otras.

suficientes que permitan sospechar acerca de una posible manipulación o contaminación de la muestra[280], no siendo suficiente que simplemente se siembren dudas sobre la misma sin base alguna. En último término, es reseñable su especial relevancia en el ámbito administrativo sancionador, pues precisamente en este ámbito es donde guarda mayor similitud con la cadena de custodia en el proceso penal[281]. Esto es así como consecuencia de la propia estructura del procedimiento administrativo sancionador (muy similar al orden penal en algunos aspectos, compartiendo incluso principios comunes), lo que permite que sea fácilmente trasladable desde la cadena de custodia penal[282].

Finalmente, el orden jurisdiccional social es en el que parece tener menor presencia la cadena de custodia y, asimismo, también en el que se introduce de forma más tardía (en el año 2007)[283]. A pesar de lo anterior, el tratamiento de la cadena de custodia en el orden social destaca por ostentar un cuidado desarrollo en ciertas (y muy delimitadas) circunstancias. En primer lugar, y con respecto a la conceptualización de la cadena de custodia —aún sin ser el ámbito más destacable—, destacan aquellas sentencias que delimitan los caracteres de la cadena de custodia en relación con el proceso laboral[284], identificando su origen penal, e introduciendo también

---

280 Entre otras, SJCA Guadalajara 319/2019, de 7 de octubre, ECLI:ES:JCA:2019:3441; SJCA CA 55/2022, de 15 de marzo; STSJ Murcia 305/2017, de 18 de mayo; ECLI:ES:TSJMU:2017:901.

281 STSJ GAL 42/2000, de 19 de enero, ECLI:ES:TSJGAL:2000:211; SAN de 25 de noviembre de 2019, ECLI:ES:AN:2019:4694, entre otras.

282 Esta similitud se observa en aquellos supuestos en los que el procedimiento administrativo sancionador se ha seguido por tenencia ilícita de sustancias estupefacientes o por consumo de las mismas, ya que recuerda muy especialmente al procedimiento de la cadena de custodia seguido en el marco de una investigación por un supuesto delito de tráfico de drogas: incautación de las drogas, transporte a los laboratorios oficiales, análisis de las sustancias, etc. *Vid.* SJCA CA 55/2022, de 15 de marzo

283 Se trata de la STSJ M 1027/2007, de 27 de diciembre, ECLI:ES:TSJM:2007:23415, en relación con la cadena de custodia del equipo informático utilizado para el desarrollo del trabajo.

284 STSJ V 353/2021, de 3 de febrero. Tiene especial interés debido al desarrollo ofrecido de la figura de la cadena de custodia: se reconoce

211

el término *mismidad* de la prueba[285]. Estas resoluciones las que relacionan la cadena de custodia con la garantía de identidad e inalterabilidad de la fuente de prueba, reconociendo su carácter instrumental y su vinculación con la fiabilidad de la prueba. Uno de los ámbitos específicos de mayor desarrollo en el orden social, es de los informes periciales sobre equipos informáticos utilizados por los trabajadores en el ámbito profesional[286]. Al respecto, es frecuente, aquí, que las empresas acudan al notario como medio para garantizar la cadena de custodia. La forma de proceder es la siguiente: en primer lugar, se depositan ante notario los equipos informáticos que van a ser objeto de pericia; posteriormente, el perito informático encargado del análisis efectúa copia del disco duro en presencia del notario; y finalmente, se dictará informe pericial valorativo tras el correspondiente análisis sobre la copia efectuada. Finalmente, también se ha desarrollado la cadena de custodia en relación con los siguientes supuestos: respecto de los análisis para la detección del consumo de drogas o alcohol en el ámbito profesional[287] —donde se identifica

---

su procedencia del proceso penal y adaptación en lo que respecta al proceso laboral, se identifica su carácter instrumental vinculada a la fiabilidad de la prueba y, en concreto, respecto de la prueba pericial.

285 STSJ M 575/2019, de 8 de julio.

286 STSJ M 932/2011, de 23 de noviembre, ECLI:ES:TSJM:2011:14632; STSJ M 41/2012, de 20 de enero, ECLI:ES:TSJM:2012:734; STSJ CAT 2866/2012, de 18 de abril, ECLI:ES:TSJCAT:2012:4173; STSJ M 13/2014, de 13 de enero, ECLI:ES:TSJM:2014:407; STSJ M 153/2014, de 3 de marzo, ECLI:ES:TSJM:2014:3472; ATS de 20 de enero de 2015, ECLI:ES:TS:2015:1374A; STSJ AND 2229/2017, de 13 de julio, ECLI:ES:TSJAND:2017:8145. También es posible observar resoluciones dictadas en este mismo ámbito de la pericial informática, pero sin desarrollar un modo para la garantía de la cadena de custodia: STSJ M 1027/2007, de 27 de diciembre, ECLI:ES:TSJM:2007:23415; STSJ M 72/2008, de 2 de febrero, ECLI:ES:TSJM:2008:701.

287 STSJ ICAN 138/2020, de 28 de enero, ECLI:ES:TSJICAN:2020:292; STSJ CV 3569/2020, de 14 de octubre, ECLI:ES:TSJCV:2020:6895, donde específicamente se reconoce que «la doctrina sobre la cadena de custodia viene establecida en el ámbito penal y ha sido objeto de traslado, en lo que pueda ser de aplicación, al proceso laboral». También en relación con este ámbito, STSJ CAT 183/2018, de 15 de enero, ECLI:ES:TSJCAT:2018:93; STSJ M 149/2019, de 28 de febrero, ECLI:ES:TSJM:2019:1834.

la cadena de custodia como el recorrido del objeto aprehendido desde su recogida, traslado a los laboratorios, análisis y, finalmente, su incorporación al proceso (reconociendo, así, las distintas fases)—; en relación con los informes emitidos por detectives privados[288]; y, en último término, en relación con la fuente de prueba derivada de conversaciones de WhatsApp[289] o mediante correos electrónicos[290].

Decíamos anteriormente que otro de los aspectos de interés es examinar cómo se interrelaciona la cadena de custodia con la prueba prohibida. De cara a efectuar este análisis, es importante tener en cuenta la evolución jurisprudencial de la prueba prohibida en nuestro ordenamiento. La introducción de la prueba prohibida en nuestro ordenamiento jurídico emprende el recorrido, en un principio, desde una posición de deslumbramiento inicial y continúa hasta el posterior y actual reduccionismo con las diversas excepciones a la misma[291]. A buen seguro, tal como afirma

---

288 STSJ M 1170/2012, de 28 de diciembre, ECLI:ES:TSJM:2012:18636; STSJ M 283/2013, de 24 de abril, ECLI:ES:TSJM:2013:10828. Al respecto, los informes provenientes de detective privado con documentación insuficiente no pueden garantizar la cadena de custodia.

289 En la aportación de prueba basada en conversaciones de WhatsApp, la SJS O 371/2019, de 8 de agosto, ECLI:ES:JSO:2019:6510, sostiene que no es necesario acreditar la veracidad de la prueba cuando esta no se discute entre las partes. Por otro lado, la SJSO M de 13 de mayo de 2022, sostiene que no se puede garantizar la cadena de custodia en este tipo de mensajería, al tener los propios usuarios la facultad de eliminar mensajes discrecionalmente.

290 STSJ M 478/2021, de 30 de junio, ECLI:ES:TSJM:2021:8828, en relación con la cadena de custodia de elementos electrónicos acreditada a través de código hash que garantice su inalterabilidad.

291 GONZÁLEZ GRANDA, P. y ARIZA COLMENAREJO, M. J.: *Justicia y Proceso: una revisión procesal contemporánea bajo el prisma constitucional, op. cit.,* pp. 449 y ss. En similares términos, GÓMEZ COLOMER, J. L.: «Prólogo», en PLANCHADELL GARGALLO, A., *La Prueba Prohibida: evolución jurisprudencial (comentario a las sentencias que marcan el camino),* Aranzadi, Navarra, 2014, pp. 11-13, donde refiere que, en materia de prueba prohibida, pueden diferenciarse dos grandes grupos en función del tratamiento ofrecido por la jurisprudencia a esta institución: el primer grupo constituido por aquellas resoluciones en las que se prohíbe la valoración de las pruebas que hayan vulnerado, directa o indirectamente, DDFF; mientras que en el segundo grupo —en

213

GONZÁLEZ GRANDA, la construcción dogmática de la prueba prohibida orbita en torno al «debate dialéctico» entre la eficacia de la Justicia y el sistema de garantías, dado que —en palabras de la autora— «permite observar la tensión (...) entre el sistema de garantías procesales por un lado y por otro la medida de la eficacia en el marco del Proceso». Tensión que se predica respecto de la eficacia procesal entendida como «la búsqueda de la verdad material por encima de todo»[292]. Dicho de otro modo, el debate dogmático acerca de la prueba prohibida se sitúa entre el garantismo y la eficacia procesal. Así, en ocasiones y fundamentalmente con el surgimiento y los primeros pronunciamientos jurisprudenciales en materia de prueba prohibida, el deseado equilibrio se rompe en favor del garantismo procesal (esto es, se busca la máxima protección y defensa de las garantías del proceso) y, en otras, se pondera en favor de la eficacia procesal (lo que produce cierto perjuicio a las garantías procesales de los ciudadanos). Se trata, en concreto, de una cuestión íntimamente relacionada con la tensión existente entre dos intere-

---

palabras del autor, «mucho más amplio y preocupante»— se localizan numerosas sentencias que conforman las excepciones a la regla general, sosteniendo el autor que «esta evolución está llevando (...) en la práctica a importantes inseguridades interpretativas, que, además, están afectando al derecho a la prueba del art. 24.2 CE, al derecho a un procedo con todas las garantías y la propia presunción de inocencia».

292 GONZÁLEZ GRANDA, P. y ARIZA COLMENAREJO, M. J.: *Justicia y Proceso: una revisión procesal contemporánea bajo el prisma constitucional, op. cit.,* p. 449. DÍEZ-PICAZO GIMÉNEZ pone de relieve la trascendencia de este debate al preguntarse, en definitiva, «¿qué es más moral? ¿Es más moral tener en cuenta una prueba que nos permite hallar la verdad de un asunto pese a que haya sido obtenida ilícitamente, o es más moral proteger a los individuos y a la sociedad de la ilicitud en la obtención?». *Vid.* DÍEZ-PICAZO GIMÉNEZ, I.: «Algunas ideas sobre la prueba ilícitamente obtenida», en *op. col.* Asencio Mellado (dir.), *Derecho probatorio y otros estudios procesales. Liber Amicorum: Vicente Gimeno Sendra,* Ediciones Jurídicas Castillo de Luna, Madrid, 2020, p. 578.
Diferente fundamento encuentra, en cambio, la *exclusionary rule* estadounidense. A consecuencia del carácter adversarial de su sistema jurídico, la finalidad de la doctrina de la regla de exclusión norteamericana es contener los abusos de derechos en la persecución de los delitos por parte de los responsables públicos. *Vid.* ARMENTA DEU, T.: La prueba ilícita (un estudio comparado), Marcial Pons, Madrid, 2011, p. 22.

ses de gran calado: por un lado, la defensa de la sociedad en su conjunto; y por otro, la protección de los DDFF de todas las personas[293] a nivel individual[294].

Sobradamente conocido es que el punto de arranque lo marca la famosa STC 114/1984, de 29 de noviembre[295],

---

293 Pico i Junoy, J.: «La prueba ilícita: un concepto todavía por definir», *La Ley probática*, núm. 1, 2020, expone las dos perspectivas fundamentales bajo las que se justifica la protección absoluta a los DDFF de las personas: primero, en los países del *Common Law* —fundamentalmente, con la *exclusionary rule* estadounidense—, «se pretende disuadir que los órganos policiales estadounidenses vulneren el contenido de diversas de sus Enmiendas»; segundo, en los países del *Civil Law*, el modo de regular la prueba prohibida es reconocer la supremacías de los DDFF en el Estado de Derecho.

294 Simarro Pedreira, M.: *La prueba prohibida: ¿del pasado ordálico al futuro garantismo? La doctrina y la jurisprudencia al descubierto*, Reus Editorial, Madrid, 2020, pp. 23 y ss., quien sostiene que se trata de un tema de naturaleza filosófica, en el cual «la relación entre prueba, verdad y derechos fundamentales es evidente puesto que la primera persigue hallar a la segunda, pero con las limitaciones impuestas por el respeto hacia los terceros».

295 Es reconocida por ser la primera sentencia que analiza la temática de la prueba prohibida en nuestro ordenamiento interno. Las referencias doctrinales al respecto son prácticamente sobrantes, en tanto que esta STC es ya reconocida por todos como la precursora de la prueba prohibida en nuestro ordenamiento jurídico, ello debido a que se revela como una verdad sobradamente aceptada por la doctrina procesalista. Circunstancia que se aprecia en los innumerables estudios doctrinales donde se reconoce esta cuestión. *Vid.* al efecto Asencio Mellado, J. M.: *Prueba prohibida y prueba* preconstituida, Trivium, Madrid, 1989, p. 77; Álvarez de Neyra Kappler, S.: «Vademécum de actuación policial y de instrucción: cómo evitar las nulidades en la obtención de la prueba (I)», *Boletín del Ministerio de Justicia*, núm. 1938, 2003, p. 1034; Fidalgo Gallardo, C.: *Las «pruebas ilegales»: de la exclusionary rule estadounidense al artículo 11.1 LOPJ*, Centro de Estudios Políticos y Constitucionales, Madrid, 2003, p. 18; de Urbano Castrillo, E. y Torres Morato, M. A.: *La prueba ilícita penal: estudio jurisprudencial*, 4.ª ed., Aranzadi, Navarra, 2007, p. 41; Gómez Colomer, J. L.: «La evolución de las teorías sobre la prueba prohibida aplicadas en el proceso penal español: del expansionismo sin límites al más puro reduccionismo. Una meditación sobre su desarrollo futuro inmediato», en *op. col.* Gómez Colomer (coord.), *Prueba y proceso penal: Análisis especial de la prueba prohibida en el sistema español y en el derecho comparado*, Tirant lo Blanch, Valencia, 2008, p. 113; Planchadell Gargallo, A.: *La prueba prohibida: Evolución jurisprudencial (Comentario a las sentencias que marcan el camino)*, *op. cit.*, p. 15; Cortés Domínguez, V.: «Concepto y

215

la cual define un hito de gran relevancia en la historia de la prueba en nuestro sistema jurídico[296]. Lo singular de esta resolución es el hecho de que en el año 1984 no había, en nuestro ordenamiento jurídico, previsión legal alguna al efecto[297] y, además, detenta el mérito de generar un considerable impacto en este plano legislativo. Iniciando la trayectoria en la STC 114/1984, la doctrina jurisprudencial en la materia ha ido evolucionando incansablemente con cada nuevo hito jurisprudencial que, en virtud de decisiones judiciales concretas provenientes tanto del TC como del TS, diseñaban nuevos avances en el terreno de la prueba prohibida.

Se establece, así, la prohibición de valorar la prueba obtenida con vulneración de derechos de carácter constitucional[298] —los DDFF de los ciudadanos— y, en consecuencia, el TC configura la regla de exclusión[299]. La STC 114/1984 detenta el

---

objeto de la prueba», en *op. col.* González Cano (dir.), *La prueba. Tomo I: La prueba en el proceso civil*, Tirant lo Blanch, Valencia, 2017, p. 54; SIMARRO PEDREIRA, M.: *La prueba prohibida: ¿Del pasado ordálico al futuro garantismo?* La doctrina y la jurisprudencia al descubierto, *op. cit.*, p. 188; GONZÁLEZ GRANDA, P. y ARIZA COLMENAREJO, M. J.: *Justicia y Proceso: una revisión procesal contemporánea bajo el prisma constitucional, op. cit.*, p. 450; entre muchos otros.

296 GONZÁLEZ GRANDA, P. y ARIZA COLMENAREJO, M. J.: *Justicia y Proceso: una revisión procesal contemporánea bajo el prisma constitucional, op. cit.*, pp. 449 y ss.

297 PLANCHADELL GARGALLO, A.: *La prueba prohibida: Evolución jurisprudencial (comentario a las sentencias que marcan el camino), op. cit.*, p. 33.

298 Afirma PLANCHADELL GARGALLO que, a pesar de ser ésta la primera vez que nuestros tribunales aplican la regla de exclusión, ello no quiere decir que nuestro ordenamiento procesal se haya mantenido ajeno a la conveniencia de excluir o limitar la valoración de ciertas pruebas en virtud de los derechos de los ciudadanos. Ilustra esta cuestión, sin ánimo de exhaustividad por parte de la autora, a través de los siguientes ejemplos: la prohibición de valorar una confesión obtenida mediante tortura o tratos inhumanos; o la prohibición de valorar la prueba derivada de la declaración de los cónyuges o familiares del acusado a quienes no se les haya advertido de la dispensa a su deber de declarar en tales casos. Pese a ello, estas previsiones no resolvían la problemática real habida en torno a la prueba prohibida. *Ibidem*, pp. 33-34.

299 Otra circunstancia a tener en cuenta es que la regla de exclusión es, en realidad, un criterio proveniente de los países del *Common Law* y,

mérito de generar un considerable impacto en el plano legislativo pues el legislador recogió esta doctrina en la Ley Orgánica del Poder Judicial del año 1985 (en adelante LOPJ). En concreto, su art. 11.1 *in fine* establece lo siguiente: «No surtirán efecto las pruebas obtenidas, directa o indirectamente, violentando los derechos o libertades fundamentales»[300].

La doctrina de la prueba prohibida ha seguido evolucionando, a lo largo de los años siguientes y hasta la actualidad, con cada nuevo pronunciamiento que aportaba alguna novedad significativa a esta figura. La dificultad del debate que delinea esta cuestión obstaculiza el mantenimiento de una doctrina enteramente asentada, pues puede ocurrir que, frente a las nuevas cuestiones planteadas ante los tribunales, son nuevas las soluciones ofrecidas, pues tal y como afirma PICO I JUNOY, la prueba prohibida (ilícita, en palabras del autor) «es una de aquellas instituciones jurídicas muy simples de resolver en la teoría legal pero que plantea infinidad de problemas en la práctica judicial»[301]. Tuvieron que trans-

---

en particular, de EEUU. El origen y evolución de la regla de exclusión norteamericana puede consultarse en SIMARRO PREDREIRA, M.: *La prueba prohibida: ¿Del pasado ordálico al futuro garantismo? La doctrina y la jurisprudencia al* descubierto, *op. cit.*, pp. 149 y ss., donde efectúa un recorrido por el *case law* norteamericano en relación con la *exclusionary rule.*

300 Acertadamente afirma GONZÁLEZ GRANDA que la doctrina de la prueba prohibida fue recogida en la LOPJ en términos imprecisos, en tanto que —en aquel entonces— la doctrina todavía no estaba madurada. Con todo, su introducción en la Ley «vino a consagrar un criterio muy expansivo o garantista de la teoría de la prueba prohibida». *Vid* GONZÁLEZ GRANDA, P. y ARIZA COLMENAREJO, M. J.: *Justicia y Proceso: una revisión procesal contemporánea bajo el prisma constitucional, op. cit.*, p. 451. Otros autores han advertido acerca de esta cuestión, en concreto, PICÓ I JUNOY expone que la doctrina pronto se dio cuenta de que la simplicidad de la norma, en realidad, conformaba nuevas complejidades de difícil resolución, lo que se tradujo en la configuración de nuevas instituciones en torno a la prueba prohibida, tales como la doctrina de los frutos del árbol envenenado o la teoría de la conexión de antijuricidad. *Vid.* PICÓ I JUNOY, J.: «Tratamiento procesal de la prueba ilícita en el proceso civil», en *op. col.* Asencio Mellado y Fuentes Soriano (dirs.), *El proceso como garantía*, Atelier, Barcelona, 2023, p. 466.

301 PICÓ I JUNOY, J.: «Tratamiento procesal de la prueba ilícita en el proceso civil», *op. cit.*, p. 465.

currir casi diez años hasta el próximo hito jurisprudencial en materia de prueba prohibida, el cual se produce con ocasión de la STC 85/1994, de 14 de marzo. A través de esta sentencia, el TC parece proclamar la consolidación de la tesis pro DDFF —y, por ende, la tendencia garantista—, mediante la incorporación de la teoría de la eficacia refleja de la prueba prohibida[302]. A pesar de lo anterior, lo cierto es que rápidamente se inicia el declive de la tesis pro DDFF con la inclusión de las distintas excepciones a la prueba prohibida. Así, se inicia la tesis pro eficacia procesal[303], dando paso al reduccionismo al que aludíamos con anterioridad.

El origen de las excepciones se produce con ocasión de la STC 86/1995, de 6 de junio[304], con la introducción de la primera de las excepciones, la de la prueba jurídicamente independiente; en segundo lugar, la STC 81/1998, de 2 abril, introduce la excepción de la conexión de antijuridicidad; en tercer

302 GONZÁLEZ GRANDA, P.: «Restricciones de derechos y libertades y prueba prohibida: la deriva de las exclusiones probatorias», *op. cit.*, p. 453; PLANCHADELL GARGALLO, A.: *La prueba prohibida: Evolución jurisprudencial (Comentario a las sentencias que marcan el camino), op. cit.*, p. 65. La teoría de la eficacia refleja de la prueba prohibida implica la asimilación de la teoría de los frutos del árbol envenenado de origen estadounidense, de modo que no podrá ser valorada prueba alguna que guarde algún tipo de conexión causal con la prueba ilícitamente obtenida y practicada, en virtud del art. 11.1 LOPJ.

303 GONZÁLEZ GRANDA, P. y ARIZA COLMENAREJO, M. J.: *Justicia y Proceso: una revisión procesal contemporánea bajo el prisma constitucional, op. cit.*, pp. 453 y ss.

304 En palabras de PLANCHADELL GARGALLO, esta STC «introduce la primera gran grieta en el pilar que sostiene el edificio de la eficacia refleja de la prueba ilícita», afirmando que ésta «es el germen de las excepciones (...) ya que en realidad lo que hacen es romper el nexo causal entre la prueba obtenida con vulneración de los derechos fundamentales y la que de ella se deriva por vías diferentes o para una serie de situaciones». En particular, la excepción de la prueba jurídicamente independiente, en palabras de la autora, es consecuencia directa de la propia delimitación del contenido de la regla de exclusión, en tanto que ésta exige una relación o conexión causal entre la prueba prohibida y la derivada de ella, por tanto, la ausencia de ésta, determina la imposibilidad de aplicar la regla de exclusión. *Vid.* PLANCHADELL GARGALLO, A.: *La prueba prohibida: Evolución jurisprudencial (comentario a las sentencias que marcan el camino), op. cit.*, pp. 85-90.

lugar, la STS 974/1997, de 4 de julio[305], con la excepción del descubrimiento inevitable; a mayores, la STC 161/1999, de 27 septiembre, conforma la excepción de la confesión voluntaria del imputado; por su parte, la STS 1313/2000[306], de 21 de julio, configura la excepción del hallazgo casual; por su parte, la STC 22/2003, de 10 de febrero, recoge la excepción de la buena fe; y, finalmente, la más reciente de las excepciones la establece la STC 97/2019, de 16 de julio[307], en base al ámbito subjetivo de quien obtiene la prueba analizada[308].

---

305 La excepción del descubrimiento inevitable se justifica en la ruptura de la relación de causalidad, como consecuencia de la «inevitabilidad» de obtención de la prueba derivada. Por lo que, una vez más, roto el nexo de causalidad, la prueba derivada no puede ser excluida del proceso en virtud de la regla de exclusión. *Ibidem, op. cit.,* p. 94.

306 Una vez más, se trata de romper el nexo causal entre la prueba ilícita y la derivada de ésta, en este caso, a través del llamado «hallazgo casual», muy vinculado con la anterior excepción del descubrimiento inevitable. *Ibidem,* pp. 107-109.

307 Esta resolución no ha sido especialmente bien acogida por la doctrina científica, haciendo saltar las alarmas respecto a la pérdida de eficacia de la prueba prohibida. En definitiva, el detrimento de las garantías frente a la búsqueda de la verdad a toda costa. *Vid.* ASENCIO MELLADO, J. M.: «La STC 97/2019, de 16 de julio. Descanse en paz la prueba ilícita», *Diario la Ley,* núm. 9499, 2019. Especialmente interesante es el análisis efectuado por MARCHENA GÓMEZ, M.: «Prueba ilícita y reglas de exclusión: los matices introducidos por la Sala Penal del Tribunal Supremo en la Sentencia 116/2007, de 23 de febrero (Caso Falciani)», en *op. col.* Asencio Mellado (dir.), *Derecho probatorio y otros estudios procesales. Liber Amicorum: Vicente Gimeno Sendra,* Ediciones Jurídicas Castillo de Luna, Madrid, 2020, pp. 1181-1200.

308 Además, un nuevo hito en materia de prueba prohibida y, en particular, a propósito de la aportación de elementos de prueba por parte de particulares viene dado con la STS 597/2022, de 15 de junio, ECLI:ES:TS:2022:2348. *Vid.* PÉREZ-CRUZ MARTÍN, A. J.: «A propósito de la entrega por particulares de elementos de prueba decisivos», en *op. col.* Roca Martínez (dir.), *Procesos y prueba prohibida,* Dykinson, Madrid, 2022, pp. 125 y ss., expone el autor, en relación con la última tendencia jurisprudencial del TS en materia de prueba prohibida, que la jurisprudencia asentada por el TS «ha sostenido la limitación de la búsqueda de la verdad —como fin del proceso penal— para fundamentar la exclusión de los elementos probatorios que obtuvieron lesionando derechos fundamentales, pues la averiguación de la verdad no es un valor absoluto en el procedimiento penal». Y añade que, además, «no es un principio de la ley procesal penal que la verdad sea averiguada a cualquier precio». De este modo queda patente que, hasta el

En relación con las llamadas excepciones, sostiene PLANCHA-DELL GARGALLO que éstas, en realidad, lo que ocasionan es una ruptura del nexo causal entre la prueba obtenida vulnerando DDFF y aquella que es derivada de esta primera por diferentes vías[309].

Las anteriores excepciones a la eficacia de la regla de exclusión del art. 11.1 LOPJ pueden ser clasificadas en dos grupos: en primer lugar, las excepciones que afectan al efecto reflejo de la prueba prohibida (la fuente independiente, el descubrimiento inevitable, el hallazgo casual, el nexo causal atenuado, la conexión de antijuridicidad o la confesión voluntaria del imputado); y en segundo lugar, las excepciones que afectan a la aplicación directa de la teoría de la prueba prohibida (la buena fe y la derivada de las pruebas obtenidas por particulares)[310].

La existencia de un cierto paralelismo entre el desarrollo de las instituciones de la cadena de custodia, por un lado, y la prueba prohibida, por otro, es consecuencia de la propia configuración de ambas figuras a nivel procesal y, en particular, en el marco del orden jurisdiccional penal. El primer punto de conexión se justifica con la implicación —de ambas— en la actividad probatoria: la prueba prohibida en tanto que establece la regla de exclu-

---

momento, la evolución de la prueba prohibida ha pasado de la tendencia garantista a la tendencia marcadamente reduccionista a través de las distintas excepciones (GONZÁLEZ GRANDA, P. y ARIZA COLMENAREJO, M. J.: *Justicia y Proceso: una revisión procesal contemporánea bajo el prisma constitucional, op. cit.,* p. 454), de modo que la balanza en la tensión previamente advertida finalmente comenzó a inclinarse hacia la búsqueda de la verdad material frente a la protección de los DDFF de los ciudadanos. Tendencia que ha sido especialmente criticada por parte de la doctrina científica. *Vid.* PLANCHADELL GARGALLO, A.: «La evolución de la prueba prohibida en la jurisprudencia española: ¿crónica de una muerte anunciada?», *Revista Iter Criminis,* núm. 2, 2022.

309 *Vid.* PLANCHADELL GARGALLO, A.: *La prueba prohibida: Evolución jurisprudencial (comentario a las sentencias que marcan el camino), op. cit.,* p. 90.

310 SIMARRO PEDREIRA, M.: *La prueba prohibida: ¿Del pasado ordálico al futuro garantismo? La doctrina y la jurisprudencia al descubierto, op. cit.,* pp. 211 y ss.

sión probatoria; la cadena de custodia en tanto que puede afectar a la fiabilidad de la prueba aportada al proceso. Partiendo de esta premisa, se descubre —asimismo— el primer punto de desencuentro entre ambas instituciones procesales: la prueba prohibida es excluida del proceso en base a una prohibición que imposibilita la valoración de una prueba obtenida (o practicada) con vulneración de DDFF; en cambio, los eventuales defectos en la cadena de custodia afectan a la fiabilidad de la prueba, de modo que no se prevé, en principio, una prohibición en la valoración de esta prueba. Ahora bien, ambas instituciones ostentan un marcado carácter garantista que repercute en el derecho a la prueba del art. 24.2 CE y éste es el principal nexo entre ambas figuras.

En el contexto de la prueba prohibida, la interconexión entre el Estado constitucional y la prueba prohibida se deduce de la propia esencia del concepto que la define y, en particular, en virtud de la función protectora, respecto de los DDFF de los ciudadanos, que la caracteriza. En el plano de la cadena de custodia, el nexo de unión parece manifestarse algo más difuso para algunos autores, ello partiendo de la premisa de que la cadena de custodia no tiene incidencia directa en los DDFF —observación que reiteradamente ha sostenido la jurisprudencia—. Ahora bien, a mi parecer, esa hipótesis ha de ser matizada para reivindicar el vínculo entre DDFF procesales y cadena de custodia. De ese modo, considero oportuno puntualizar la hipótesis sostenida por nuestros juzgados y tribunales: la ausencia de corrección de la cadena de custodia no se traduce de forma automática en la vulneración de DDFF, en cambio, sí que se encuentra íntimamente relacionada con los DDFF de contenido procesal de los ciudadanos (en particular, con el derecho a la prueba y el derecho a un proceso con todas las garantías).

No obstante, tal y como hemos visto a lo largo del análisis jurisprudencial efectuado, nuestros juzgados y tribunales han sido cuidadosos a la hora de fijar una delimitación entre ambas instituciones y, de esta forma, han acotado los supuestos en los que la ruptura de la cadena de custodia y la vulneración de los DDFF de los ciudadanos puedan ir de la mano. De hecho, podemos decir incluso que se ha excluido tal consideración. En tanto que la vulneración de DDFF que puede producirse en virtud de la cadena de custodia afecta únicamente a DDFF de carácter procesal y no como consecuencia directa de la ruptura, sino como consecuencia de la valoración de una prueba afectada de graves deficiencias en su fiabilidad.

Sin embargo, el interrogante que habremos de plantearnos al efecto es el siguiente: ¿actuará, en un futuro, la cadena de custodia como un nuevo elemento en la ponderación sobre la exclusión —o no— de la prueba? Aunque en mi opinión la respuesta ha de ser negativa, las posiciones doctrinales al respecto son diversas. Por un lado, autoras como DEL POZO PÉREZ y SIMARRO PEDREIRA defienden la tesis de que la ruptura de la cadena de custodia vulnera DDFF *per se* y, por tanto, concluye en la expulsión de la prueba del proceso. En cambio, autores como MESTRE DELGADO distingue esta posibilidad en función de la irregularidad cometida, entendiendo que cuando se produce manipulación de la prueba y ésta ha quedado probada, la prueba deviene nula y debe ser excluida del proceso. Finalmente, ciertos autores como LEAL MEDINA sostienen que, en ningún caso, puede reputarse prueba prohibida[311].

Entrando en la valoración en el marco comparado, es oportuno señalar que en el sistema jurídico de EEUU se produce un hito de relevancia en materia de cadena de custodia digital, a propósito de la prueba que se autoautentica (regla

---

311 *Vid.* al efecto, DEL POZO PÉREZ, M.: *Diligencias de investigación y cadena de custodia, op. cit.*; SIMARRO PEDREIRA, M: *La prueba prohibida: ¿del pasado ordálico al futuro garantismo? La doctrina y la jurisprudencia al descubierto, op. cit.*, pp. 315 y ss.; MESTRE DELGADO, E.: «La cadena de custodia de los elementos probatorios obtenidos de dispositivos informáticos y electrónicos», *op. cit.*, pp. 73 y ss.; LEAL MEDINA, J.: «La ruptura de la cadena de custodia y desconexión con las fuentes de prueba. Supuestos concretos. Reflexiones que plantea», *op. cit.*, pp. 2 y ss.

902 FRE)[312]. En particular, este interés deriva de la enmienda introducida en diciembre del año 2017 sobre el párrafo 14 de la 902 FRE[313]. Alude a una suerte de presunción iuris tantum respecto a la autoautenticación de aquellas pruebas electrónicas que posean un código *hash*, tales como los archivos electrónicos encontrados en un almacenamiento informático. A este respecto, la enmienda mencionada establece la presunción de autenticación de aquellos datos con un código hash idéntico, aunque en ocasiones continúe siendo necesaria la intervención de profesionales con formación técnica en la materia que puedan confirmar dicha autenticidad, de ahí, la posibilidad de que la parte contraria pueda emplear las pruebas que considere oportunas para contradecir dicha presunción de autenticidad.

En particular, el citado párrafo 902 (14) FRE establece lo siguiente:

> «Certified Data Copied from an Electronic Device, Storage Medium, or File. Data copied from an electronic device, storage medium, or file, if authenticated by a process of digital identification, as shown by a certification of a qualified person that complies with the certification requirements of Rule (902(11) or (12). The proponent also must meet the notice requirements of Rule 902 (11)».

La relevancia de esta enmienda, en concreto, radica en que configura el fundamento para la introducción de sistemas *blockchain* como elemento de autoautenticación de las pruebas, esto es, como método para garantizar la cadena de custodia de la prueba digital de forma automática, todo ello en virtud de la seguridad que ofrece el empleo de *hashes*.

Por otro lado, el contexto iberoamericano también es especialmente reseñable en este ámbito temporal. Siguiendo el ejemplo de Colombia, otros ordenamientos jurídicos en América Latina empiezan a regular la cadena de custodia.

---

312 MARÍN GONZÁLEZ, J. C. y GARCÍA SÁNCHEZ, G. J.: «Problemas que enfrenta la prueba digital en los Estados Unidos de América», *Revista de Estudios de Justicia*, núm. 21, 2014, pp. 75-91.

313 *Vid.* ROTHSTEIN, P. F.: *Federal Rules of Evidence, op. cit.*, pp. 1045 y 1046; GRAHAM, M. H.: *Federal Rules of Evidence in a nutshell, op. cit.*, pp. 695 y 696.

En el ordenamiento jurídico de El Salvador, la cadena de custodia tiene regulación expresa desde el año 2010, con la entrada en vigor del actual Código Procesal Penal[314], que concede un capítulo a las reglas sobre cadena de custodia (arts. 250 a 252). Sin embargo, lo fundamental de la legislación salvadoreña en la materia es la previsión contenida en el art. 252, párrafo tercero, donde establece que la interrupción de la cadena de custodia será valorada por el juez. Otro de los hitos en la actividad legislativa de El Salvador en la materia se produce con la modificación introducida al Código Procesal Penal el pasado año 2022 de cara a la introducción de un capítulo dedicado a la evidencia digital[315]. El hecho de introducir una regulación expresa de la evidencia digital es, *per se*, un avance considerable. Ahora bien, hay que resaltar que —además—, si bien no entra a examinarlo en profundidad, también alude al necesario respeto de la cadena de custodia en la evidencia digital.

En el caso de Argentina, con la aprobación del Código Procesal Penal Federal (inicialmente denominado Código Procesal Penal de la Nación) del año 2014 —que deroga el anterior Código Procesal Penal del año 1991— se introdujeron ciertos preceptos que regulan algunos aspectos de la cadena de custodia en la legislación procesal penal[316]. Entre ellos, el art. 150 establece «con el fin de asegurar los elementos de prueba, se establecerá una cadena de custodia que resguardará su identidad, estado y conservación. Se identificará a todas las personas que hayan tomado contacto con esos

---

314 Aprobado mediante Decreto Legislativo núm. 733, de fecha 22 de octubre de 2008. La entrada en vigor del actual Código Procesal Penal de El Salvador fue prorrogada hasta en dos ocasiones, entrando finalmente en vigor el 1 de octubre de 2010.

315 Esta reforma se produce en virtud del Decreto núm. 280, de fecha 1 de febrero de 2022.

316 De especial interés en el ordenamiento jurídico argentino, es la reciente aprobación —abril del presente año 2023— del Protocolo para la identificación, recolección, preservación y presentación de evidencia digital, mediante Resolución 232/2023 del Ministerio de Seguridad de la Nación. Este protocolo vuelve a poner sobre la mesa la actualidad de la cadena de custodia de carácter tecnológico y a demostrar la pertinencia de regular estos aspectos.

elementos, siendo responsables los funcionarios públicos y particulares intervinientes». Asimismo, el art. 90 identifica la cadena de custodia como un deber de la policía y demás fuerzas de seguridad, que habrán de dejar constancia de las medidas adoptadas a fin de preservar la cadena de custodia.

En México, la reforma procesal del año 2009 ya había introducido una regulación de la cadena de custodia. Sin embargo, con la aprobación del Código Nacional de Procedimientos Penales del año 2014 (en adelante CNPP) se produce la introducción de una regulación de la cadena de custodia en el nivel federal y de forma unificada, que perfecciona considerablemente la regulación anterior[317]. En cuanto a las posturas jurisprudenciales[318], se ha aludido ya a aspectos tales como los deberes de quienes mantienen contacto con las evidencias durante la cadena de custodia[319]; también se ha rechazado que se determine la anulación de las evidencias como consecuencia de deficiencias en los aspectos procedimentales de la cadena de custodia[320] o a los aspectos concretos derivados del tratamiento de vestigios de sangre a

---

317   *Vid.* HERNÁNDEZ AGUIRRE, C. N.: «La cadena de custodia, su regulación y límites en el sistema penal acusatorio mexicano», *Revista Iter Criminis*, núm. 16, Sexta Época, 2017, pp. 49-80, donde efectúa un análisis sobre la situación normativa de la cadena de custodia en el ordenamiento jurídico mexicano y en atención a la regulación del año 2014.

318   VILLEGAS BELTRÁN, M.: «La cadena de custodia en la escena del crimen», *Revista cadena de custodia: el éxito de la investigación*, núm. 9, 2022, pp. 17-22, expone la postura contradictoria entre la jurisprudencia, al encontrarse una Tesis Aislada en la que se establece que las irregularidades en la cadena de custodia no conllevan la ilicitud de la prueba, mientras en otra se reconoce que, dependiendo del grado de las irregularidades, podrán ser o no anulados los indicios probatorios.

319   La Tesis Aislada 1a. CCXCVII/2013 (10a.), Primera Sala SCJN, derivada del Amparo directo 78/2012, de 21 de agosto de 2013, la cual recoge una serie de directrices que buscan garantizar el respeto a la cadena de custodia y, de ese modo, que los indicios tengan la capacidad de generar convicción en el juzgador y, asimismo, delimita alguno de los deberes de los especialistas que mantienen contacto con las evidencias.

320   Tesis Aislada II.2o.P.41 P (10a.) del Segundo Tribunal Colegiado del Segundo Circuito en materia penal, derivada del Amparo directo 14/2016, de 9 de junio de 2016. Al igual que ocurre en el ordenamiento jurídico español, se prevé la posibilidad de subsanar las deficiencias técnicas mediante otros medios de acreditación de la cadena de custodia.

propósito de la documentación de la cadena de custodia y de la importancia de los análisis forenses en estos casos[321]. Otro de los aspectos de mayor relieve es la determinación de si la ruptura de la cadena de custodia equivale a prueba ilícita[322], cuestión sobre la que, en principio, la jurisprudencia se mantiene contraria. De igual modo a como ocurre en los restantes ordenamientos jurídicos, la cadena de custodia adquiere una especial consideración en el plano digital[323]. En el plano digital[324], cobra especial interés el Acuerdo General del Pleno del Consejo de la Judicatura Federal[325], por el que se aprueba el Protocolo de actuación para la obtención y tratamiento de los recursos informáticos y/o evidencias digitales.

---

321 Las Tesis Aisladas 1a. CCXCVIII/2013 (10a.), Primera Sala SCJN. Amparo directo 78/2012, de 21 de agosto de 2013; y 1a. CXXXIV/2015 (10a.), Primera Sala SCJN, derivadas del Amparo directo 78/2012, de 21 de agosto de 2013.

322 La Tesis Aislada I.4o.P.36 P (10a.) del Cuarto Tribunal Colegiado del Primer Circuito en materia penal, derivada del Amparo en revisión 275/2019, de 30 de enero de 2020, sostiene que la transgresión de la cadena de custodia no supone la ilicitud de la prueba.

323 En palabras de MANSILLA MOYA, M. M. y MANSILLA MOYA, M.: «Cadena de custodia 2.0», *Revista Mexicana de Ciencias Penales,* Vol. 5, núm. 18, 2022, p. 49, la cadena de custodia (a la que se refiere como «figura procedimental») no ha recibido excesiva atención por parte de la literatura jurídica hasta la fecha, sin embargo, también «ha tenido que ser repensada en el contexto de las relaciones digitales».

324 En relación con la prueba electrónica, la Tesis Aislada I.2o.P.49 P (10a.) del Segundo Tribunal Colegiado del Primer Circuito en materia penal, derivada del Amparo directo 97/2016, de 11 de agosto de 2016, establece como criterios de validez de la prueba derivada comunicaciones electrónicas, por un lado, haber sido obtenida lícitamente y, por otro, que la cadena de custodia se haya respetado. Al efecto, el citado tribunal expone para constatar la veracidad tanto del origen como del contenido de la evidencia digital, es necesario que se cumplan los registros de cadena de custodia en aras a satisfacer el principio de mismidad perseguido por ésta, lo que se traduce en que el contenido de la fuente digital sea el mismo que el aportado al proceso. Afirma el tribunal que esta exigencia deriva del carácter fácilmente manipulable o alterable de este tipo de evidencias, sosteniendo que de no acreditarse tales extremos la prueba electrónica podría carecer de eficacia probatoria por falta de fiabilidad.

325 Publicado en el Diario Oficial de la Federación el día 17 de junio del 2016.

Finalmente, Brasil es otro de los modelos jurídicos actuales que han mejorado el tratamiento ofrecido a la cadena de custodia en sus legislaciones procesales. Esta mejora viene de la mano de la introducción de una regulación expresa en la materia en el *Código de Processo Penal* de Brasil (en adelante CPPB). En particular, este hecho se produce en virtud de la Ley n.º 13.964 de 24 de diciembre de 2019, de mejora de la legislación penal y procesal penal, mediante la cual se modifica el CPPB con vigencia a partir del mes de enero del año 2020[326]. Tras la reforma referida, el CPPB vigente regula la cadena de custodia en un capítulo atinente al examen del cuerpo del delito, de la cadena de custodia y de las pericias en general —capítulo que, antes de la reforma, aludía únicamente al cuerpo del delito y pericias—. Sin ánimo de exhaustividad, en las líneas que prosiguen analizaremos aquellos aspectos de la regulación del CPPB que mayor interés ofrecen.

Entre los puntos positivos de la regulación contenida actualmente en el CPPB, destaca especialmente la introducción de una definición de cadena de custodia. Al efecto, el art. 158-A CPPB establece:

> «Considera-se cadeia de custodia o conjunto de todos os procedimentos utilizados para manter e documentar a história cronológica do vestígio coletado em locais ou em vítimas de crimes, para rastrear sua posse e manuseio a partir de seu reconhecimento até o descarte».

La noción de cadena de custodia introducida en el ordenamiento jurídico brasileño pone el acento en la vertiente material de la misma, en tanto que alude al conjunto de procedimientos destinados al mantenimiento y a la documentación de la historia cronológica de los vestigios. Todo ello en un marco temporal que se inicia con la localización de las evidencias y se mantiene hasta su destrucción. Adicionalmente, el art. 158-A CPPB introduce otros elementos esenciales en la regulación de la cadena de custodia, tales como la fijación del momento exacto en que se inicia; la identifi-

---

326 MAGNO, L. E. y COMPLOIER, M.: «Cadeia de custódia da prova penal», *Cadernos jurídicos da Escola Paulista de Magistratura*, núm. 57, 2021, pp. 195 y ss.

cación de los responsables de mantenerla y la delimitación conceptual de vestigio. Ahora bien, el principal elemento de interés lo introduce el art. 158-B CPPB, en el que se establecen las etapas que integran la cadena de custodia. Son las siguientes: reconocimiento[327], aislamiento[328], fijación[329], recogida[330], embalaje[331], transporte[332], recepción[333], procesa-

327 Entendida como la actividad de identificar los elementos de interés para la producción de pruebas periciales (punto I del art. 158-B CPPB).

328 En la etapa de aislamiento se procede asegurar el entorno próximo a la escena del crimen a fin de evitar cambios en el estado de las cosas (punto II del art. 158-B CPPB).

329 Entendida como la descripción detallada de los vestigios, cuerpo del delito y escena de crimen que podrá ser documentada por medio de fotografías, grabaciones o elaboración de croquis (punto III del art. 158-B CPPB).

330 El vestigio que ha de ser analizado por el perito es recogido, respetando sus características y naturaleza (punto IV del art. 158-B CPPB). Además, en virtud del art. 158-C la recogida ha de ser efectuada preferiblemente por un perito oficial.

331 Los vestigios recogidos son embalados individualmente y en atención a sus características físicas, químicas y biológicas. Debe anotarse fecha, hora e identificación de la persona encargada del embalaje (punto V del art. 158-B CPPB). Esta previsión se reitera en el art. 158-D CPPB, donde se establece que el recipiente para el embalaje lo determinará la naturaleza del vestigio. Además, el párrafo primero del art. 158-D CPPB especifica que todos los recipientes deberán ser sellados, precintados e identificados individualmente a fin de garantizar la idoneidad e inviolabilidad del vestigio durante el transporte; mientras que el párrafo segundo establece que el recipiente deberá ser adecuado para preservar las características de los vestigios y evitar contaminaciones. Asimismo, conviene señalar que, en virtud del art. 158-D párrafo tercero, el embalaje únicamente podrá ser abierto por el perito o personal autorizado, debiendo anotarse —párrafo cuarto— en el formulario de seguimiento los datos identificativos de las personas que han accedido a las evidencias, fecha, lugar y finalidad.

332 Debe asegurarse que los vestigios son trasladados en las condiciones adecuadas según naturaleza a fin de mantener sus características originales (punto VI del art. 158-B CPPB).

333 Se trata de un acto formal de transferencia de la posesión en el que debe documentarse los siguientes aspectos: número de procedimiento, unidad de policía judicial relacionada, lugar de origen, de las muestras nombre de la persona encargada del transporte, código de rastreo, naturaleza del examen pericial que ha de efectuarse, naturaleza de los vestigios, firma e identificación de la persona que lo recibió (punto VII del art. 158-B CPPB).

miento[334], almacenamiento[335] y destrucción[336]. La identificación de estas etapas reitera la vinculación de la institución con su vertiente material y, además, articula la cadena de custodia en conexión con la prueba pericial. Como resultado se ofrece una delimitación muy concreta, que no alcanza a dar respuesta a las necesidades propias del ordenamiento jurídico español, puesto que se trata de una regulación que adolece de las previsiones relativas a la vertiente formal y garantista de la cadena de custodia. Asimismo, a pesar del detalle en algunas cuestiones, existe un vacío legal en cuanto a las consecuencias habidas en caso de ruptura de la cadena de custodia[337] —a consecuencia, quizá, de vincular su regulación con la vertiente material de la misma—[338].

Otra de los aspectos destacados del ordenamiento jurídico brasileño en la materia, es la introducción de los centros de custodia que, en virtud del art. 158-E CPPB, todos los centros de criminalística deberán contar con uno. Se trata, en suma, de un centro de control de las evidencias cuya gestión se vincula al órgano central de peritaje oficial. Otro punto de interés lo ofrece el nexo entre la cadena de custodia y la prueba prohibida. Para BORRI y SOARES, la ruptura de la cadena de custodia ocasiona la ilicitud de la prueba[339]. Si

---

334 La etapa de procesamiento hace referencia al examen pericial propiamente dicho. En esta fase, la manipulación del vestigio está permitida siempre de acuerdo a la metodología científica adecuada, debiendo reflejarse en el informe pericial (punto VIII del art. 158-B CPPB).

335 Alude al procedimiento de conservación de los materiales, que han de ser identificados con el número de informe correspondiente (punto IX del art. 158-B CPPB).

336 Que será realizada con respeto a la legislación vigente, cuando sea pertinente y mediante autorización judicial (punto X del art. 158-B CPPB).

337 BORRI, L. A. y SOARES, R. J.: «Da ilicitude da prova em razão da quebra da cadeia de custódia», *op. cit.*, p. 75.

338 Por ello, es necesario acudir a la jurisprudencia para examinar la postura de los tribunales. *Vid.* DE ANDRADE MOREIRA, R.: «A manutenção da cadeia de custódia da prova pelo Superior Tribunal de Justiça», *Revista pensamento penal*, Sección Doctrina, 14 de abril de 2023.

339 BORRI, L. A. y SOARES, R. J.: «Da ilicitude da prova em razão da quebra da cadeia de custódia», *op. cit.*, pp. 73-82. Opinión similar se refleja en el siguiente estudio: DE MENEZES, I. A., BORRI, L. A. y SOARES, R.J.: «A quebra

bien no existe ningún precepto en el actual CPPB que sostenga la tesis defendida por los autores.

Desde la perspectiva europea —teniendo en cuenta la escasez legislativa de la que parten los sistemas continentales— el estado de la cuestión en América Latina asemeja considerablemente avanzado, sin embargo, CALDERÓN ARIAS sostiene que queda mucho recorrido por hacer en el plano legislativo, afirmando que todavía queda pendiente la regulación expresa de la cadena de custodia en un amplio número de sistemas jurídicos en Latinoamérica[340].

---

da cadeia de custodia da prova e seus desdobramentos no processo penal brasileiro», *Revista Brasileira de Direito Processual Penal*, Vol. 4, núm. 1, 2018, pp. 277-300.

340 CALDERÓN ARIAS, E.: «Un estudio comparado en Latinoamérica sobre la cadena de custodia de las evidencias en el proceso penal», *op. cit.*, pp. 455 y 457. Destaca la autora, además, que únicamente siete sistemas jurídicos de entre los analizados (quince en total) cuentan con regulación específica en materia de cadena de custodia. No obstante, la situación ha cambiado desde la publicación del trabajo citado y en la actualidad encontramos más instrumentos normativos que regulan la cadena de custodia en los ordenamientos jurídicos latinoamericanos. Argentina es uno de los ordenamientos que, a fecha de redacción del artículo citado, no contaba con regulación expresa de la cadena de custodia en sus leyes procesales y, en cambio, en la actualidad —y desde su aprobación en el año 2014— sí tiene incorporada la regulación expresa de la cadena de custodia en su Código Procesal Penal Federal. En el caso de México, por ejemplo, la situación también ha variado, puesto que —aunque sí contaba con regulación de la cadena de custodia a fecha del citado trabajo— su legislación procesal penal es otra y la regulación de esta figura es distinta. A mayores, también nos encontramos con el caso de El Salvador que, como hemos visto, ha introducido un capítulo dedicado a la regulación de la evidencia digital y con referencia a la cadena de custodia. Sin duda, no pretendo en estas breves líneas enunciar los ordenamientos jurídicos que han variado su legislación al respecto. Sirvan los casos mencionados a modo de ejemplo de que la figura de la cadena de custodia todavía se encuentra en auge, razón por la cual es natural que los ordenamientos jurídicos se modernicen y actualicen sus regulaciones en la materia. No obstante, para profundizar al respecto de la normativa en Argentina, puede consultarse BLANCO, L. G.: «Escena del crimen y cadena de custodia. Análisis comparativo de parte de la normativa sudamericana y argentina», *Revista pensamiento penal*, Sección Doctrina, 1 de noviembre de 2018., donde además estable una breve comparativa con instrumentos normativos de otros ordenamientos.

4. ANEXO JURISPRUDENCIAL CORRESPONDIENTE A LA TERCERA ETAPA

4.1. Relativa a la construcción jurisprudencial en el ámbito interno

SAP B 132/2009, de 25 de febrero. ECLI:ES:APB:2009:1719
Incorpora el término *mismidad de la prueba* y lo relaciona con la cadena de custodia.
STS 1190/2009, de 3 de diciembre. ECLI:ES:TS:2009:7710
El TS acoge el término *mismidad de la prueba*. Es la sentencia de referencia, en el plano jurisprudencial, al aludir a la mismidad en materia de cadena de custodia.
STS 6/2010, de 27 de enero. ECLI:ES:TS:2010:542
Confirma la utilización de la expresión *mismidad de la prueba* en relación con la figura de la cadena de custodia. Junto con la STS 1190/2009, es generalmente aceptada como sentencia de referencia al aludir a la mismidad de la prueba.
STS 53/2011, de 10 de febrero. ECLI:ES:TS:2011:355
Es a través de la corrección de la cadena de custodia como se satisface la garantía de la 'mismidad' de la prueba.
STS 129/2011, de 10 de marzo. ECLI:ES:TS:2011:1308
La cadena de custodia es una figura de carácter instrumental que no goza de valor probatorio.
SAP M 70/2011, de 14 de julio. ECLI:ES:APM:2011:9546
Se configura como un presupuesto de fiabilidad y no de validez y, por consiguiente, afecta a la llamada verosimilitud de la prueba.
STS 1045/2011, de 14 de octubre. ECLI:ES:TS:2011:6858
Alude al carácter instrumental de la cadena de custodia en relación con la verosimilitud de la prueba. Asimismo, afirma que la irregularidad en la cadena de custodia no constituye por sí sola vulneración de derecho fundamental alguno.
STS 506/2012, de 11 de junio. ECLI:ES:TS:2011:4544
La cadena de custodia no es una cuestión de nulidad o inutilizabilidad de la prueba, sino de fiabilidad o verosimilitud.

STS 884/2012, de 8 de noviembre. ECLI:ES:TS:2012:8293
La cadena de custodia no es una cuestión de nulidad o inutilizabilidad de la prueba, sino de fiabilidad o verosimilitud.
SAP BI 17/2013, de 20 de marzo. ECLI:ES:APBI:2013:2054
Se configura como un presupuesto de fiabilidad y no de validez y, por consiguiente, afecta a la llamada verosimilitud de la prueba.
SAP ML 30/2013, de 16 de mayo. ECLI:ES:APML:2013:95
En atención a la presunción *iuris tantum* de veracidad que caracteriza la cadena de custodia en nuestro ordenamiento jurídico, se exige prueba de manipulación efectiva.
STS 777/2013, de 7 de octubre. ECLI:ES:TS:2013:5677
Se configura como un presupuesto de fiabilidad y no de validez y, por consiguiente, afecta a la llamada verosimilitud de la prueba. Sostiene que la cadena de custodia sirve para acreditar la 'mismidad' del objeto analizado, la correspondencia entre el efecto y el análisis o informe, su autenticidad.
STS 838/2013, de 12 de noviembre. ECLI:ES:TS:2013:5418
Enfatiza la importancia de respetar los protocolos de actuación, así como del debido control judicial.
STS 1/2014, de 21 de enero. ECLI:ES:TS:2014:53
La cadena de custodia es una figura de carácter instrumental que no goza de valor probatorio.
STS 195/2014, de 3 de marzo. ECLI:ES:TS:2014:1349
La cadena de custodia no es una cuestión de nulidad o inutilizabilidad de la prueba, sino de fiabilidad o verosimilitud.
SAP TF 325/2014, de 7 de julio. ECLI:ES:APTF:2014:1112
La infracción de la cadena de custodia afecta a lo que se denomina verosimilitud de la prueba pericial.
STS 587/2014, de 18 de julio. ECLI:ES:TS:2014:3086
Introduce un estudio detallado de las consecuencias jurídicas derivadas de la ruptura o corrección de la cadena de custodia, enunciando un sistema gradual de irregularidades. Y delimita la cadena de custodia frente a la prueba prohibida.
SAP C 795/2014, de 30 de septiembre. ECLI:ES:APC:2014:2522
Entiende la cadena de custodia como un sistema formal de garantía.

STS 147/2015, de 17 de marzo. ECLI:ES:TS:2015:1097

Ilustra la consolidación de la utilización del término *mismidad de la prueba* en materia de cadena de custodia,

SAP V 310/2015, de 30 de marzo. ECLI:ES:APV:2015:1944

La cadena de custodia es una figura de carácter instrumental que no goza de valor probatorio.

STS 714/2016, de 26 de septiembre. ECLI:ES:TS:2016:4171

En atención a la presunción *iuris tantum* de veracidad que caracteriza la cadena de custodia en nuestro ordenamiento jurídico, se exige prueba de manipulación efectiva.

SAP IB 252/2017, de 12 de junio. ECLI:ES:APIB:2017:1086

Las irregularidades en la cadena de custodia que afectan a meras formalidades no son suficientes para acreditar la ruptura de la cadena, siendo necesaria prueba de manipulación efectiva.

STSJ CV 22/2017, de 6 de julio. ECLI:ES:TSJCV:2017:8185

Las irregularidades en la cadena de custodia que afectan a meras formalidades no son suficientes para acreditar la ruptura de la cadena, siendo necesaria prueba de manipulación efectiva.

STSJ CV 23/2017, de 10 de julio. ECLI:ES:TSJCV:2017:9084

Las irregularidades en la cadena de custodia que afectan a meras formalidades no son suficientes para acreditar la ruptura de la cadena, siendo necesaria prueba de manipulación efectiva.

STS 726/2017, de 8 de noviembre. ECLI:ES:TS:2017:3957

Se configura como un presupuesto de fiabilidad y no de validez y, por consiguiente, afecta a la llamada verosimilitud de la prueba.

SAP LE 541/2017, de 12 de diciembre. ECLI:ES:APLE:2017:1387

Introduce un estudio detallado de la cadena de custodia como figura jurídica, siguiendo las líneas marcadas por el TS. Refleja la configuración de la cadena de custodia como sistema formal de garantía sobre la mismidad de la prueba.

SAP GR 23/2018, de 26 de enero. ECLI:ES:APGR:2018:256

La cadena de custodia es una figura de carácter instrumental que no goza de valor probatorio.

STSJ CAT 41/2018, de 22 de mayo. ECLI:ES:TSJCAT:2018:4971

Las irregularidades en la cadena de custodia que afectan a meras formalidades no son suficientes para acreditar la ruptura de la cadena, siendo necesaria prueba de manipulación efectiva.

STS 486/2018, de 18 de octubre. ECLI:ES:TS:2018:3546

Ilustra la consolidación de la utilización del término *mismidad de la prueba* en materia de cadena de custodia.

SAP B de 28 de diciembre de 2018. ECLI:ES:APB:2018:15267

Las irregularidades en la cadena de custodia que afectan a meras formalidades no son suficientes para acreditar la ruptura de la cadena, siendo necesaria prueba de manipulación efectiva.

STS 679/2019, de 23 de enero de 2020. ECLI:ES:TS:2020:166

Alude a la regulación expresa de la cadena de custodia proyectada en el frustrado ALECrim del año 2011.

SAP PO 147/2019, de 29 de abril. ECLI:ES:APPO:2019:1087

Las irregularidades en la cadena de custodia que afectan a meras formalidades no son suficientes para acreditar la ruptura de la cadena, siendo necesaria prueba de manipulación efectiva.

SAP M 190/2020, de 18 de mayo. ECLI:ES:APM:2020:5337

Las irregularidades en la cadena de custodia que afectan a meras formalidades no son suficientes para acreditar la ruptura de la cadena, siendo necesaria prueba de manipulación efectiva.

STSJ BAL 25/2020, de 29 de julio. ECLI:ES:TSJBAL:2020:629

Las irregularidades en la cadena de custodia que afectan a meras formalidades no son suficientes para acreditar la ruptura de la cadena, siendo necesaria prueba de manipulación efectiva.

STS 46/2021, de 21 de enero. ECLI:ES:TS:2021:38

La impugnación de la cadena de custodia debe efectuarse desde el momento en que se tiene conocimiento de la misma. El TS no entra a valorar tal impugnación cuando ésta no ha sido alegada en anteriores instancias.

STS 90/2021, de 3 de febrero. ECLI:ES:TS:2021:319

Enfatiza tres aspectos muy importantes de la cadena de custodia: en primer lugar, la impugnación de la cadena de custodia debe efectuarse sobre la base de datos objetivos que racionalmente puedan conducir a esa convicción; en segundo lugar, la irregularidad de la cadena de custodia no comporta por sí misma vulneración de DDFF; y finalmente, el planteamiento de la ruptura de la cadena de custodia no puede partir de una presunción de irregularidad.

STS 1026/2021, de 17 de marzo. ECLI:ES:TS:2021:978

La cadena de custodia es una figura de carácter instrumental que no goza de valor probatorio.

STS 201/2022, de 3 de marzo. ECLI:ES:TS:2022:918
Define la cadena de custodia como «conjunto de actos que tiene por objeto la recogida, el traslado y la conservación de los indicios o vestigios obtenidos en el curso de una investigación criminal, debiéndose cumplir una serie de requisitos con el fin de asegurar la autenticidad, inalterabilidad e indemnidad de las fuentes de prueba. La integridad de la cadena de custodia garantiza que desde que se recogen los vestigios relacionados con el delito hasta que llegan a concretarse como pruebas en el momento del juicio, aquello sobre lo que recaerá el juicio del tribunal es lo mismo».
STS 597/2022, de 15 de junio. ECLI:ES:TS:2022:2348
Sostiene que la cadena de custodia sirve para acreditar la 'mismidad' del objeto analizado, la correspondencia entre el efecto y el análisis o informe, su autenticidad.
SAP AV 69/2022, de 2 de junio. ECLI:ES:APAV:2022:159
La cadena de custodia es una figura de carácter instrumental que no goza de valor probatorio.
STS 174/2023, de 9 de marzo. ECLI:ES:TS:2023:1280
Ilustra la consolidación de la utilización del término *mismidad de la prueba* en materia de cadena de custodia.
STS 241/2024, de 13 de marzo. ECLI:ES:TS:2024:1342
Ilustra la construcción jurisprudencial actual de la cadena de custodia, en atención al empleo del término mismidad de la prueba y en relación con las consecuencias jurídicas que pueden derivarse de su quiebra.

4.2. Jurisprudencia de los tribunales europeos y supranacionales

4.2.1. Tribunal Europeo de Derechos Humanos

– STEDH de 23 de noviembre de 2010, asunto *Moulin contra Francia*

– STEDH de 6 de julio de 2021, asunto *Abdulkhanov contra Rusia*

– STEDH de 10 de febrero de 2022, asunto *Al Alo contra Eslovaquia*

– STEDH de 6 de junio de 2023, asunto *Navalnyy contra Rusia*

4.2.2. Tribunal de Justicia de la Unión Europea

- STJUE de 22 de junio de 2017, asunto C-549/15. ECLI:EU:C:2017:490
- STJUE de 26 de septiembre de 2018, asunto C-99/17. ECLI:EU:C:2018:773
- STJUE de 4 de octubre de 2018, asunto C-242/17. ECLI:EU:C:2018:804

4.2.3. Corte Interamericana de Derechos Humanos

- Fallo de la Corte IDH de 15 de mayo de 2010, asunto *Fernández Ortega y otros v. México*
- Fallo de la Corte IDH de 26 de septiembre de 2010, asunto *López Soto y otros v. Venezuela*
- Fallo de la Corte IDH de 19 de mayo de 2014, asunto *Veliz Franco y otros v. Guatemala*
- Fallo de la Corte IDH de 25 de noviembre de 2021, asunto *Digna Ochoa y familiares v. México*

4.3. JURISPRUDENCIA DE TRIBUNALES EXTRANJEROS

4.3.1. Estados Unidos de América

- *Frye v. US*, 293 F. 1013 (D.C. Cir. 1923)
- *Benton v. Pellum*, 100 SE 2d 534, 232 SC 26 - SC: Supreme Court (1957)
- *Gallego v. US*, 276 F.2d 914, Court of Appeals, 9th (1960)
- *Ohio v. Roberts*, 448 US 36 (1980)
- *Daubert v. Merrel Dow Pharmaceuticals, Inc.*, 509 US 579 (1993)
- *General Electric Co. v. Joiner*, 522 US 136 (1997)
- *Kumho Tire Co. v. Carmichael*, 526 US 137 (1999)
- *Crawford v. Washington*, 541 US 36 (2004)
- *Davis v. Washington*, 547 US 813 (2006)
- *US v. Washington*, 498 F.3d 225 (4th Cir. 2007)

- US v. Cannon, 539 F.3d 601 (7th Cir. 2008)
- *Melendez-Diaz v. Massachusetts,* 577 US 305 (2009)
- *US v. Ramos-Gonzalez,* 664 F.3d 1 (1st Cir. 2011)
- *US v. Wright,* 739 F.3d 1160 (8th Cir. 2014)
- *US v. Rivera,* Court of Appeals (11th Cir. 2022)

4.3.2. Colombia

- Sentencia de 30 de octubre de 2008, rec. 29351, Sala de Casación Penal de la CSJ
- Sentencia de 19 de febrero de 2009, rec. 30598, Sala de Casación Penal de la CSJ
- Sentencia de 14 de abril de 2010, rec. 3691, Sala de Casación Penal de la CSJ
- Sentencia de 15 de febrero de 2012, rec. 35173, Sala de Casación Penal de la CSJ
- Sentencia de 17 de abril de 2013, rec. 35127, Sala de Casación Penal de la CSJ
- Sentencia C-496/15, de 5 de agosto de 2015, de la Corte Constitucional

4.3.3. México

- Tesis Aislada 1a. CCXCV/2013 (10a.), de la Primera Sala de la SCJN. Amparo directo 78/2012, de 21 de agosto de 2013
- Tesis Aislada 1a. CCXCVII/2013 (10a.), de la Primera Sala de la SCJN. Amparo directo 78/2012, de 21 de agosto de 2013
- Tesis Aislada 1a. CCXCVIII/2013 (10a.), de la Primera Sala de la SCJN. Amparo directo 78/2012, de 21 de agosto de 2013
- Tesis Aislada 1a. CXXXIV/2015 (10a.), de la Primera Sala de la SCJN. Amparo directo 78/2012, de 21 de agosto de 2013
- Tesis Aislada II.2o.P.41 P (10a.), Segundo Tribunal Colegiado del Segundo Circuito en materia penal. Amparo

en revisión 14/2016, de 9 de junio de 2016
- Tesis Aislada I.2o.P.49 P (10a.), Segundo Tribunal Colegiado del Primer Circuito en materia penal. Amparo en revisión 97/2016, de 11 de agosto de 2016
- Tesis Aislada I.4o.P.36 P (10a.), Cuarto Tribunal Colegiado del Primer Circuito en materia penal. Amparo en revisión 275/2019, de 30 de enero 2020

CONSIDERACIONES FINALES

El recorrido efectuado a lo largo de las páginas precedentes es necesario de acuerdo con el objetivo general de la presente obra, que busca identificar y delimitar el concepto jurídico de la cadena de custodia en su evolución y hasta la actualidad. Tomando conciencia del rol determinante que recae tanto en la doctrina científica como en la jurisprudencia de cara a la configuración jurídica de esta figura —y considerando la inacción legislativa hasta la fecha—, se ha orientado la estructura en torno a tres etapas fundamentales en su construcción y principalmente desde las ópticas jurisprudencial y doctrinal. Sin duda la contextualización de la evolución desde el prisma de ambos planos es fundamental para observar de dónde venimos y hacia dónde nos dirigimos, pues únicamente teniendo presente el recorrido evolutivo de esta figura podremos dar respuesta a la pregunta de cómo ha de ser entendida la cadena de custodia en nuestro ordenamiento jurídico.

Examinados tales extremos, sostenemos que la cadena de custodia ha de ser entendida como una garantía de la prueba propia del proceso del siglo XXI. Partiendo de la premisa anterior, en concreto, la cadena de custodia es una garantía del derecho a la prueba. Desde su vertiente formal, constituye la garantía de la mismidad de la prueba, cuya acreditación se alcanza —precisamente— mediante la corrección de la cadena de custodia; desde su vertiente material, la cadena de custodia constituye el conjunto de actos que tienen por objeto la obtención, conservación y análisis —en su caso— de las fuentes de prueba y, finalmente, su incorporación al juicio oral a través del medio probatorio oportuno.

El reconocimiento de la cadena de custodia como garantía inherente a la prueba (y, en concreto, como garantía de su mismidad) le confiere un estatus decisivo en pro de la verosimilitud de la prueba y, por tanto, determinante en su valoración. Es por ello que la vertiente formal de la cadena de custodia la integran los siguientes elementos: la mismidad de la prueba; los escenarios procesales emergentes (corrección o eventuales contingencias) y sus consecuencias jurídicas; la impugnación de la cadena de custodia; y la valoración de la prueba. El primer eslabón de la vertiente formal —la mismidad— se materializa como un elemento definidor de la cadena de custodia. Es el fin en sí mismo: la cadena de custodia busca acreditar la mismidad de la prueba en aras a afianzar su valor probatorio. Igual mérito detenta el análisis de los escenarios procesales emergentes que determinan el grado de fiabilidad de la prueba y, en consecuencia, el nivel de acreditación de la mismidad. Sobre la base de lo anterior se evaluarán las consecuencias jurídicas derivadas que, asimismo, determinarán la postura del tribunal de cara a la valoración de la prueba. Todo ello, teniendo en cuenta que la corrección de la cadena de custodia podrá ser controlada por el tribunal sentenciador a consecuencia de una impugnación fundada.

En virtud de la configuración de la vertiente formal de la cadena de custodia, ocurre que los elementos que la conforman son invariables e inmutables, en tanto que son únicos para todas las fuentes de prueba. Esto se produce debido a que estos elementos se identifican con aquellos escenarios procesales que se desprenden, en efecto, de la naturaleza procesal de la cadena de custodia. Partiendo de lo expuesto, la vertiente formal se materializa como una vertiente estática.

Al contrario de lo que ocurre con la vertiente formal, la vertiente material de la cadena de custodia es dinámica. Este dinamismo emana de la amplitud de posibilidades en cuanto a fuentes de prueba se refiere y ello a consecuencia de su naturaleza extrajurídica. De ahí que los actos que integran la vertiente material puedan sufrir variaciones e, incluso, surgir actos diferenciados en función de la concreta fuente de prueba objeto de análisis, sin perjuicio de la existencia de una serie de actos genéricos y adecuados a toda fuente. Así, la vertiente material de la cadena de custodia es amplia y difícilmente reseñable en su totalidad, no obstante, sí es posible seleccionar aquellos actos generales a toda fuente de prueba. En concreto, esto actos generales e integrantes de la vertiente material de la cadena de custodia son los siguientes: primero, el hallazgo y obtención de las fuentes de prueba; segundo, el aseguramiento y la conservación de la prueba; tercero, el análisis —en su caso— de las muestras; y cuarto, la incorporación de la prueba al juicio oral mediante el oportuno medio probatorio.

No podemos finalizar la presente obra sin abordar, siquiera someramente, la exposición de algunas propuestas *de lege ferenda*. Sobre la base de lo expuesto y planteado a lo largo de este trabajo, entiendo que una regulación adecuada de la cadena de custodia en nuestro ordenamiento procesal penal habrá de seguir las pautas que se exponen a continuación.

Un primer precepto habrá de ocuparse de la delimitación de la cadena de custodia, siendo conveniente establecer que la cadena de custodia constituye una garantía de la prueba y su corrección acredita la mismidad de la prueba material. Habrá de ser ésta, sin duda, la base sobre la que se sustente una regulación apropiada de la cadena de custodia. Es conveniente que la LECrim refleje el significado del término mismidad de la prueba en este primer precepto, pudiendo incorporar un segundo inciso en el que se indique que la mismidad de la prueba se corresponde con la identidad procesal de la fuente de prueba obtenida y el medio de prueba incorporado al juicio oral, sin que las alteraciones sufridas a consecuencia del devenir de las actuaciones procesales pertinentes sean un impedimento a la misma.

Otro aspecto indispensable es el relativo a la identificación del inicio y el fin de la cadena de custodia, entendiendo que la cadena de custodia se inicia con la obtención de la fuente de prueba material y concluye con su incorporación al juicio oral mediante el medio de prueba oportuno. No debemos olvidar que todas las actuaciones que transcurren desde la obtención de la prueba hasta su incorporación al proceso constituyen los actos que integran la vertiente material de la cadena de custodia.

Además, se ha de incorporar un precepto que establezca las obligaciones de los intervinientes en la cadena de custodia. A este respecto, debemos tener en cuenta que corresponde a quienes tengan contacto con la fuente de prueba material las siguientes funciones: constituir, aplicar y mantener la cadena de custodia de cara a garantizar la mismidad de la prueba.

Por otra parte, y a pesar de lo que se ha venido defendiendo a lo largo del presente trabajo, es necesario incorporar algunas precisiones en relación con el alcance de la vertiente material de la cadena de custodia. En primer lugar, es importante señalar que las actuaciones derivadas de la vertiente material se realizarán en la forma prevista en las disposiciones normativas que resulten aplicables en atención al organismo encargado de las distintas actuaciones, sin que la estricta obediencia de estos protocolos pueda condicionar la corrección de la cadena de custodia, todo ello siguiendo el criterio del TS de que la excesiva burocratización de la cadena de custodia no puede ser impedimento a que despliegue todos sus efectos. En segundo lugar, la LECrim habrá de aludir al deber de documentación de la cadena de custodia, siendo oportuno que se establezcan como necesarios de documentar los siguientes extremos:

1. La persona y el lugar en que se localizó la fuente de prueba, debiendo documentarse el hallazgo.

2. Identificación de las personas que hayan tenido la fuente de prueba a su cargo, los lugares en que haya estado guardada, depositada o almacenada, así como el tiempo que haya permanecido en cada uno de estos lugares y las decisiones que han motivado los traslados.

3. Identificación de las personas que hayan accedido a las fuentes de prueba, con detalle en su caso de las técnicas empleadas sobre las mismas, así como el estado inicial y final de las muestras.

Además, dos de los aspectos de mayor relevancia de cara a una regulación apropiada de la cadena de custodia son la impugnación y los efectos jurídicos. Y es aquí, justamente, donde mayor cuidado se ha de poner a la hora de redactar la regulación en cuestión. A propósito de la regulación de los cauces y procedimientos de impugnación de la cadena de custodia, habrá de especificarse —en primer lugar— que se presume la corrección de la cadena de custodia en tanto que no se haya acreditado su ruptura. A continuación, es crucial tener en cuenta que la cadena de custodia habrá de impugnarse ante el órgano correspondiente desde el momento en que se tenga conocimiento de las irregularidades en su desarrollo. A tal efecto, la cadena de custodia podrá ser impugnada en el trámite de admisión de la prueba aun cuando su ruptura no determine la inadmisión de la prueba.

Por último y en cuanto a los efectos jurídicos derivados de la cadena de custodia, dos son los extremos que han de quedar necesariamente reflejados en la LECrim. Primero, la corrección de la cadena de custodia determina el cumplimiento de los procedimientos y garantiza la mismidad de la prueba, circunstancia que otorga a la prueba un grado de fiabilidad alto, si bien su verosimilitud deberá ser determinada por el juez o tribunal sentenciador en sede de valoración de la prueba. Segundo, la ruptura de la cadena de custodia será valorada por el tribunal sentenciador a los efectos de determinar el grado de fiabilidad de la prueba.

BIBLIOGRAFÍA

ABEL LLUCH, X.: «La dosis de prueba: entre el *common law* y el *civil law*», *Doxa: cuadernos de Filosofía del Derecho*, núm. 35, 2012, pp. 173-200.

ÁLVAREZ DE NEYRA KAPPLER, S.: «Vademécum de actuación policial y de instrucción: cómo evitar las nulidades en la obtención de la prueba (I)», *Boletín del Ministerio de Justicia*, núm. 1938, 2003, pp. 11033-1059.

ÁLVAREZ DE NEYRA KAPPLER, S.: «La cadena de custodia en materia de tráfico de drogas», en *op. col.* Figueroa Navarro (dir.), *La cadena de custodia en el proceso penal*, Edisofer, Madrid, 2015, pp. 81-106.

ARELLANO, L. E. y CASTAÑEDA, C. M.: «La cadena de custodia informático-forense», *Cuaderno informático-forense*, Vol. 3, núm. 1, 2012, pp. 67-81.

ARMENTA DEU, T.: La prueba ilícita (un estudio comparado), Marcial Pons, Madrid, 2011.

ARRABAL PLATERO, P.: «El valor probatorio de la información contenida en un dispositivo tecnológico», en *op. col.* Bujosa Vadell (dir.), *Derecho procesal: retos y transformaciones*, Atelier, Barcelona, 2021, pp. 521-539.

ARRABAL PLATERO, P.: *La prueba tecnológica: aportación, práctica y valoración*, Tirant lo Blanch, Valencia, 2020.

ARROYO GUARDEÑO, D., DÍAZ VICO, J. y HERNÁNDEZ ENCINAS, L.: *Blockchain,* Editorial CSIC, Madrid, 2019.

ASENCIO MELLADO, J. M.: *Prueba prohibida y prueba* preconstituida, Trivium, Madrid, 1989.

ASENCIO MELLADO, J. M.: «La STC 97/2019, de 16 de julio. Descanse en paz la prueba ilícita», *Diario la Ley*, núm. 9499, 2019.

BARONA VILAR, S.: *Proceso Penal desde la historia: desde su origen hasta la sociedad global del miedo*, Tirant lo Blanch, Valencia, 2017.

BARRIA NIEVAS, S.: «Introducción al Blockchain: análisis del play to earn», *Revista Blockchain e Inteligencia Artificial,* Vol. 3, núm. 4, 2022.

BARTOLI, L.: «La catena di custodia del materiale informatico: soluzioni a confronto», *Anales de la Facultad de Derecho,* núm. 33, 2016, pp. 145-162.

BENTHAM, J.: *Tratado de las pruebas judiciales* (trad. Ossorio Florit), Vol. I, Ediciones Jurídicas Europa-América, 1971.

BLANCO, L. G.: «Escena del crimen y cadena de custodia. Análisis comparativo de parte de la normativa sudamericana y argentina», *Revista pensamiento penal*, Sección Doctrina, 1 de noviembre de 2018.

BONNIER, E.: *Tratado teórico-práctico de las pruebas en derecho civil y penal* (trad. Vicente y Caravantes), Tomo I, Imprenta de la Revista de Legislación, Madrid, 1869.

BORRI, L. A. y SOARES, R. J.: «Da ilicitude da prova em razão da quebra da cadeia de custódia», *Revista da Facultade de Dirieito da FMP*, vol. 15, núm. 1, 2020, pp. 73-82.

BUENO DE MATA, F.: «Blockchain, identidad autosoberana y prueba electrónica transfronteriza», en *op. col.* Hernández López y Laro González (dirs.), *Proceso penal europeo: últimas tendencias, análisis y perspectivas,* Aranzadi, Navarra, 2023, pp. 71-86.

CABEZUDO BAJO, M. J.: *Propuestas para una regulación armonizada de la obtención de la prueba de ADN como prueba científica-tecnológica de probabilidad en el proceso penal,* Aranzadi, Navarra, 2017.

CALAMANDREI, P.: «Verità e verosimiglianza nel processo civile», *Rivista di Diritto Processuale,* Vol. 10, serie 2, 1955, pp. 164-192.

CALAZA LÓPEZ, S. y MUINELO COBO, J. C.: «La digitalización y custodia de la prueba pericial electrónica sobre evidencias virtuales», en *op. col.* Picó i Junoy (dir.), *La prueba pericial a examen: propuestas de «lege ferenda»,* J. M. Bosch Editor, Barcelona, 2020, pp. 471-481.

CALAZA LÓPEZ, S.: «Cadena de custodia y prueba tecnológica», en *op. col.* Villegas Delgado y Martín Ríos (dirs.), *El derecho en la encrucijada tecnológica: Estudios sobre derechos fundamentales, nuevas tecnologías e inteligencia artificial,* Tirant lo Blanch, Valencia, 2022, pp. 39-61.

CALDERÓN ARIAS, E.: «Un estudio comparado en Latinoamérica sobre la cadena de custodia de las evidencias en el proceso penal», *Revista Facultad de Derecho y Ciencias Políticas,* Vol. 44, núm. 121, 2014, pp. 425-459.

CAPRA, D. J. y SALTZBURG, S. A.: *Principles of evidence,* Ninth Edition, West Academic Publishing, 2022.

CARNELUTTI, F.: *Derecho procesal civil y penal* (trad. Sentís Melendo), Ediciones Jurídicas Europa-América, Buenos Aires, 1971.

CARNELUTTI, F.: *La prueba civil* (trad. Alcalá-Zamora y Castillo), Ediciones Depalma, Buenos Aires, 1982.

CASTILLEJO MANZANARES, R.: «La prueba de ADN en el borrador de código procesal penal», *Diario La Ley,* núm. 8213, 2013.

CORTÉS DOMÍNGUEZ, V.: «Concepto y objeto de la prueba», en *op. col.* González Cano (dir.), *La prueba. Tomo I: la prueba en el proceso civil,* Tirant lo Blanch, Valencia, 2017, pp. 19-55.

DAZA GONZÁLEZ, A.: «Escena del delito y cadena de custodia en el sistema procesal penal colombiano a partir del acto Legislativo N.º 3 de 2002», *Prolegómenos. Derechos y valores*, vol. X, núm. 19, 2007, pp. 89-98.

DE ANDRADE MOREIRA, R.: «A manutenção da cadeia de custódia da prova pelo Superior Tribunal de Justiça», Revista pensamento penal, Sección Doctrina, 14 de abril de 2023.

DE MENEZES, I. A., BORRI, L. A. y SOARES, R. J.: «A quebra da cadeia de custodia da prova e seus desdobramentos no processo penal brasileiro», *Revista Brasileira de Direito Processual Penal*, Vol. 4, núm. 1, 2018, pp. 277-300.

DE URBANO CASTRILLO, E.: *La valoración de la prueba electrónica*, Tirant lo Blanch, Valencia, 2009.

DE URBANO CASTRILLO, E. y TORRES MORATO, M. A.: *La prueba ilícita penal: estudio jurisprudencial*, 4ª ed., Aranzadi, Navarra, 2007.

DEL OLMO DEL OLMO, J. A.: «Las garantías jurídicas de la toma de muestras biológicas para la identificación de la persona imputada mediante el ADN», en *op. col.* Abel Lluch, Picó i Junoy y Richard González (dirs.), *La prueba judicial: desafíos en las jurisdicciones civil, penal laboral y contencioso-administrativa*, La Ley, Madrid, 2011, pp. 1541-1564.

DEL POZO PÉREZ, M.: «La cadena de custodia: tratamiento jurisprudencial», *Revista General de Derecho Procesal*, núm. 30, 2013.

DEL POZO PÉREZ, M.: *Diligencias de investigación y cadena de custodia*, Sepín, Madrid, 2014.

DÍEZ-PICAZO GIMÉNEZ, I.: «Algunas ideas sobre la prueba ilícitamente obtenida», en *op. col.* Asencio Mellado (dir.), *Derecho probatorio y otros estudios procesales. Liber Amicorum: Vicente Gimeno Sendra*, Ediciones Jurídicas Castillo de Luna, Madrid, 2020, pp. 575-590.

DOLZ LAGO, M. J.: «Caso Bretón: asesinato de sus hijos en Córdoba y simulación de delito», *Diario la Ley*, núm. 8389, 2014.

DÖRING, E.: *La investigación del estado de los hechos en el proceso. La prueba: su práctica y apreciación,* (trad. Banzhaf), Ediciones jurídicas Europa-América, Buenos Aires, 1972.

EIRANOVA ENCINAS, E.: «Cadena de custodia y prueba de cargo», *Diario la Ley,* núm. 6863, 2008.

ESCOBAR JIMÉNEZ, R.: «La prueba de peritos», en *op. col.* Rives Seva (dir.), *La prueba en el Proceso Penal. Doctrina de la Sala Segunda del Tribunal Supremo,* Tomo II, 6ª ed., Aranzadi, Navarra, pp. 49-155.

ESPÍN LÓPEZ, I.: «La cadena de custodia en el proceso penal. Propuestas en relación con el análisis y custodia de la prueba digital», *La Ley Penal,* núm. 151, 2021.

ESPÍN LÓPEZ, I.: *Investigación sobre equipos informáticos y su prueba en el proceso penal,* Aranzadi, Navarra, 2021.

FAIGGMAN, D. L., CHENG, E. K., MNOOKIN, J. L., MURPHY, E. E., SANDERS, J. Y SLOBOGIN, C.: *Modern Scientific Evidence: the Law and science of expert testimony,* Vol. 5, Thomson Reuters, 2023.

FIDALGO GALLARDO, C.: *Las «pruebas ilegales»: de la exclusionary rule estadounidense al artículo 11.1* LOPJ, Centro de Estudios Políticos y Constitucionales, Madrid, 2003.

FIGUEROA NAVARRO, C.: «El aseguramiento de las pruebas y cadena de custodia», *La Ley Penal,* núm. 84, 2011.

FUENTES SORIANO, O.: «El valor probatorio de los correos electrónicos», en *op. col.* Asencio Mellado (dir.), *Justicia penal y nuevas formas de delincuencia,* Tirant lo Blanch, Valencia, 2017, pp. 183-210.

FROEHLICH, D. M.: «The The impact of Melendez-Diaz v. Massachusetts on admissibility of forensic test results at Courts-Martial», *The Army Lawyer,* Vol. 2010, núm. 2, 2010, pp. 24-41.

GARCÍA MATEOS, J. A.: «Cadena de custodia vs. mismidad», en *op. col.* Oliva León y Valero Barceló (coords.), *La prueba electrónica: validez y eficacia procesal*, Juristas con futuro, Zaragoza, 2016, pp. 130-136.

GARCIANDÍA GONZÁLEZ, P. M.: «Los juicios de admisibilidad y de suficiencia de la prueba propuesta: extensión y límites al amparo de la doctrina de los Tribunales», *Revista General de Derecho Procesal*, núm. 46, 2018, pp. 1-52.

GASCÓN INCHAUSTI, F.: *El control de la fiabilidad probatoria: 'prueba sobre la prueba' en el proceso penal*, Ediciones Revista General de Derecho, Valencia, 1999.

GIANNELLI, P. C.: *Understanding evidence*, Fifth Edition, Carolina Academic Press, 2018.

GIMENO BEVIÁ, J.: «Blockchain y resolución de conflictos: algunas reflexiones», en *op. col.* Martín Pastor y Juan Sánchez (dirs.), *El Derecho Procesal: entre la Academia y el Foro*, Atelier, Barcelona, 2022, pp. 607-613.

GIMENO SENDRA, V.: MORENO CATENA, V. y CORTÉS DOMÍNGUEZ, V.: *Derecho Procesal Penal*, 3ª ed., Colex, A Coruña, 1999.

GÓMEZ COLOMER, J. L. (et al.): *Introducción al proceso penal federal de los Estados Unidos de América*, Tirant lo Blanch, Valencia, 2013.

GÓMEZ COLOMER, J. L.: «La evolución de las teorías sobre la prueba prohibida aplicadas en el proceso penal español: del expansionismo sin límites al más puro reduccionismo. Una meditación sobre su desarrollo futuro inmediato», en *op. col.* Gómez Colomer (coord.), *Prueba y proceso penal: Análisis especial de la prueba prohibida en el sistema español y en el derecho comparado*, Tirant lo Blanch, Valencia, 2008, pp. 107-147.

GÓMEZ ORBANEJA, E. y HERCÉ QUEMADA, V.: *Derecho Procesal Penal*, 10ª ed., Artes Gráficas y Ediciones, S.A., Madrid, 1986.

GONZÁLEZ GRANDA, P. y ARIZA COLMENAREJO, M. J.: *Justicia y Proceso: una revisión procesal contemporánea bajo el prisma constitucional,* Dykinson, Madrid, 2021.

GONZÁLEZ GRANDA, P.: «Órdenes europeas de entrega y conservación de pruebas electrónicas a efectos de enjuiciamiento penal: próximo avance en materia de prueba penal transfronteriza», en *op. col.* Moreno Catena y Romero Pradas (dirs.), *Nuevos postulados de a cooperación judicial en la Unión Europea: Libro homenaje a la Prof.ª Isabel González Cano,* Tirant lo Blanch, Valencia, 2021, pp. 1083-1109.

GRAHAM, M. H.: *Federal Rules of Evidence in a nutshell,* 11 ed., West Academic Publishing, Saint Paul, 2021.

GUASP DELGADO, J.: *Comentarios a la Ley de Enjuiciamiento Civil,* Tomo II, Vol. I, Ed. Aguilar, 1945.

GUDÍN RODRÍGUEZ-MAGARIÑOS, A. E.: *Introducción al derecho norteamericano,* Ediciones Experiencia, 2017.

GUTIÉRREZ SANZ, M. R.: *La cadena de custodia en el proceso penal español,* Civitas, Navarra, 2016.

GUZMÁN FLUJA, V. C.: «La anticipación y aseguramiento de la prueba penal», en *op. col.* Gómez Colomer (coord.), *Prueba y proceso penal: análisis especial de la prueba prohibida en el sistema español y en el sistema comparado,* Tirant lo Blanch, Valencia, 2008, pp. 183-231.

GUZMÁN FLUJA, V. C.: *Anticipación y preconstitución de la prueba en el proceso penal,* Tirant lo Blanch, Valencia, 2006.

HERNÁNDEZ AGUIRRE, C. N.: «La cadena de custodia, su regulación y límites en el sistema penal acusatorio mexicano», *Revista Iter Criminis,* núm. 16, Sexta Época, 2017, pp. 49-80.

HERNÁNDEZ-ROMO VALENCIA, P.: «La cadena de custodia», Teoría y Derecho: *Revista de pensamiento jurídico,* núm. 6, 2009, pp. 231-240.

IBÁÑEZ JIMÉNEZ, J. W.: *Blockchain: primeras cuestiones en el ordenamiento español,* Dykinson, Madrid, 2018.

JAMARDO LORENZO, A.: «La cadena de custodia en la órbita europea: Algunas reflexiones en torno al estado de la cuestión en las investigaciones de la fiscalía europea», en *op. col.* Suárez Xabier y Vicario Pérez (dirs.), *Cooperación judicial internacional a la luz de las nuevas tecnologías: Riesgos, utilidades y protección de derechos fundamentales,* Colex, A Coruña, 2023, pp. 27-248.

JAMARDO LORENZO, A.: «La cadena de custodia y su incidencia en el derecho a un proceso con todas las garantías en la jurisprudencia constitucional», en *op. col.* Asencio Mellado y Fuentes Soriano (dirs.), *El proceso como garantía,* Atelier, Barcelona, 2023, pp. 665-676.

LARO GONZÁLEZ, E.: *La Orden Europea de Investigación en el Espacio Europeo de Justicia,* Tirant lo Blanch, Valencia, 2022.

LEAL MEDINA, J.: «Ruptura de la cadena de custodia y desconexión de las fuentes de prueba. Supuestos concretos. Reflexiones que plantea», *Diario la Ley,* núm. 8846, 2016.

LECUONA PRATS, E.: «El elemento hispano en la configuración del sistema jurídico de los Estados Unidos de América: «mixed jurisdiction» en Luisiana (1803-1825)», *Anuario de historia del derecho español,* núm. 76, 2006, pp. 645-666.

LEMUS SOLER, D. J.: «Cadena de custodia en el ordenamiento jurídico colombiano a la luz de la Ley 906, ¿ficción o realidad?», *Revista Iter ad Veritatem,* núm. 12, 2014, pp. 121-135.

LÓPEZ VALERA, M.: *La cadena de custodia de las pruebas de ADN,* Dykinson, Madrid, 2019.

MAGNO, L. E. y COMPLOIER, M.: «Cadeia de custódia da prova penal», *Cadernos jurídicos da Escola Paulista de Magistratura,* núm. 57, 2021, pp. 195-219.

MAGRO SERVET, V.: «El registro de la huella genética. La regulación legal para la obtención de una base de datos de ADN», *La Ley: Revista jurídica española de doctrina, jurisprudencia y bibliografía*, núm. 1, 2007, pp. 1824-1835.

MANSILLA MOYA, M. M. y MANSILLA MOYA, M.: «Cadena de custodia 2.0», *Revista Mexicana de Ciencias Penales*, Vol. 5, núm. 18, 2022, pp. 47-61.

MARCHENA GÓMEZ, M.: «Dimensión jurídico-penal del correo electrónico», *Diario la Ley*, núm. 6475, 2006.

MARCHENA GÓMEZ, M.: «Prueba ilícita y reglas de exclusión: los matices introducidos por la Sala Penal del Tribunal Supremo en la Sentencia 116/2007, de 23 de febrero (Caso Falciani)», en *op. col.* Asencio Mellado (dir.), *Derecho probatorio y otros estudios procesales. Liber Amicorum: Vicente Gimeno Sendra*, Ediciones Jurídicas Castillo de Luna, Madrid, 2020, pp. 1181-1200.

MARÍN GONZÁLEZ, J. C. y GARCÍA SÁNCHEZ, G. J.: «Problemas que enfrenta la prueba digital en los Estados Unidos de América», *Revista de Estudios de Justicia*, núm. 21, 2014, pp. 75-91.

MARTÍNEZ GALINDO, G.: «Problemática jurídica de la prueba digital y sus implicaciones en los principios penales», *Revista Electrónica de Ciencia Penal y Criminología*, núm. 24, 2022.

MARTÍNEZ SANTOS, A.: «Admisibilidad mutua de prueba penal transfronteriza en la Unión Europea: la propuesta de Directiva del *European Law Institute*», *Revista General de Derecho Procesal*, núm. 61, 2023.

MARTÍNEZ TEJEDOR, J. A.: «La recogida y envío de muestras al laboratorio con fines e identificación genética (Mesa Redonda)», *Estudios Jurídicos*, núm. 2004, 2004.

MERKEL, L.: *Derechos humanos e investigaciones policiales. Una tensión constante*, Marcial Pons, Madrid, 2022.

MESTRE DELGADO, E.: «La cadena de custodia de los elementos probatorios obtenidos de dispositivos informáticos y electrónicos», en *op. col.* Figueroa Navarro (dir.), *La cadena de custodia en el proceso penal*, Edisofer, Madrid, 2015, pp. 39-79.

MIRANDA ESTRAMPES, M.: *La mínima actividad probatoria en el proceso penal*, J.M. Bosch Editor, Barcelona, 1997.

MORENO CATENA, V. (et al.): *El Derecho Procesal Penal. Doctrina, jurisprudencia y formularios. Volumen II: Instrucción y medidas cautelares,* Tirant lo Blanch, Valencia, 2000.

MORENO CATENA, V. y CORTÉS DOMÍNGUEZ, V.: *Derecho Procesal Penal,* Tirant lo Blanch, Valencia, 2004.

MORENO CATENA, V. y CORTÉS DOMÍNGUEZ, V.: *Derecho Procesal Penal,* 10ª ed., Tirant lo Blanch, Valencia, 2021.

NEIRA PENA, A.: «La prueba: disposiciones generales», en VV.AA., Derecho procesal penal: aspectos probatorios, Universidad Espíritu Santo, Guayaquil, 2022, pp. 1-48.

NIEVA FENOLL, J.: «Algunas consideraciones acerca de la práctica y valoración de la prueba de ADN», *La Ley Penal,* núm. 93, 2012.

ORTEGO PÉREZ, F.: «Los medios de investigación relativos al cuerpo del delito», en *op. col.* Jiménez Conde y Fuentes Soriano (dirs.), *Reflexiones en torno al Anteproyecto de Ley de Enjuiciamiento Criminal de 2020,* Tirant lo Blanch, Valencia, 2022, pp. 733-755.

ORTELLS RAMOS, M.: *Derecho Procesal Civil*, 18ª ed., Aranzadi, Navarra, 2019.

PARISE, A.: The Digest online Project: A resource to disseminate the legal heritage of Louisiana», *Journal of Civil Law Studies,* Vol. 12, núm. 2, 2019, pp. 283-294.

PEREIRA PUIGVERT, S.: «Sistema de hash y aseguramiento de la prueba informática. Especial referencia a las medidas de aseguramiento adoptadas inaudita parte», *Fodertics II: Hacia una justicia 2.0,* Ratio Legis Librería Jurídica, Salamanca, 2014, pp. 75-83.

PÉREZ CAMPILLO, L.: «Blockchain: ¿Amenaza o solución en la protección de datos personales y privacidad? Especial mención al e-health», en *op. col.* Bueno de Mata (dir.), *Fodertics 7.0: estudios sobre derecho digital,* Comares, Granada, 2019, pp. 261-268.

PÉREZ DAUDÍ, V.: «La prueba electrónica: naturaleza jurídica e impugnación», en *op. col.* Asencio Mellado (dir.), *Derecho probatorio y otros estudios procesales. Liber Amicorum: Vicente Gimeno Sendra,* Ediciones Jurídicas Castillo de Luna, Madrid, 2020, pp. 1557-1576.

PÉREZ-CRUZ MARTÍN, A. J.: «Técnicas especiales de investigación: primera parte», en VV.AA., *Derecho procesal penal: aspectos probatorios,* Universidad Espíritu Santo, Guayaquil, 2022, pp. 126-218.

PÉREZ-CRUZ MARTÍN, A. J.: «A propósito de la entrega por particulares de elementos de prueba decisivos», en *op. col.* Roca Martínez (dir.), *Procesos y prueba prohibida,* Dykinson, Madrid, 2022, pp. 125-143.

PICO I JUNOY, J.: «La prueba ilícita: un concepto todavía por definir», *La Ley probática,* núm. 1, 2020.

PICÓ I JUNOY, J.: «Tratamiento procesal de la prueba ilícita en el proceso civil», en *op. col.* Asencio Mellado y Fuentes Soriano (dirs.), *El proceso como garantía,* Atelier, Barcelona, 2023, pp. 465-477.

PLANCHADELL GARGALLO, A.: *La Prueba Prohibida: evolución jurisprudencial (comentario a las sentencias que marcan el camino),* Aranzadi, Navarra, 2014.

PLANCHADELL GARGALLO, A.: «La evolución de la prueba prohibida en la jurisprudencia española: ¿crónica de una muerte anunciada?», *Revista Iter Criminis,* núm. 2, 2022.

RAMOS MÉNDEZ, F.: *El proceso penal. Sexta lectura constitucional,* J. M. Bosch Editor, Barcelona, 2000.

RICHARD GONZÁLEZ, M.: «La cadena de custodia en el proceso penal español», *Diario la Ley*, núm. 8187, 2013.

RICHARD GONZÁLEZ, M.: «Reflexiones sobre la práctica y valor de la prueba científica en el proceso penal (a propósito del asunto de los niños desaparecidos en Córdoba)», *Diario la Ley*, núm. 7930, 2012.

RODRÍGUEZ ÁLVAREZ, A.: «¿Sobran las palabras?: Los emojis como prueba en el proceso judicial», en *op. col.* Bujosa Vadell (dir.), *Derecho Procesal: retos y transformaciones,* Atelier, Barcelona, 2021, pp. 505-519.

ROTHSTEIN, P. F.: *Federal Rules of Evidence,* 3ª ed., Thomson Reuters, Eagan, 2021.

RUBIO ALAMILLO, J.: «Cadena de custodia y análisis forense de smatphones y otros dispositivos móviles en procesos judiciales», *Diario la Ley*, núm. 9300, 2018.

SÁNCHEZ RUBIO, A.: «Sobre el tratamiento procesal de los errores cometidos en la obtención y conservación de las fuentes de prueba», *Revista Vasca de Derecho Procesal y Arbitraje,* núm. 2, 2017, pp. 239-260.

SÁNCHEZ RUBIO, A.: «Cadena de custodia y prueba electrónica: la mismidad del hash como requisito para la fiabilidad probatoria», en *op. col.* Bueno de Mata (dir.), *Fodertics 7.0: Estudios sobre Derecho Digital,* Comares, Granada, 2019, pp. 289-299.

SANJURJO RÍOS, E. I.: «Proceso penal y volatilidad/mutabilidad de las fuentes de prueba electrónicas: sobre la conveniencia de asegurarles eficazmente», *op. col.* González Granda (dir.), *Exclusiones probatorias en el entorno de la investigación y prueba electrónica,* Reus, 2020, pp. 195-224.

SCHWAB, K.: *La cuarta revolución industrial,* Debate, Barcelona, 2016.

SENTÍS MELENDO, S.: *La prueba: los grandes temas del derecho probatorio,* Ediciones jurídicas Europa-América, Buenos Aires, 1979.

SERRA DOMÍNGUEZ, M.: *Estudios de Derecho Procesal,* Ediciones Ariel, Barcelona, 1969.

SIMARRO PEDREIRA, M.: «La cadena de custodia en la prueba digital: España vs. EEUU», en *op. col.* González Granda (dir.), *Exclusiones probatorias en el entorno de la investigación y prueba electrónica,* Reus, 2020, pp. 225-237.

SIMARRO PEDREIRA, M.: *La prueba prohibida: ¿del pasado ordálico al futuro garantismo? La doctrina y la jurisprudencia al descubierto,* Reus Editorial, Madrid, 2020.

TARUFFO. M.: *La prueba de los hechos* (trad. Ferrer Beltrán), Trotta, Madrid, 2002.

VALMAÑA OCHAITA, S.: «La regulación normativa de la cadena de custodia en Estados Unidos, Europa e Hispanoamérica», en *op. col.* Figueroa Navarro (dir.), *La cadena de custodia en el proceso penal,* Edisofer, Madrid, pp. 171-192.

VILLEGAS BELTRÁN, M.: «La cadena de custodia en la escena del crimen», *Revista cadena de custodia: el éxito de la investigación,* núm. 9, 2022, pp. 17-22.

ZAFRA, J.: «La pertinencia de la prueba civil», *Revista de Derecho Procesal,* núm. 3, 1960, pp. 415-455.